21世纪立体化高职高专规划教材·财经系列
全国职业教育技能型人才培养校企合作精品教材

新编财务会计（第3版）

张　瑶　李金茹　何小丽　主　编
王　静　周炳伟　刘　智　陈文渊　孙会茹　副主编
贺胜军　主　审

電子工業出版社
Publishing House of Electronics Industry
北京·BEIJING

内 容 简 介

本教材以《中华人民共和国会计法》及2014年7月新颁布的《企业会计准则》为主要依据，在编写过程中借鉴了大量同类教材，走访了多家企业。本书共包括20个项目：项目一~项目七分别介绍资产的核算，即货币资金、应收及预付款项、存货、对外投资、固定资产、无形资产及其他资产、投资性房地产的核算；项目八介绍负债的核算；项目九介绍所有者权益的核算；项目十~项目十二分别介绍收入、费用及企业所得税、利润及利润分配的核算；项目十三~项目十七分别介绍资产负债表、利润表、现金流量表、所有者权益变动表、会计报表附注的编制；项目十八~项目二十分别介绍非货币性资产交换、借款费用和债务重组。

本课题组另编写了《新编财务会计学习指导与练习（第3版）》作为本教材的配套用书，用于突出会计核算实务，注重动手能力的训练，以便提高学生分析问题和解决问题的能力。

本教材适合各类高等职业院校、高等专科学校、成人教育高等专科学校，以及本科院校的二级职业学院会计专业的学生使用，也适合企业会计从业人员培训及各类自学考生使用。

图书在版编目（CIP）数据

新编财务会计 / 张瑶，李金茹，何小丽主编. —3版.— 北京：电子工业出版社，2016.8

ISBN 978-7-121-29629-1

Ⅰ.①新… Ⅱ.①张… ②李… ③何… Ⅲ.①财务会计—高等学校—教材 Ⅳ.①F234.4

中国版本图书馆CIP数据核字（2016）第184441号

策划编辑：贾瑞敏　张思博

责任编辑：贾瑞敏　　特约编辑：胡伟卷　杨　昕

印　　刷：三河市双峰印刷装订有限公司

装　　订：三河市双峰印刷装订有限公司

出版发行：电子工业出版社

北京市海淀区万寿路173信箱　　邮编　100036

开　　本：787×1 092　1/16　印张：18　　字数：484千字

版　　次：2008年7月第1版

2016年8月第3版

印　　次：2016年8月第1次印刷

印　　数：3 000册　　定价：39.80元

凡所购买电子工业出版社图书有缺损问题，请向购买书店调换。若书店售缺，请与本社发行部联系，联系及邮购电话：（010）88254888，88258888。

质量投诉请发邮件至zlts@phei.com.cn，盗版侵权举报请发邮件至dbqq@phei.com.cn。

本书咨询联系方式：电话010-62017651；邮箱fservice@vip.163.com；QQ群427695338；微信DZFW18310186571。

preface

前　言

会计是现代经济管理的重要组成部分，经济越发展，会计就越重要。2006年财政部修订了基本准则和38条具体准则，新会计准则体系的建立，对规范我国会计工作具有重大意义。为了在短时间内准确把握新准则的核算要求，我们编写了《新编财务会计》。2012年8月，根据《企业会计准则解释第3号》和《中华人民共和国增值税暂行条例实施细则》，对原教材的相关内容进行了调整，出版了《新编财务会计（第2版）》，两版教材出版后均得到了广大读者的关注和认可。

为了适应我国企业和资本市场发展的实际需要，实现我国企业会计准则与国际财务报告准则的持续趋同，2014年7月财政部修订了5项、新增了3项企业会计准则，发布了一项准则解释，并修改了《企业会计准则——基本准则》中关于公允价值计量的表述。自2012年起，"营改增"政策陆续在全国范围内推进，这些都使财务会计课程的教学内容发生了较大变化。为了更好地适应经济形势的发展和教学要求，本课题组成员再次对涉及最新企业会计准则及"营改增"政策变化的知识点进行了补充和修改，以便于学生掌握最前沿的会计知识。修订后的教材具有如下特点。

1. **内容更新**。修订后的教材仍以2006年财政部颁布的《企业会计准则》为主要编写依据，同时根据2014年新增的3项会计准则、新修订的5项会计准则，以及"营改增"相关政策对教材内容进行了调整。

2. **结构更合理**。修订后的教材改变了传统的"章节式"结构，将每一个知识要点设计成项目，进而分解成任务，更好地体现了"任务驱动式"教学的要求，有助于学生更好地熟悉会计核算方法，把握会计准则的要点。

3. **实务性更强**。基于教学改革的要求，修订后的教材适当减少了理论部分，增加了基于企业会计实际工作过程的案例及业务处理过程，可操作性强，能够满足对高职学生的培养目标，即理论够用，注重能力培养。

4. **增加综合案例**。修订后的教材在大多数项目后面加入了综合实例，将分散的知识点更好地衔接在一起，更加注重学生对会计业务处理过程的学习，力图使其将理论与实践相结合，更好地适应未来工作岗位的要求。

5. **结合考证**。修订后的教材难度与助理会计师辅导用书相似，同时又兼顾知识的系统性，便于学生考取相关证书。

本教材的编者均是教学和科研第一线的"双师型"骨干教师。本教材由天津科技大学张瑶、李金茹，海口经济学院何小丽担任主编；由天津科技大学王静、广东女子职业技术学院周炳伟、漯河职业技术学院刘智、江苏经贸职业技术学院陈文渊、吉林电子信息职业技术学院孙会茹担任副主编；由广东交通职业技术学院贺胜军担任主审。具体编写分工如下：张瑶编写项目一、二、三、十七，李金茹编写项目四、五、六、十八，王静编写项目七、八、十九、二十，何小丽编写项目九、十，周炳伟编写项目十一、十二，刘智编写项目十三、十四，陈文渊编写项目十五，孙会茹编写项目十六。本教材由李金茹提出编写大纲，张瑶负责文字的修改、润色和最终的统稿、定稿，深圳市红塔资产管理有限公司曾令雄对全书的案例进行了审核、校对。

本教材在编写过程中参阅了大量同类教材，走访了多家企业，特别是得到了电子工业出版社的大力支持与帮助，在此一并表示感谢！

尽管我们为编写此教材付出了很多努力，但由于我们的理论水平和实践经验有限，加之时间仓促，书中难免有疏漏之处，恳请广大读者批评指正，以便不断完善。

编　者

contents

目　录

项目一 货币资金的核算

学习目标

- ◆ 熟悉现金管理制度，掌握库存现金的会计处理。
- ◆ 熟悉企业开立账户的规定，掌握银行转账结算方式的内容及有关规定。
- ◆ 掌握银行存款核对及银行存款余额调节表的编制方法。
- ◆ 掌握其他货币资金的内容及会计处理。

货币资金是以货币形态存在的资产，包括库存现金、银行存款和其他货币资金。由于货币资金具有很强的流动性和支付能力，因此加强货币资金的管理和控制非常重要。

任务一　库存现金的核算

知识储备

库存现金通常是指存放于企业财务部门，由出纳人员经管的货币。库存现金是企业流动性最强的资产，企业应当严格遵守国家有关现金管理制度，正确进行现金收支的核算，监督现金使用的合法性和合理性。

一、现金使用范围的管理

根据《现金管理暂行条例》的规定，企业可以在下列范围内使用现金。

① 职工工资、津贴、个人劳务报酬。

② 根据国家规定颁发给个人的科学技术、文学艺术、体育等各种奖金。

③ 各种劳保、福利费用及国家规定的对个人的其他支出。

④ 向个人收购农副产品和其他物资的价款。

⑤ 出差人员必须随身携带的差旅费。

⑥ 结算起点（1 000 元人民币）以下的零星支出。

⑦ 中国人民银行确定需要支付现金的其他支出。

除上述情况可以用现金支付外，其他款项的支付应通过银行转账结算。

二、库存现金的限额管理

银行为每个开户单位核定库存现金的最高限度库存金额称为库存限额。企业日常零星开支所需库存现金由开户银行根据企业的实际需要情况核定最高限额，一般为 3~5 天的日常零星开支所需的库存现金限额，边远地区和交通不便地区的开户单位的库存现金限额可多于 5 天，但不超过 15 天的日常零星开支。企业每日的库存现金结存数不得超过核定的限额，超过部分应及时送存银行。企业如果需要增加或减少库存限额，应当向开户银行提出申请，由开户银行核定。

三、现金日常收支的管理

开户单位现金收支应当依照下列规定办理。

① 企业现金收入应于当日送存银行，当日送存确有困难的，由银行确定送存时间。

② 企业支付现金，可以从本单位库存现金限额中支付或从开户银行提取，不得从本单位的现金收入中直接支付（即坐支）。企业如因特殊情况需要坐支现金的，应当事先报经开户银行审批，由开户银行核定坐支的范围和限额。坐支单位应当定期向开户银行报送坐支金额和使用情况。

③ 开户单位从开户银行提取现金时，应当写明用途，由本单位财会部门负责人签字盖章，经开户银行审核后，予以支付。

④ 因采购地点不确定，交通不便，生产或市场急需，抢险救灾，以及其他特殊情况必须使用现金的，开户单位应向开户银行提出申请，由本单位财会部门负责人签字盖章，经开户银行审核后，予以支付。

四、现金内部控制制度

① 现金收入的内部控制，主要是对收据和发票的数量、编号进行控制并定期进行核对；签发收款凭证与收款的职责分开；所有的现金收入都应开具收款收据；按开出收据的存根与已入账的收据联按编号进行核对注销，作废的收据应贴在存根上，以便核查。

② 现金支出的内部控制，要建立现金支出审批制度，并按现金管理制度和结算制度的要求办理现金支出业务；出纳、记账工作不得由同一人担任，签发支票和现金的支付，应由 2 个人分别签章；付款业务必须有原始凭证，并由主管人员和会计人员审核同意后，出纳人员方可付款；付款后的付款凭证加盖“现金付讫”戳记并定期装订成册，由专人保管。

自学会计科目

“库存现金”科目。 为了总括地反映企业库存现金的收入、支出和结存情况，企业应当设置“库存现金”科目，本科目借方登记库存现金的增加，贷方登记库存现金的减少；期末余额在借方，反映企业实际持有的库存现金的金额。企业内部各车间、各部门周转使用的备用金，可单独设置“备用金”科目核算。

核算任务

一、库存现金收入的核算

企业收入现金的主要途径有：从银行提取现金、收取转账结算金额起点以下的小额销售货款、职工出差报销时交回的剩余借款、对个人收取的款项等。企业收到现金时，根据审核无误的原始凭证，借记“库存现金”科目，贷记“银行存款”“主营业务收入”“其他应收款”等科目。

实例 1-1　2015 年 1 月 1 日，天津滨海股份有限公司出纳人员开出现金支票，提取现金 6 000 元备用。

编制会计分录如下。

借：库存现金　　6 000

　　贷：银行存款　　6 000

实例 1-2　2015 年 1 月 10 日，天津滨海股份有限公司采购员张某出差归来，报销差旅费 2 900 元，交回现金 100 元。

编制会计分录如下。

借：库存现金　　100

　　管理费用　　2 900

　　贷：其他应收款——张某　　3 000

二、库存现金支出的核算

企业在允许使用现金的范围内支付现金时，根据审核无误的原始凭证，借记“管理费用”等科目，贷记“库存现金”科目。

实例 1-3　2015 年 1 月 1 日，天津滨海股份有限公司采购员张某预支差旅费 3 000 元。

编制会计分录如下。

借：其他应收款——张某　　3 000

　　贷：库存现金　　3 000

实例 1-4　2015 年 1 月 15 日，天津滨海股份有限公司以现金 800 元购买办公用品。

编制会计分录如下。

借：管理费用　　800

　　贷：库存现金　　800

三、库存现金清查的核算

库存现金的清查是对库存现金的盘点与核对。企业应根据现金管理的规定，对库存现金进行定期和不定期的清查，以便保证账实相符和库存现金的安全完整。现金清查一般采用实地盘点法，对于清查的结果，应编制现金盘点报告单。清查中发现的现金短缺或溢余，在会计上通过“待处理财产损溢”科目进行核算。现金清查中发现短缺的现金，按实际短缺金额，借记

“待处理财产损溢”科目，贷记“库存现金”科目；现金清查中发现溢余的现金，应按溢余的金额，借记“库存现金”科目，贷记“待处理财产损溢”科目，待查明原因后作相应处理。

（一）库存现金短缺的会计处理

库存现金短缺，查明原因后按不同情况进行账务处理。

① 属于应由责任人和保险公司赔偿的部分，借记“其他应收款”或“库存现金”等科目，贷记“待处理财产损溢——待处理流动资产损溢”科目。

② 属于无法查明的其他原因，根据管理权限，经批准后处理，借记“管理费用”科目，贷记“待处理财产损溢——待处理流动资产损溢”科目。

实例 1-5 2016 年 1 月 3 日，天津滨海股份有限公司在现金清查中发现现金短缺 200 元，尚待查明原因。

查明原因前，编制会计分录如下。

借：待处理财产损溢——待处理流动资产损溢　　200
　　贷：库存现金　　200

上述现金短缺，经查属于出纳人员王某的责任。根据批复意见，由责任人赔偿。编制会计分录如下。

借：其他应收款——王某　　200
　　贷：待处理财产损溢——待处理流动资产损溢　　200

（二）库存现金溢余的会计处理

库存现金溢余，查明原因后分不同情况进行账务处理。

① 属于应支付给有关人员或单位的现金溢余，应借记“待处理财产损溢——待处理流动资产损溢”科目，贷记“其他应付款”科目。

② 属于无法查明原因的现金溢余，经批准后，借记“待处理财产损溢——待处理流动资产损溢”科目，贷记“营业外收入”科目。

实例 1-6 2016 年 1 月 31 日，天津滨海股份有限公司在现金清查中发现现金溢余 300 元，尚待查明原因。

查明原因前，编制会计分录如下。

借：库存现金　　300
　　贷：待处理财产损溢——待处理流动资产损溢　　300

经批准，上述现金溢余转作营业外收入。编制会计分录如下。

借：待处理财产损溢——待处理流动资产损溢　　300
　　贷：营业外收入　　300

四、备用金的核算

备用金是指由财会部门单独拨给企业内部各职能部门或报账单位用于费用开支或销售找零用的周转使用资金。这部分资金交由专人保管，以备日常零星开支之用。备用金的需要量。包括在库存现金的限额之内。备用金的收付体现了库存现金的收付在管理和使用上也要执行有关现金管理的规定。

实行定额备用金制度的企业，由财会部门根据实际需要拨出一笔固定金额的备用金，由专人领用，按规定的用途使用。待用款单位实际支用后，凭单据向会计部门报销，会计部门根据报销数用现金补足原定额。

企业备用金的会计处理，对于不专门设置“备用金”科目的企业来说，一般通过“其他应收款”科目核算，也可专设“备用金”科目进行核算。

实例 1-7　2015 年 1 月 3 日，天津滨海股份有限公司财会部门为方便采购部门日常零星开支，特设立定额备用金 4 000 元。设立时，财会部门以现金支付给采购部门。

1）设立备用金时，编制会计分录如下。

借：备用金——采购部门　　4 000
　　贷：库存现金　　4 000

2）10 天后，采购部门凭各种发票报销，发票金额为 2 800 元，会计又以现金 2 800 元补足备用金定额。编制会计分录如下。

借：管理费用　　2 800
　　贷：库存现金　　2 800

3）1 月 15 日，公司因情况变化，决定取消备用金制度。采购部门最后一次报销 880 元，并将多余款项交还出纳人员。编制会计分录如下。

借：管理费用　　880
　　库存现金　　3 120
　　贷：备用金——采购部门　　4 000

任务二　银行存款的核算

知识储备

一、银行结算账户的种类

根据中国人民银行颁布的《人民币结算银行账户管理办法》的规定，企业可以在银行或其他金融机构开立基本存款账户、一般存款账户、临时存款账户和专用存款账户。

基本存款账户是存款人因办理日常结算和现金收付需要开立的银行结算账户。企业的工资、奖金等现金的支取，只能通过基本存款账户办理。一个企业只能开立一个基本存款账户。一般存款账户是企业为了业务方便，在基本存款账户银行以外的银行营业机构开立的银行结算账户，该账户不得支取现金。临时存款账户是企业因临时经营活动需要并在规定期限内使用而开立的银行结算账户。专用存款账户是企业因特定用途需要开立的银行结算账户。

二、账户的使用与管理

各开户单位应加强对银行结算账户的管理，正确使用银行结算账户。

① 认真贯彻执行国家的政策、法令，遵守银行信贷、结算和现金管理等有关规定。在银行检查时，企业必须提供账户使用情况的有关资料。

② 各单位在银行开立的账户，只供本单位业务经营范围内的资金收付，不准出租、出借或转让给其他单位和个人使用。

③ 各单位在银行的账户必须有足够的资金保证支付，不准签发空头的、远期的支付凭证。

④ 各种收、付款凭证，必须填明款项来源和用途，不得巧立名目，弄虚作假，套取现金，严禁利用账户搞非法活动。

⑤ 及时、正确地记录同银行的往来账户，重视对账工作；认真、及时地与银行寄送的对账单进行核对，发现不符时，及时与银行联系，尽快查对清楚。

三、银行转账结算方式

结算是指款项的收付行为。企业办理各种经济业务，除按规定范围使用现金外，大部分是通过银行办理转账结算的。支付结算包括支票、银行本票、银行汇票、汇兑、商业汇票、委托收款、托收承付、信用卡、信用证等结算方式。

（一）支票

支票是指由出票人签发，委托办理支票存款业务的银行在见票时无条件支付确定的金额给收款人或持票人的票据。

支票分为现金支票、转账支票和普通支票 3 种。现金支票是印有“现金”字样的支票，只能用于从银行提取现金；转账支票是印有“转账”字样的支票，只能办理转账结算，不能支取现金；普通支票是未印有“现金”或“转账”字样的支票，可以用于支取现金，也可以用于转账。在普通支票左上角画有两条平行线的，称为划线支票，只能用于转账，不能支取现金。目前，支票在全国范围内通用。

支票的提示付款期为自出票日起 10 日内，中国人民银行另有规定的除外。超过提示付款期限的，持票人开户银行不予受理，付款人不予付款。企业应在银行存款范围内签发支票，不得签发空头支票。在签发支票之前，出纳人员应认真查明银行存款日记账的结余数额，防止签发超过存款余额的空头支票。

出票人签发空头支票、签章与预留银行印鉴不符的支票、支付密码错误的支票，银行除退票外，还要按票面金额处以 5% 但不低于 1 000 元的罚款。同时，持票人有权要求出票人按支票金额的 2% 支付赔偿金。

支票的持票人可以委托开户银行收款或直接向出票人开户银行提示付款，但现金支票只能由收款人向付款人提示付款。持票人委托开户银行收取支票票款的，应做委托收款的背书，银行通过票据交换系统收妥后入账。

企业开出支票时，根据支票存根，借记有关科目，贷记“银行存款”科目；企业收到支票并填制进账单到银行办理收款手续后，借记“银行存款”科目，贷记有关科目。

（二）银行本票

银行本票是指申请人将款项交存银行，由银行签发并承诺自己在见票时无条件支付确定金额给收款人或持票人的票据。银行本票由银行签发并保证兑付，见票即付，具有信誉高、支付能力强等特点。

银行本票分为定额本票和不定额本票 2 种。定额本票面额为 1 000 元、5 000 元、10 000 元、50 000 元 4 种。单位和个人在同一票据交换区域需支付的各种款项，均可使用银行本票。银行本票可以用于转账，票面注明“现金”字样的可以用于支取现金。使用银行本票提取现金只适用于个人，申请人或收款人是单位的，不得申请签发现金银行本票。

银行本票的付款期自出票日起最长不超过 2 个月。在付款期内，银行见票即付。申请人因银行本票超过付款期或其他原因要求退款时，可持银行本票到签发银行办理。

申请人使用银行本票，应填写银行本票申请书，出票银行收妥银行本票存款签发银行本票。用于转账的，在本票上划去“现金”字样，不定额本票用压数机压印出票金额，签章后交给申请人。

银行本票的取得和使用通过“其他货币资金”科目核算。

（三）银行汇票

银行汇票是指汇款人先将款项交存当地银行，由银行签发并由银行在见票时按照实际结算金额无条件支付给收款人或持票人的票据。它适用于单位、个体经营户和个人向同城或异地支付各种款项。银行汇票具有使用灵活、票随人到、兑现性强等特点。

采用银行汇票结算方式，汇款单位或个人须向汇出银行填写银行汇票申请书，详细列明汇入地点、汇入银行、收款单位或个人名称、汇款用途等内容。汇出银行同意受理后，即收妥款项，签发汇票和汇款解讫通知交给汇款单位或个人，汇票和汇款解讫通知同时提交汇入银行，缺一无效。汇款单位或个人持票直接向汇票指定的收款单位办理结算，收款单位经过认真审查接受汇票，在有效期内连同账单发票等凭证到开户银行办理转账或取款。

银行汇票的付款期为 1 个月。逾期的汇票，兑付银行不予受理。收款人受理申请人交付的银行汇票时，应在出票金额以内，根据实际需要的款项办理结算，并将实际结算金额和多余金额准确、清晰地填入银行汇票和解讫通知，未填明实际结算金额和多余金额或实际结算金额超过出票金额的，银行不予受理。收款人可以将银行汇票背书转让给被背书人，但以不超过出票金额的实际结算金额为准。未填写实际结算金额或实际结算金额超过出票金额的银行汇票不得背书转让。因逾期或其他原因要求退款时，可持银行汇票和解讫通知到签发银行办理退款。

银行汇票的取得和使用通过“其他货币资金”科目核算。

（四）汇兑

汇兑是指汇款人委托银行将其款项汇给收款人的结算方式。汇兑按传递方式不同，分为信汇和电汇 2 种。信汇是指汇款人委托银行通过邮寄方式将款项划转给收款人，电汇是指汇款人委托银行通过电报将款项划给收款人。单位和个人到异地办理各种款项的结算，均可采用汇兑方式。汇兑的委托日期是汇款人向汇出银行提交汇兑结算凭证的当日。

付款方委托银行汇出款项后，根据信（电）汇凭证回单，借记“材料采购”“应付账款”等有关科目，贷记“银行存款”科目。收款方根据银行转来的收账通知，借记“银行存款”科目，贷记“主营业务收入”“应收账款”等有关科目。

（五）商业汇票

商业汇票是指由收款人或付款人（或承兑申请人）签发，经承兑人承兑，并于到期日向收款人或被背书人支付款项的票据。按承兑人不同，商业汇票可分为商业承兑汇票和银行承兑汇票 2 种。

商业承兑汇票是指由收款人开出，经付款人承兑，或者由付款人开出并承兑的汇票。由收款人签发的商业承兑汇票，应交付款人承兑；由付款人签发的商业承兑汇票，应经本人承兑。付款人须在商业承兑汇票正面签署“承兑”字样并加盖预留银行印章后，将汇票交给收款人，以便到期收款。收款人对将要到期的商业承兑汇票，应递交开户银行办理收款。付款人应于商业承兑汇票到期前将票款足额交存其开户银行，银行在到期日凭票从付款人账户划转给收款人或贴现银行。汇票到期日付款人存款账户不足支付时，其开户银行应将汇票退给收款人，由收付双方自行处理，并对付款人按票面金额处以一定罚金。银行承兑汇票是指由在承兑银行开立存款账户的付款人（即出票人）签发，由承兑银行承兑的汇票。企业申请使用银行承兑汇票时，应向其承兑银行按票面金额的0.05%交纳手续费。银行承兑汇票的出票人应于汇票到期前将票款足额交存其开户银行，承兑银行应在汇票到期日或到期日后的见票当日支付票款。银行承兑汇票的出票人于汇票到期前未能足额交存票款时，承兑银行凭票向持票人无条件付款，还应根据承兑契约规定，对承兑申请人执行扣款，并对尚未扣回的承兑金额按照每天0.05%计收利息。

商业汇票按是否带息，可分为带息票据和不带息票据。商业汇票属于期票，票据到期付款人承担无条件付款的义务。采用商业汇票方式可以使企业之间的债权债务关系表现为外在的票据，使商业信用票据化，更有效地保障债权人利益。债权人还可以在票据到期前到银行办理贴现业务来融通资金。

商业汇票的付款期限，由双方协商确定，但最长不得超过6个月。商业汇票提示付款期限自汇票到期日起10天内。商业汇票适用于在银行开立存款账户的法人，以及其他组织之间真实的商品交易或债权债务的业务。商业汇票可以办理同城结算，也可以办理异地结算。

商业汇票的签发和使用通过“应收票据”“应付票据”科目核算。

（六）委托收款

委托收款是指收款单位委托银行向付款人收取款项的结算方式。单位和个人凭已承兑商业汇票、债券、存单等付款人债务证明办理款项结算，均可使用委托收款方式。在委托收款方式下，款项的划回方式可分为邮寄和电报2种。委托收款在同城或异地均可办理。在同城范围内，收款人收取公用事业费或根据国务院的规定，可以使用同城委托收款。收取公用事业费必须具有事先收付双方签订的经济合同，由付款人向开户银行授权，并经开户银行同意，报经中国人民银行批准。

付款单位接到银行付款通知、审查债务凭证后支付款项时，借记“应付账款”等科目，贷记“银行存款”科目。

收款方办妥委托银行收款手续后，根据委托收款结算凭证的回单联，借记“应收账款”科目，贷记“主营业务收入”等科目。收款方接到银行转来委托收款凭证的收账通知时，借记“银行收款”科目，贷记“应收账款”科目。

（七）托收承付

托收承付是指根据购销合同，由收款人发货后委托银行向异地付款人收取款项，由付款人向银行承认付款的结算方式。使用托收承付结算方式的收款单位和付款单位必须是国有企业、供销合作社，以及经营管理较好并经开户银行审查同意的城乡集体所有制工业企业。办理托收承付的款项必须是商品交易及因商品交易而产生的劳务供应的款项，代销、赊销、寄销商品的款项不得办理托收承付。

收款单位按照签订的购货合同发货后，委托银行办理托收，付款单位应在承付期内审查核对，安排资金。承付货款分为验单付款和验货付款2种。验单付款的承付期为3日，验货付款的承付期为10日，付款单位在承付期满日银行营业终了时，如无足够资金支付，其不足部分按逾期付款处理，并处以逾期付款赔偿金。逾期付款期满3个月仍未付清的欠款，付款人开户银行通知付款人还回单证，如自发出通知的第3日起，付款人不退回单证的，付款人开户银行每日按欠款金额处以 0.05% 但不低于 50 元的罚款，并暂停付款人向外办理结算业务，直到还回单证为止。付款单位经过验单或验货，发现收款单位托收款项计算错误或所收货物的品种、质量、规格等与合同规定不符的情况，可以在承付期内提出全部或部分拒付，并填写拒付理由书送交开户银行，开户银行认为符合拒付条件的，即转给收款方开户银行，再通知收款单位进行处理。

收款方办妥托收手续后，根据银行盖章退回的托收承付结算凭证的回联单，借记“应收账款”科目，贷记“主营业务收入”“银行存款”等科目。付款方根据审核无误的付款通知，于期满日借记“材料采购”等科目，贷记“银行存款”科目。收款方根据银行转来的收账通知，借记“银行存款”科目，贷记“应收款账”科目。

（八）信用卡

信用卡是指商业银行向个人和单位发行的，据以向特约单位购物、消费和向银行提取现金，具有消费信用的特制载体卡片。

信用卡按适用对象可分为单位卡和个人卡；按信誉等级可分为金卡和普通卡。信用卡在规定的限额和期限内允许善意透支。

单位信用卡账户的资金一律从其基本存款账户转账存入，不得交存现金，不得将销货收入存入单位卡账户。持卡人可持信用卡在特约单位购物、消费，但单位卡不得用于 10 万元以上的商品交易、劳务供应款项的结算。对于金额较小的情况，为便于持卡人进行一些零星开支，允许用于商品交易。单位卡一律不得支取现金。

信用卡的取得和使用通过“其他货币资金”科目核算。

（九）信用证

信用证是开证银行依据申请人的申请开出的，凭符合信用证条款的单据支付款项的付款承诺证明。信用证一般用于境外结算，但经中国人民银行批准经营结算业务的商业银行总行及经商业银行总行批准开办信用证结算业务的分支机构，也可以办理国内企业之间商品交易的信用证结算业务。

采用信用证结算方式时，收款方在收到信用证后，即备货装运，签发有关发票账单，连同运费单据和信用证送交银行，根据退还的信用证等有关凭证填制收款凭证；付款方在接到开证行的通知后，根据付款的有关单据编制付款凭证。

信用证的取得和使用通过“其他货币资金”科目核算。

自学会计科目

“银行存款”科目。为了总括反映企业银行存款的收入、支出和结存情况，应设置“银行存款”科目。本科目借方登记银行存款的增加，贷方登记银行存款的减少；期末余额在借方，反映企业期末结存的银行存款余额。

核算任务

一、银行存款收入和支出的核算

企业向银行或其他金融机构存入款项时，借记“银行存款”科目，贷记“库存现金”“主营业务收入”“应收账款”等科目；企业从银行提取或支出款项时，借记“库存现金”“材料采购”“管理费用”等科目，贷记“银行存款”科目。每日终了时，应计算银行存款收入合计、银行存款支出合计及结余数。

实例 1-8 2015 年 1 月，天津滨海股份有限公司发生下列经济业务。

1）收回 A 公司前欠货款 30 000 元，转账支票已送存银行，进账单回联已交回财会部门。编制会计分录如下。

借：银行存款　30 000
　　贷：应收账款——A 公司　30 000

2）支付行政管理部门电话费 2 000 元，开出转账支票一张。编制会计分录如下。

借：管理费用　2 000
　　贷：银行存款　2 000

3）销售给 A 公司产品一批，售价为 50 000 元，增值税为 8 500 元，收到等额转账支票一张，存入银行。编制会计分录如下。

借：银行存款　58 500
　　贷：主营业务收入　50 000
　　　　应交税费——应交增值税（销项税额）　8 500

二、银行存款清查的核算

银行存款清查是指将企业银行存款日记账的账面余额与其开户银行转来的对账单的余额进行核对。

为了准确掌握银行存款的实际金额，防止银行存款账目发生差错，企业应经常与银行核对存款账。由出纳人员根据银行存款日记账的记录与银行对账单进行逐笔核对，每月至少一次。核对时，如果发现双方的余额不一致，要及时查找原因。属于记账错误的，应及时更正；属于未达账项因素影响的，要及时编制银行存款余额调节表，剔除未达账项因素的影响。

所谓未达账项，是指开户银行与本企业之间，对于同一笔款项的收付业务，在传递过程中存在一定的时间差异，导致一方已登记入账，另一方因未接到有关凭证而尚未入账的款项。出现未达账项主要有以下 4 种情况。

① 银行已收企业未收的款项。这种情况是指银行已根据有关收款凭证将一笔款项作为企业存款增加的业务进行了处理，而企业尚未收到相关凭证从而未记账的款项。

② 银行已付企业未付的款项。这种情况是指银行已根据有关付款凭证将一笔款项作为企业存款减少的业务进行了处理，而企业尚未收到相关凭证从而未记账的款项。

③ 企业已收银行未收的款项。这种情况是指企业已根据有关收款凭证将一笔款项作为银行存款增加的会计处理，但银行尚未接到相关凭证从而未记账的款项。

④ 企业已付银行未付的款项。这种情况是指企业已根据有关付款凭证将一笔款项作为银行存款减少的会计处理，但银行尚未接到相关凭证从而未记账的款项。

为了正确反映各种未达账项，调节企业和银行双方的账面存款余额的不一致，企业在逐笔核对银行送来的对账单后，采用编制银行存款余额调节表来核对银行存款的余额。调节的方法是以双方账面余额为基础，各自分别加上对方已收款入账而己方未入账的数额，减去对方已付款入账而己方未入账的数额。

实例 1-9 2015 年 1 月 31 日，天津滨海股份有限公司银行存款日记账的余额为 540 000 元，银行转来对账单的余额为 830 000 元。经逐笔核对，发现以下未达账项。

① 企业送存转账支票 600 000 元，并已登记银行存款增加，但银行尚未入账。

② 企业开出转账支票 450 000 元，但持票单位尚未到银行办理转账，银行尚未记账。

③ 企业委托银行代收 A 公司购货款 480 000 元，银行已收妥并登记入账，但企业尚未收到收款通知，尚未入账。

④ 银行代企业支付电话费 40 000 元，银行已登记企业银行存款减少，但企业未收到银行付款通知，尚未记账。

根据上述资料，编制银行存款余额调节表，如表 2.1 所示。

表2.1　银行存款余额调节表

2015 年 1 月 31 日　　　　元

项　目	金　额	项　目	金　额
企业银行存款日记账余额	540 000	银行对账单余额	830 000
加：银行已收，企业未收款	480 000	加：企业已收，银行未收款	600 000
减：银行已付，企业未付款	40 000	减：企业已付，银行未付款	450 000
调节后的存款余额	980 000	调节后的存款余额	980 000

若调节后的双方余额相等，说明双方账簿记录基本正确。如果调节后的双方余额不等，说明银行或企业的账簿记录、计算有错误，应进一步查明原因，予以更正。

需要注意的是，银行存款余额调节表不是记账的依据，编制它仅是查明账实是否相符的一种方法，并不需要对存在的未达账项在账簿中作出调整。对于银行已经记账而企业尚未入账的未达账项，待以后收到相关凭证后再作账务处理。但对于时差较大的未达账项，应查阅有关凭证和账簿记录，必要时应与开户银行取得联系，查明原因，及时解决。

任务三　其他货币资金的核算

知识储备

其他货币资金是指企业除库存现金、银行存款以外的各种货币资金，主要包括外埠存款、银行本票存款、银行汇票存款、信用证保证金存款、信用卡存款和存出投资款。

自学会计科目

“其他货币资金”科目。为了反映和监督其他货币资金的收入、支出和结存情况，企业应当设置“其他货币资金”科目。本科目借方登记其他货币资金的增加，贷方登记其他货币资金的减少；期末余额在借方，反映企业实际持有的其他货币资金。该科目应按其他货币资金的种类设置明细科目进行核算。

核算任务

一、外埠存款的核算

外埠存款是指企业到外地进行临时或零星采购时，汇往采购地银行开立采购专户的款项。

企业将款项汇往外地开立采购专户时，应填写汇款委托书，委托开户银行办理汇款。汇入地银行以汇款单位名义开立临时采购账户，该账户的存款不计利息，只付不收，付完清户，除了采购人员可从中提取少量现金以外，一律采用转账结算。企业将款项汇往外地开立采购专户时，根据汇出款项凭证，进行账务处理。借记“其他货币资金——外埠存款”科目，贷记“银行存款”科目；收到采购员交来的供应单位的材料账单等报销凭证时，借记“材料采购”或“原材料”“库存商品”“应交税费——应交增值税（进项税额）”等科目，贷记“其他货币资金——外埠存款”科目；将多余的外埠存款转回当地银行结算户时，根据银行的收账通知，借记“银行存款”科目，贷记“其他货币资金——外埠存款”科目。

实例 1–10 2015 年 1 月 5 日，天津滨海股份有限公司通过银行汇款 60 000 元在上海开立采购专户，由采购员张某负责相关事宜。

1）开立采购专户时，编制会计分录如下。

借：其他货币资金——外埠存款　　60 000
　　贷：银行存款　　60 000

2）1 月 20 日，收到采购员张某交来的材料账单，货款为 50 000 元，专用发票上注明的增值税税额为 8 500 元。编制会计分录如下。

借：原材料　　50 000
　　应交税费——应交增值税（进项税额）　　8 500
　　贷：其他货币资金——外埠存款　　58 500

3）1 月 30 日，收到上海采购专户的余额 1 500 元。编制会计分录如下。

借：银行存款　　1 500
　　贷：其他货币资金——外埠存款　　1 500

二、银行本票存款的核算

银行本票存款是指企业为取得银行本票按规定存入银行的款项。

企业在填送银行本票申请书并将款项交存银行取得银行本票后，根据银行盖章退回的申请书存根联，借记“其他货币资金——银行本票存款”科目，贷记“银行存款”科目；企业根据有关购货凭证，借记“材料采购”或“原材料”“库存商品”“应交税费——应交增值税（进项税额）”等科目，贷记“其他货币资金——银行本票存款”科目。如果企业因本票超过付款期限等原因未曾使用而要求银行退款，借记“银行存款”科目，贷记“其他货币资金——银行本票存款”科目。

实例 1–11 2015 年 1 月 20 日，天津滨海股份有限公司申请办理银行本票，用于采购材料。银行受理后开出定额本票一张。

1）2015 年 1 月 20 日，公司收到本票时，编制会计分录如下。

借：其他货币资金——银行本票存款　　585 000
　　贷：银行存款　　585 000

2）2015 年 1 月 25 日，公司采购某材料，收到的增值税专用发票注明货款为 500 000 元，增值税税额为 85 000 元，以银行本票支付货款。根据发票账单等有关凭证，编制会计分录如下。

借：材料采购——某材料　　500 000

应交税费——应交增值税（进项税额）　85 000
　　贷：其他货币资金——银行本票存款　585 000

三、银行汇票存款的核算

银行汇票存款是指企业为取得银行汇票按规定存入银行的款项。

企业在填送银行汇票申请书并将款项交存银行取得银行汇票后，根据银行盖章退回的申请书存根联，借记“其他货币资金——银行汇票存款”科目，贷记“银行存款”科目；企业根据有关购货凭证，借记“物资采购”或“原材料”“库存商品”“应交税费——应交增值税（进项税额）”等科目，贷记“其他货币资金——银行汇票存款”科目。如果企业因汇票超过付款期限等原因未曾使用而要求银行退款，借记“银行存款”科目，贷记“其他货币资金——银行汇票存款”科目。

实例 1-12　2015年1月10日，天津滨海股份有限公司申请办理一张金额为60 000元的银行汇票，用于偿还应付账款。银行受理后开出银行汇票、解讫通知。实际办理结算的金额为58 500元，余额银行自动划回。

1）2015年1月10日，公司收到银行汇票、解讫通知时，编制会计分录如下。

借：其他货币资金——银行汇票存款　60 000
　　贷：银行存款　60 000

2）2015年1月20日，公司收到收款单位收据时，编制会计分录如下。

借：应付账款　58 500
　　贷：其他货币资金——银行汇票存款　58 500

3）2015年1月20日，公司收到银行剩余款项划回通知时，编制会计分录如下。

借：银行存款　1 500
　　贷：其他货币资金——银行汇票存款　1 500

四、信用证保证金存款的核算

信用证保证金存款是指企业为取得信用证按规定存入银行的保证金。

企业填写信用证申请书，将信用证保证金交存银行时，应根据银行盖章退回的信用证申请书回单，借记“其他货币资金——信用证保证金存款”科目，贷记“银行存款”科目；企业接到开证行通知，根据供货单位信用证结算凭证及所附发票账单，借记“材料采购”或“原材料”“库存商品”“应交税费——应交增值税（进项税额）”等科目，贷记“其他货币资金——信用证保证金存款”科目；将未用完的信用证保证金存款余额转回开户银行时，借记“银行存款”科目，贷记“其他货币资金——信用证保证金存款”科目。

实例 1-13　2015年1月5日，天津滨海股份有限公司要求银行对境外B公司开出信用证100 000元，按规定向银行提交开证申请书、信用证申请人承诺书、购销合同及保证金100 000元。

1）根据银行退回的进账单第一联，编制会计分录如下。

借：其他货币资金——信用证保证金存款　100 000
　　贷：银行存款　100 000

2）20日后，收到境外B公司发来的材料及银行转来的信用证结算凭证及所附发票账单，共支付款项 93 600 元。其中，价款为 80 000 元，增值税税额为 13 600 元。余款 6 400 元已退回公司开户银行。编制会计分录如下。

借：原材料　80 000
　　应交税费——应交增值税（进项税额）　13 600
　　贷：其他货币资金——信用证保证金存款　93 600
借：银行存款　6 400
　　贷：其他货币资金——信用证保证金存款　6 400

五、信用卡存款的核算

信用卡存款是指企业为取得信用卡按照规定存入银行的款项。

企业应填制信用卡申请表，连同支票和有关资料一并送存发卡银行，根据银行盖章退回的进账单第一联，借记“其他货币资金——信用卡存款”科目，贷记“银行存款”科目；企业用信用卡购物或支付有关费用，收到开户银行转来的信用卡存款的付款凭证及所附发票账单时，借记“管理费用”等科目，贷记“其他货币资金——信用卡存款”科目；企业信用卡在使用过程中，需要向其账户续存资金时，借记“其他货币资金——信用卡存款”科目，贷记“银行存款”科目。企业的持卡人如果不需要继续使用信用卡时，应持信用卡主动到发卡银行办理销户。销卡时，单位卡账户余额转入企业基本存款户，不得提取现金，借记“银行存款”科目，贷记“其他货币资金——信用卡存款”科目。

实例 1-14　2015 年 1 月 15 日，天津滨海股份有限公司将银行存款 90 000 元存入信用卡。2015 年 1 月 30 日，公司用信用卡支付业务招待费 5 000 元，又续存 9 000 元。

1）办理信用卡时，编制会计分录如下。

借：其他货币资金——信用卡存款　90 000
　　贷：银行存款　90 000

2）支付业务招待费时，编制会计分录如下。

借：管理费用——业务招待费　5 000
　　贷：其他货币资金——信用卡存款　5 000

3）续存资金时，编制会计分录如下。

借：其他货币资金——信用卡存款　9 000
　　贷：银行存款　9 000

六、存出投资款的核算

存出投资款是指企业已存入证券公司但尚未进行投资的资金。

企业向证券公司划出资金时，应按实际划出的金额，借记“其他货币资金——存出投资款”科目，贷记“银行存款”科目；购买股票、债券等时，借记“交易性金融资产”等科目，贷记“其他货币资金——存出投资款”科目。

实例 1-15　2015 年 1 月 1 日，天津滨海股份有限公司向 C 证券公司存入资金 200 000 元，10 日后用该存款中的 150 000 元购买股票。

1）存入 C 证券公司款项时，编制会计分录如下。

借：其他货币资金——存出投资款　200 000
　　贷：银行存款　200 000

2）购买股票时，编制会计分录如下。

借：交易性金融资产　　150 000

　　贷：其他货币资金——存出投资款　　150 000

综合实例

天津滨海股份有限公司 2015 年 12 月份发生与银行存款有关的业务如下。

1）28 日，收到 A 公司开出的 4 800 000 元转账支票，交存银行。该笔款项系 A 公司违约支付的赔款，天津滨海股份有限公司将其计入当期损益。

2）29 日，开出转账支票支付 B 公司咨询费 3 600 000 元，并于当日交给 B 公司。

3）31 日，银行存款日记账余额为 4 320 000 元，但银行转来对账单余额为 6 640 000 元。经逐笔核对，发现以下未达账项。

① 公司将 12 月 28 日收到的 A 公司赔款登记入账，但银行尚未记账。

② B 公司尚未将 12 月 29 日收到的支票送存银行。

③ 公司委托银行代收 C 公司购货款 3 840 000 元，银行已于 12 月 30 日收妥并登记入账，但公司尚未收到收款通知。

④ 12 月份公司发生借款利息 320 000 元，银行已减少其存款，但尚未收到银行的付款通知。

要求：

1. 编制天津滨海股份有限公司上述业务 1）、2）的会计分录。

2. 根据上述资料编制天津滨海股份有限公司银行存款余额调节表。

解答：

1. 业务 1）、2）的会计分录分别如下。

借：银行存款　　4 800 000

　　贷：营业外收入　　4 800 000

借：管理费用　　3 600 000

　　贷：银行存款　　3 600 000

2. 根据上述资料编制的天津滨海股份有限公司的银行存款余额调节表如下表所示。

银行存款余额调节表

2015 年 12 月 31 日　　元

项　目	金　额	项　目	金　额
企业银行存款日记账余额 加：银行已收，企业未收款 减：银行已付，企业未付款	4 320 000 3 840 000 320 000	银行对账单余额 加：企业已收，银行未收款 减：企业已付，银行未付款	6 640 000 4 800 000 3 600 000
调节后的存款余额	7 840 000	调节后的存款余额	7 840 000

项目二
应收及预付款项的核算

学习目标

- ◆ 掌握应收票据的概念、计价及会计处理。
- ◆ 掌握应收账款的概念、计价及会计处理。
- ◆ 掌握预付账款和其他应收款的会计处理。
- ◆ 理解应收款项减值的确认，掌握应收款项减值的会计处理。

应收及预付款项是指企业在日常生产经营过程中发生的各项债权，包括应收款项和预付款项。应收款项包括应收票据、应收账款和其他应收款等；预付款项则是指企业按照合同规定预付的款项，如预付账款等。

任务一　应收票据的核算

知识储备

一、应收票据的概念

应收票据是指企业因销售商品、提供劳务等而收到的商业汇票。商业汇票是一种由出票人签发的，委托付款人在指定日期无条件支付确定金额给收款人或持票人的票据。企业使用商业汇票办理结算，必须基于真实的商品交易和债权债务关系，严禁签发无贸易背景的商业汇票。

商业汇票的付款期限最长不得超过 6 个月。定日付款的汇票付款期限自出票日起计算，并在汇票上记载具体到期日；出票后定期付款的汇票付款期限自出票日起按月计算，并在汇票上记载；见票后定期付款的汇票付款期限自承兑或拒绝承兑日起按月计算，并在汇票上记载。商业汇票的提示付款期限是自汇票到期日起 10 日。符合条件的商业汇票的持票人，可以持未到期的商业汇票连同贴现凭证向银行申请贴现。

二、应收票据的种类

商业汇票按承兑人不同，可分为商业承兑汇票和银行承兑汇票。商业承兑汇票是指由付款人签发并承兑，或者由收款人签发交由付款人承兑的汇票；银行承兑汇票是指由在承兑银行开立存款账户的付款人（即出票人）签发，由承兑银行承兑的汇票。可见，商业承兑汇票的承兑人是付款人，银行承兑汇票的承兑人是付款人的开户银行，即承兑银行。

自学会计科目

“应收票据”科目。为了核算和监督应收票据的取得和收回情况，企业应设置“应收票据”总分类科目。该科目的借方登记取得的应收票据的面值；贷方登记到期收回票款或到期前向银行贴现的应收票据的票面余额；期末借方余额反映企业持有的商业汇票的票面余额。“应收票据”科目可以按照开出、承兑商业汇票的单位进行明细核算，并设置应收票据备查簿，逐笔登记商业汇票的种类，号数，出票日，票面金额，交易合同号，付款人、承兑人、背书人的姓名或单位名称，到期日，背书转让日，贴现日，贴现率，贴现净额，以及收款日、收回金额、退票情况等资料。商业汇票到期结清票款或退票后，在备查簿中应予注销。

核算任务

一、应收票据取得和收回的核算

应收票据取得的原因不同，其账务处理也有所区别。

企业销售商品、产品或提供劳务收到开出、承兑的商业汇票时，按应收票据的面值，借记“应收票据”科目；按实现的营业收入，贷记“主营业务收入”等科目；按专用发票上注明的增值税税额，贷记“应交税费——应交增值税（销项税额）”科目。

因债务人抵偿前欠货款而取得的应收票据，借记“应收票据”科目，贷记“应收账款”科目。

商业汇票到期收回款项时，应按实际收到的金额，借记“银行存款”科目，贷记“应收票据”科目。

实例 2-1 2015 年 3 月 1 日，天津滨海股份有限公司向 A 公司销售商品一批，不含税价款为 80 000 元，增值税税额为 13 600 元。商品已发出并办妥委托收款手续，款项尚未收到。

编制会计分录如下。

借：应收账款	93 600	
贷：主营业务收入		80 000
应交税费——应交增值税（销项税额）		13 600

实例 2-2 承实例 2-1，2015 年 3 月 15 日，若天津滨海股份有限公司收到 A 公司寄来的一张 3 个月期的银行承兑汇票，面值为 93 600 元。

编制会计分录如下。

借：应收票据	93 600	
贷：应收账款		93 600

实例 2-3 承实例 2-2，2015 年 6 月 15 日，若天津滨海股份有限公司上述应收票据到期，收回票面金额 93 600 元存入银行。

编制会计分录如下。

借：银行存款　　93 600
　　贷：应收票据　　93 600

二、应收票据转让的核算

企业可以按照规定将持有的未到期应收票据背书转让给销售企业，以取得所需物资。背书是指在票据背面或粘单上记载有关事项并签章的票据行为。背书转让的，背书人应当承担票据责任。企业将持有的商业汇票背书转让以取得所需物资时，按应计入取得物资成本的金额，借记“材料采购”或“原材料”“库存商品”等科目；按专用发票上注明的增值税税额，借记“应交税费——应交增值税（进项税额）”科目；按商业汇票的账面价值，贷记“应收票据”科目。如果有差额，则借记或贷记“银行存款”等科目。

实例 2-4 承实例 2-2，2015 年 4 月 15 日，天津滨海股份有限公司将上述应收票据背书转让，以取得生产经营所需的原材料。该材料金额为 100 000 元，适用的增值税税率为 17%，其余款项用银行存款支付。

编制会计分录如下。

借：原材料　　100 000
　　应交税费——应交增值税（进项税额）　　17 000
　　贷：应收票据　　93 600
　　　　银行存款　　23 400

对于票据贴现，企业通常应按实际收到的金额，借记“银行存款”科目；按贴现息全额，借记“财务费用”科目；按应收票据的票面金额，贷记“应收票据”科目。

任务二　应收账款的核算

知识储备

应收账款是指企业因销售商品、提供劳务等经营活动形成的债权，具体包括应向客户收取的货款、增值税税款以及为客户代垫的运杂费等。它是企业常用的项目之一，产生于商业信用条件下的赊销业务。与上面介绍的应收票据不同，在赊销交易中应收账款不要求债务人出具付款的书面承诺，货款能否按期如数收回完全是建立在债务人商业信用基础上的。因此，应收账款的流动性较应收票据弱。在资产负债表中，应收账款列示在应收票据之后。

应收账款的计价需要考虑商业折扣和现金折扣等因素。商业折扣是指企业根据市场供求情况或针对不同客户在商品标价上给予的价格扣减。商业折扣是企业最常用的促销手段。企业为了占领市场、扩大销售，对于批发商往往给予商业折扣，采用销售量越多、价格越低的促销策略，即通常所说的薄利多销。商业折扣一般在交易发生时即可确定，是计算实际价格的一种手段，不需在双方任何一方的账面上反映，对应收账款入账价值没有实质性的影响。因此，在存在商业折扣的情况下，企业应按扣除商业折扣后的实际售价确认入账。

现金折扣是指债权人为鼓励债务人在规定的期限内付款而向债务人提供的债务折扣。现金折扣是用于赊销方式销售商品或提供劳务的交易。企业为鼓励债务人提前还款，通常与债务人达成协议，债务人在不同期限内付款，可享受不同比例的折扣。现金折扣一般用符号“折扣/付款期限”表示。例如，2/10 的含义是 10 天之内付款给予 2% 的折扣；n/30 的含义是 30 天内付款则不给折扣。

现金折扣与商业折扣相比，主要有两点区别。第一，目的不同，现金折扣是为鼓励客户提前付款而给予的债务扣除；商业折扣是为促进销售而给予的价格扣除。第二，发生折扣的时间不同，现金折扣在商品销售后发生，企业在确认销售收入时不能确定相关的现金折扣，销售后现金折扣是否发生应视买方的付款情况而定；商业折扣在销售时即已发生，企业销售实现时，只要按扣除商业折扣后的净额确认销售收入即可，不需作账务处理。

在存在现金折扣的情况下，应收账款入账金额的确认有 2 种方法：一种是总价法，另一种是净价法。按照我国《企业会计准则第 14 号——收入》的规定，应收账款的入账价值应以未扣除现金折扣的金额入账，即应收账款总额入账；客户享受的现金折扣应在实际发生时计入当期损益。

自学会计科目

“应收账款”科目。为了核算和监督应收账款的增减变动和结存情况，企业应设置“应收账款”科目。不单独设置“预收账款”科目的企业，预收的账款也在“应收账款”科目中核算。“应收账款”科目的借方登记应收账款的增加，贷方登记应收账款的收回及确认的坏账损失；期末余额一般在借方，反映企业尚未收回的应收账款。如果期末余额在贷方，一般则反映企业预收的账款。为了详细反映应收账款的增减变化及其结果，企业还应按债务人设置应收账款明细账，进行明细核算。

核算任务

一、应收账款发生的核算

因销售商品、提供劳务等发生应收账款时，按应收金额，借记“应收账款”科目；按实现的营业收入，贷记“主营业务收入”等科目；按专用发票上注明的增值税税额，贷记“应交税费——应交增值税（销项税额）”科目。企业代客户垫付的包装费、运杂费等，借记“应收账款”科目，贷记“银行存款”等科目。企业发生的应收账款，在没有商业折扣的情况下，按应收的全部金额入账；在有商业折扣的情况下，应按扣除商业折扣后的金额入账；在有现金折扣的情况下，采用总价法入账，发生的现金折扣在收款时，作为财务费用处理。

实例 2-5　2015 年 1 月 10 日，天津滨海股份有限公司销售给 A 公司产品一批，货款为 6 000 元，适用的增值税税率为 17%，以银行存款代垫运杂费 300 元，已办妥托收手续。根据银行有关的凭证，

编制会计分录如下。

借：应收账款——A 公司　　7 320

　贷：主营业务收入　　6 000

　　应交税费——应交增值税（销项税额）　　1 020
　　银行存款　　300

实例 2-6　2015 年 1 月 15 日，天津滨海股份有限公司销售给 B 公司产品一批，价目单价格为 220 000 元。由于批量销售，公司提供了 20 000 元的商业折扣，增值税税额为 34 000 元。

编制会计分录如下。

借：应收账款——B 公司　　234 000
　贷：主营业务收入　　200 000
　　应交税费——应交增值税（销项税额）　　34 000

实例 2-7　2015 年 1 月 15 日，天津滨海股份有限公司销售给 B 公司产品一批，售价为 6 000 元，现金折扣条件为“2/10，n/30”（按售价计算现金折扣，不包括增值税），增值税税额为 1 020 元。产品已交付，并办妥托收手续。

编制会计分录如下。

借：应收账款——B 公司　　7 020
　贷：主营业务收入　　6 000
　　应交税费——应交增值税（销项税额）　　1 020

二、应收账款收回的核算

收回应收账款时，借记“银行存款”等科目，贷记“应收账款”科目。收回代垫费用时，借记“银行存款”等科目，贷记“应收账款”科目。如果企业应收账款改用商业汇票结算，在收到承兑的商业汇票时，借记“应收票据”科目，贷记“应收账款”科目。

实例 2-8　承实例 2-5，2015 年 1 月 15 日，天津滨海股份有限公司收到 A 公司货款。

编制会计分录如下。

借：银行存款——A 公司　　7 320
　贷：应收账款　　7 320

实例 2-9　承实例 2-7，2015 年 1 月 23 日，天津滨海股份有限公司的客户 B 公司付款，按售价享受的现金折扣为 120 元。

编制会计分录如下。

借：银行存款　　6 900
　财务费用　　120
　贷：应收账款——B 公司　　7 020

实例 2-10　承实例 2-7，2015 年 2 月 13 日，天津滨海股份有限公司的客户 B 公司付款，由于超过折扣期限，因此不再享受现金折扣。

编制会计分录如下。

借：银行存款　　7 020
　贷：应收账款——B 公司　　7 020

任务三　预付账款的核算

知识储备

预付账款是指企业按照购货合同的规定预先付给供货单位的货款。预付账款是由企业主动付款而形成的，属于企业短期性债权。预付账款与应收账款、应收票据同为企业的债权，但是形成的环节不同。预付账款是企业在购买环节形成的债权，而应收账款和应收票据则是企业在销售环节形成的债权。

自学会计科目

“预付账款”科目。为了核算和监督预付货款的增减变动和结存情况，企业应设置“预付账款”科目。本科目的借方登记预付的款项及补付的款项，贷方登记收到所购物资时根据有关发票账单记入“原材料”等科目的金额及收回多付款项的金额。期末余额在借方，反映企业实际预付的款项；期末余额在贷方，则反映企业应付或应补付的款项。预付款项不多的企业，可以不设置“预付账款”科目，而将预付的款项通过“应付账款”科目核算。

核算任务

企业根据购货合同的规定向供应单位预付款项时，借记“预付账款”科目，贷记“银行存款”科目。企业收到所购物资，按应计入购入物资成本的金额，借记“材料采购”或“原材料”“库存商品”等科目，按专用发票上注明的增值税税额，借记“应交税费——应交增值税（进项税额）”等科目，贷记“预付账款”科目；当预付货款小于采购货物所需支付的款项时，应将不足部分补付，借记“预付账款”科目，贷记“银行存款”科目；当预付货款大于采购货物所需支付的款项时，对收回多余款项应借记“银行存款”科目，贷记“预付账款”科目。

实例 2-11　2015 年 1 月 2 日，天津滨海股份有限公司预付给 A 公司购料款 50 000 元，3 日后收到 A 公司发来的材料并验收入库。增值税发票所列货款为 80 000 元，增值税税额为 13 600 元。当日开出转账支票补付 A 公司款项 43 600 元。

天津滨海股份有限公司应作如下会计处理。

1）预付账款时，编制会计分录如下。

借：预付账款——A 公司	50 000	
贷：银行存款		50 000

2）收到材料并验收入库时，根据发票账单、收料单，编制会计分录如下。

借：原材料	80 000	
应交税费——应交增值税（进项税额）	13 600	
贷：预付账款——A 公司		93 600

3）补付货款时，编制会计分录如下。

借：预付账款——A 公司	43 600	
贷：银行存款		43 600

4）如果本例中预付货款改为 100 000 元，货到后收到 A 公司退回 6 400 元，则收到 A 公司

退款时，编制会计分录如下。

借：银行存款　　6 400

　　贷：预付账款——A 公司　　6 400

预付账款不多的企业，也可以不单独设置“预付账款”科目，而将预付账款业务在“应付账款”科目中核算。预付货款时，借记“应付账款”科目，贷记“银行存款”科目；收到预购的材料或商品时，借记“材料采购”或“原材料”“库存商品”等科目，按专用发票上注明的增值税税额，借记“应交税费——应交增值税（进项税额）”科目，贷记“应付账款”科目。

任务四　其他应收款的核算

知识储备

其他应收款是指企业除应收票据、应收账款、预付账款等以外的其他各种应收及暂付款项。其主要包括以下。

① 应收的各种赔款，如因企业财产等遭到意外损失而应向有关保险公司收取的赔款等。

② 应收的各种罚款。

③ 应收的出租包装物租金。

④ 应向职工收取的各种垫付款项，如为职工垫付的水电费，应由职工负担的医药费、房租费等。

⑤ 存出保证金，如租入包装物支付的押金。

⑥ 其他各种应收、暂付款项。

自学会计科目

“其他应收款”科目。为了核算和监督其他应收款的增减变动和结算情况，企业应设置“其他应收款”科目进行核算。本科目借方登记企业发生的各项其他应收款，贷方登记企业收到或转销的各项其他应收款；期末余额在借方，表示企业尚未收回的其他应收款。

核算任务

实例 2-12　2015 年 1 月 8 日，天津滨海股份有限公司以银行存款替张某垫付应由其个人负担的医疗费 5 000 元，拟从其工资中扣回。

天津滨海股份有限公司应作如下会计处理。

1）垫付医疗费时，编制会计分录如下。

借：其他应收款——张某　　5 000

　　贷：银行存款　　5 000

2）从张某工资中扣款时，编制会计分录如下。

借：应付职工薪酬　　5 000

　　贷：其他应收款——张某　　5 000

实例 2-13　2015 年 1 月 1 日，天津滨海股份有限公司向其他单位购买材料时租入包装物一批，以银行存款支付押金 3 000 元。

编制会计分录如下。

借：其他应收款——存出保证金　　3 000

　　贷：银行存款　　3 000

实例 2-14　2015 年 1 月 31 日，天津滨海股份有限公司租入的包装物按期如数退回，收到出租方退还的押金 3 000 元，已存入银行。

编制会计分录如下。

借：银行存款　　3 000

　　贷：其他应收款——存出保证金　　3 000

现行制度规定企业应当定期或者至少于每年年度终了，对其他应收款进行检查，预计其可能发生的坏账损失，并计提坏账准备。对确实无法收回的，按企业的管理权限，经股东大会或董事会，经理（厂长）会议或类似机构批准作为坏账损失，冲销提取的坏账准备。

其他应收款的坏账准备的计提方法、比例由企业自行确定，具体核算与应收账款的核算基本相同。在资产负债表上，“其他应收款”项目应按减去已计提的坏账准备后的净额反映。

任务五　应收款项减值的核算

知识储备

企业应当在资产负债表日对应收款项的账面价值进行检查，有客观证据表明该应收款项发生减值的，应当将该应收款项的账面价值减记至预计未来现金流量现值，减记的金额确认减值损失，同时计提坏账准备。

确定应收款项减值有直接转销法和备抵法 2 种方法。我国会计准则规定只能采用备抵法，不得采用直接转销法。

采用直接转销法时，日常核算中应收款项可能发生的坏账损失不予考虑，只有在实际发生坏账时，才作为坏账损失计入当期损益，同时直接冲销应收款项，即借记“资产减值损失”科目，贷记“应收账款”科目。这种方法的优点是处理简单，缺点是不符合权责发生制原则，也与资产定义相冲突。在这种方法下，只有坏账实际发生时，才将其确认为当期费用，导致资产不实、各期损益不实；另外，在资产负债表上，应收账款是按账面余额而不是按账面价值反映的，这在一定程度上歪曲了期末的财务状况。因此，企业会计准则不允许采用直接转销法。

备抵法是采用一定的方法按期估计坏账损失，计入当期损益，同时建立坏账准备，待坏账实际发生时，冲销已提的坏账准备和相应的应收款项。采用这种方法，在报表上列示应收款项的净额，使报表使用者能了解企业应收款项的可收回金额。在备抵法下，企业应当根据实际情况合理估计当期坏账损失金额。由于企业发生坏账损失带有很大的不确定性，因此只能以过去的经验为基础，参照当前的信用政策、市场环境和行业惯例，准确地估计每期应收款项未来现金流量现值，从而确定当期减值损失金额，计入当期损益。企业在预计未来现金流量现值时，应当合理选用折现利率。短期应收款项的预计未来现金流量与其现值相差很小的，在确认相关减值损失时，可不对其预计未来现金流量进行折现。

自学会计科目

“坏账准备”科目。“坏账准备”科目是“应收账款”等科目的备抵科目，用于核算应收款项的坏账准备计提、转销等情况。企业当期计提的坏账准备应当计入资产减值损失。“坏账准备”科目的贷方登记当期计提的坏账准备金额，借方登记实际发生的坏账损失金额和冲减的坏账准备金额；期末余额一般在贷方，反映企业已计提但尚未转销的坏账准备。

坏账准备可按以下公式计算。

$$\text{当期应计提的坏账准备}=\text{当期按应收款项计算应计提的坏账准备金额}-（\text{或}+）\text{“坏账准备”贷方（或借方）余额}$$

“资产减值损失”科目。“资产减值损失”科目主要用于核算企业计提各项资产减值准备所形成的损失，属于损益类科目。本科目借方登记资产发生的减值，贷方反映企业计提各项资产减值准备后相关资产的价值又要恢复，在原已计提的减值准备金额内恢复增加的金额。期末，应将本科目余额转入“本年利润”科目，结转后本科目无余额。

核算任务

在备抵法下，企业计提坏账准备时，按应减记的金额，借记“资产减值损失——计提的坏账准备”科目，贷记“坏账准备”科目。冲减多计提的坏账准备时，借记“坏账准备”科目，贷记“资产减值损失——计提的坏账准备”科目。

企业确实无法收回的应收款项按管理权限报经批准后作为坏账转销时，应当冲减已计提的坏账准备。企业发生坏账损失时，借记“坏账准备”科目，贷记“应收账款”“其他应收款”等科目。已确认并转销的应收款项以后又收回时，应当按照实际收到的金额增加坏账准备的账面金额，借记“应收账款”“其他应收款”等科目，贷记“坏账准备”科目；同时，借记“银行存款”科目，贷记“应收账款”“其他应收款”等科目。

实例 2-15 2013 年 12 月 31 日，天津滨海股份有限公司对应收 C 公司的账款进行减值测试。应收账款余额合计为 1 000 000 元，根据 C 公司的资信情况确定按 10% 计提坏账准备。

2013 年 12 月末计提坏账准备时，编制会计分录如下。

借：资产减值损失——计提的坏账准备　　100 000

　　贷：坏账准备　　100 000

实例 2-16 2014 年 2 月 10 日，天津滨海股份有限公司对 C 公司的应收账款实际发生坏账损失 90 000 元。

确认坏账损失时，编制会计分录如下。

借：坏账准备　　90 000

　　贷：应收账款——C 公司　　90 000

实例 2-17 承实例 2-15、实例 2-16，2014 年 12 月 31 日，天津滨海股份有限公司应收 C 公司的账款余额为 1 100 000 元。经减值测试，天津滨海股份有限公司决定仍按照 10% 计提坏账准备。

根据天津滨海股份有限公司坏账核算方法，其“坏账准备”科目应保持的贷方余额为

110 000（1 100 000×10%）元；计提坏账准备前，“坏账准备”科目实际余额为贷方10 000（100 000−90 000）元，因此本年末应计提的坏账准备金额为100 000（110 000−10 000）元。

天津滨海股份有限公司应编制会计分录如下。

借：资产减值损失——计提的坏账准备　　100 000
　　贷：坏账准备　　100 000

实例 2-18　2015年2月10日，天津滨海股份有限公司收到2014年已转销的坏账40 000元，已存入银行。

天津滨海股份有限公司应编制会计分录如下。

借：应收账款　　40 000
　　贷：坏账准备　　40 000
借：银行存款　　40 000
　　贷：应收账款　　40 000

企业可自行确定坏账损失率。如果坏账损失率发生变更，应按《企业会计准则第28号——会计政策、会计估计变更和会计差错更正》的要求进行处理和披露。

综合实例

天津滨海股份有限公司为增值税一般纳税人，增值税税率为17%。采用备抵法核算坏账。2015年12月1日，天津滨海股份有限公司“应收账款”科目借方余额为500万元，“坏账准备”科目贷方余额为25万元，计提坏账准备的比例为期末应收账款余额的5%。2015年12月，该公司发生如下相关业务。

1）5日，向乙公司赊销商品一批，按商品价目表标明的价格计算的金额为1 000万元（不含增值税）。由于是成批销售，天津滨海股份有限公司给予乙公司10%的商业折扣。

2）9日，一客户破产，根据清算程序，存在应收账款40万元不能收回，确认为坏账。

3）11日，收到乙公司支付的货款500万元，存入银行。

4）21日，收到2014年已转销为坏账的应收账款10万元，存入银行。

5）30日，向丙公司销售商品一批，增值税专用发票上注明的售价为100万元，增值税税额为17万元。天津滨海股份有限公司为了及早收回货款而在合同中规定的现金折扣条件为“2/10，1/20，n/30”。假定现金折扣不考虑增值税。

要求：

1. 编制天津滨海股份有限公司上述业务的会计分录。（本题中的金额单位用万元表示）
2. 计算天津滨海股份有限公司本期应计提的坏账准备并编制会计分录。

解答：

1. 12月5日，编制会计分录如下。

借：应收账款　　1 053
　　贷：主营业务收入　　900
　　　　应交税费——应交增值税（销项税额）　　153

12月9日，编制会计分录如下。

借：坏账准备　　40
　　贷：应收账款　　40

12月11日，编制会计分录如下。

借：银行存款　　500
　　贷：应收账款　　500

12月21日，编制会计分录如下。

借：应收账款　　10
　　贷：坏账准备　　10

借：银行存款　　10
　　贷：应收账款　　10

12月30日，编制会计分录如下。

借：应收账款　　117
　　贷：主营业务收入　　100
　　　　应交税费——应交增值税（销项税额）　　17

2. 天津滨海股份有限公司本期应计提的坏账准备为（500＋1 053-40-500＋117）×5%-（25-40＋10）=56.5＋5=61.5（万元）。编制会计分录如下。

借：资产减值损失　　61.5
　　贷：坏账准备　　61.5

项目三
存货的核算

学习目标

- ◆ 掌握存货的概念及内容。
- ◆ 掌握存货发出的计价方法。
- ◆ 掌握原材料按实际成本、计划成本计价的核算。
- ◆ 掌握周转材料、委托加工物资、库存商品的核算。
- ◆ 掌握存货盘盈、盘亏的会计处理。
- ◆ 掌握存货期末减值的核算。

存货是指企业日常活动中持有以备出售的产成品或商品、处在生产过程的在产品、在生产过程或提供劳务过程中耗用的材料和物料等，包括各类原材料、在产品、半成品、产成品、商品，以及包装物、低值易耗品、委托代销商品等。

存货的最基本特征是日常活动中持有以备出售或耗用的材料物资，不是日常活动中持有的材料物资不属于存货。例如，由于工业企业自行进行工程建造不属于其日常活动，因此为工程建造而储备的材料物资不属于存货范畴。

任务一　存货的确认与计量

知识储备

一、存货的内容

（一）原材料

原材料是指企业在生产过程中经过加工改变其形态或性质并构成产品主要实体的各种原料

及主要材料、辅助材料、外购半成品（外购件）、修理用备件（备品备件）、包装材料、燃料等。为建造固定资产等各项工程而储备的各种材料，虽然同属于材料，但是由于用于建造固定资产等各项工程不符合存货的定义，因此不能作为企业存货进行核算。

（二）在产品

在产品是指企业正在制造尚未完工的生产物，包括正在各个生产工序加工的产品和已加工完毕尚未检验或已检验但尚未办理入库手续的产品。

（三）半成品

半成品是指经过一定生产过程并已检验合格交付半成品仓库保管，但尚未制造完工成为产成品，仍需进一步加工的中间产品。注意半成品不包括从一个生产车间转给另一个生产车间继续加工的自制半成品及不能单独计算成本的自制半成品，这类自制半成品属于在产品。

（四）产成品

产成品是指工业企业已经完成全部生产过程并验收入库，可以按照合同规定的条件送交订货单位，或者可以作为商品对外销售的产品。企业接收外来原料加工制造的代制品和为外单位加工修理的代修品，制造和修理完成验收入库后，应视同企业的产成品。

（五）商品

商品是指商品流通企业的商品，包括外购或委托加工完成验收入库用于销售的各种商品。

（六）周转材料

周转材料是指企业能够多次使用，逐渐转移其价值但仍保持原有形态不确认为固定资产的材料，如包装物和低值易耗品。其中，包装物是指为了包装本企业商品而储备的各种包装容器，如桶、箱、瓶、坛、袋等，主要作用是盛装、装潢产品或商品；低值易耗品是指不符合固定资产确认条件的各种用具物品，如工具、管理用具、玻璃器皿、劳动保护用品，以及在经营过程中周转使用的容器等。

二、存货的确认

同时满足下列条件的，会计上才能确认为存货。

（一）与此存货有关的经济利益很可能流入企业

资产最重要的特征是预期会给企业带来经济利益，如果某一项目预期不能给企业带来经济利益，就不能确认为企业的资产。存货作为企业的一项重要的流动资产，对它的确认，关键是要判断是否很可能给企业带来经济利益或与存货有关的经济利益是否很可能流入企业。

通常，拥有存货的所有权是与此存货有关的经济利益很可能流入企业的一个重要标志。因此，凡是所有权属于企业，无论存货存放在何处，均应作为企业的存货；反之，如果没有取得所有权，即使存放在本企业，也不能作为本企业的存货。

例如，已经售出但还在本企业仓库中存放的产成品，因所有权已非本企业所有，与其相关的经济利益已经不能够流入企业，因而不能作为本企业的存货核算。又如，企业已经付款，但在运输途中尚未到达企业的存货，其所包含的经济利益已经能够流入企业，因而应包含在企业的存货范围内。

（二）此存货的成本能够可靠计量

成本能够可靠计量是资产确认的一项基本条件。存货作为企业资产的组成部分，要予以确认也必须是其成本能够进行可靠计量。

存货的成本能够可靠计量，必须以取得确凿、可靠的证据为依据，并且具有可验证性。如果存货的成本不能可靠计量，则不能确认为存货。例如，企业与供货方签订了购料合同，在材料购买活动尚未实际发生时，由于不能可靠地确定其购料成本，因此，不能将购料合同中的材料确认为存货。

核算任务

一、取得存货的计量

存货应当按照成本进行初始计量。存货成本包括采购成本、加工成本和其他成本。企业存货的初始入账价值由于其来源不同而有所不同。

（一）外购存货

通过购买取得的存货，如原材料、商品、周转材料等按采购成本计价。外购存货的采购成本是指在采购过程中所发生的支出，包括购买价款、相关税费、运输费、装卸费、保险费，以及其他可归属于存货采购成本的费用。

1. 购买价款

购买价款是指企业购入的材料或商品的发票账单上列明的价款，但不包括按规定可以抵扣的增值税税额。

2. 相关税费

相关税费是指企业购买存货发生的进口关税、消费税、资源税和不能抵扣的增值税进项税额，以及相应的教育费附加税等应计入存货采购成本的税费。

3. 其他可归属于存货采购成本的费用

其他可归属于存货采购成本的费用是指采购成本中除上述各项以外的可归属于存货采购的费用，如在采购过程中发生的仓储费用、包装费、运输途中的合理损耗、入库前的挑选整理费用等。这些费用能分清负担对象的，应直接计入存货的采购成本；不能分清负担对象的，应选择合理的分配方法，分配计入有关存货的采购成本。

对于采购过程中发生的物资毁损、短缺等，除合理的损耗应作为存货的“其他可归属于存货采购成本的费用”计入采购成本外，应区别不同情况进行会计处理。应将从供应单位、外部运输机构等收回的物资短缺或其他赔款，冲减物资的采购成本；因遭受意外灾害发生的损失和尚待查明原因的途中损耗，不得增加物资的采购成本，应暂作为待处理财产损溢进行核算，待查明原因后再作处理。

商品流通企业在采购商品过程中发生的运输费、装卸费、保险费，以及其他可归属于存货采购成本的费用等进货费用，应当计入存货采购成本，也可以先进行归集，期末根据所购商品的存销情况进行分摊。对于已售商品的进货费用，计入当期损益；对于未售商品的进货费用，计入期末存货成本。企业采购商品的进货费用金额较小的，可以在发生时直接计入当期损益。

（二）加工取得的存货

企业通过进一步加工取得的存货，其成本由采购成本、加工成本和为使存货达到目前场所和状态所发生的其他成本构成。通过进一步加工取得的存货的成本中，采购成本是由所使用或消耗的原材料采购成本转移而来的，因此，计量加工取得的存货成本，重点是要确定存货的加工成本。

自行生产的存货的加工成本包括直接人工和按照一定方法分配的制造费用。

1. 直接人工

直接人工是指企业在生产产品和提供劳务过程中发生的直接从事产品生产和劳务提供人员的职工薪酬。

2. 制造费用

制造费用是指企业为生产产品和提供劳务而发生的各项间接费用。制造费用包括企业生产部门（如生产车间）管理人员的薪酬、折旧费、办公费、水电费、机物料消耗、劳动保护费、季节性和修理期间的停工损失等。在生产车间只生产一种产品的情况下，企业归集的制造费用可直接计入该产品成本；在生产多种产品的情况下，企业应采用与该制造费用相关性较强的方法对其进行合理分配。通产采用的方法有生产工人工时比例法、生产工人工资比例法、机器工时比例法和按年度计划分配率分配法等。还可以按照耗用原材料的数量或成本、直接成本及产品产量分配制造费用。

另外，除采购成本、加工成本以外，使存货达到目前场所和状态所发生的其他成本也应计入存货成本，如企业设计产品发生的设计费用通常应计入当期损益，但如果是为特定客户设计产品所发生的、可直接确定的设计费用，则应计入存货的成本；如果企业借款购建或生产的存货符合借款费用资本化条件，应当将符合资本化条件的借款费用计入存货的成本，如企业（房地产开发）开发的用于对外出售的房地产产品、企业制造的用于对外出售的大型机械设备等。

（三）其他方式取得的存货

① 投资者投入的存货的成本，应当按照投资合同或协议约定的价值确定，但合同或协议约定价值不公允的除外。在投资合同或协议约定价值不公允的情况下，按照该项存货的公允价值作为其入账价值。

② 企业通过非货币性资产交换、债务重组等方式取得的存货，成本应当分别按照非货币性资产交易和债务重组等有关规定确定。

③ 盘盈的存货应按重置成本作为入账价值，并通过“待处理财产损溢”科目进行会计处理，按管理权限报经批准后冲减当期管理费用。

（四）不计入存货成本的相关费用

下列费用不应当计入存货成本，而应当在其发生时计入当期损益。

① 非正常消耗的直接材料、直接人工和制造费用。例如，产品由于火灾烧毁，已发生的直接材料、直接人工、动力费、分配转入的制造费用等非正常消耗的费用，作为当期费用（营业外支出）直接计入当期损益，不计入产品加工成本。

② 存货采购入库后发生的储存费用，应在发生时计入当期损益。但是，在生产过程中为达到下一个生产阶段所必需的仓储费用应计入存货成本。例如，某种酒类产品生产企业为使生产的酒达到规定的产品质量标准而必需的仓储费用，就应计入酒的成本，而不是计入当期损益。

③ 不能归属于使存货达到目前场所和状态的其他支出，应在发生时计入当期损益，不得计入存货成本。

二、发出存货的计价方法

实务中，企业发出的存货可以按实际成本核算，也可以按计划成本核算。如果采用计划成本核算，会计期末应调整为实际成本。

企业应当根据各类存货的实物流转方式、企业管理的要求、存货的性质等实际情况，合理确定发出存货成本的计算方法，以及当期发出存货的实际成本。对于性质和用途相同的存货，应当采用相同的成本计算方法确定发出存货的成本。

在实际成本法核算方式下，企业可以采用的发出存货成本的计价方法包括个别计价法、先进先出法、月末一次加权平均法和移动加权平均法等。

（一）个别计价法

个别计价法又称个别认定法、具体辨认法、分批实际法。采用这一方法是假设存货具体项目的实物流转与成本流转一致，按照各种存货逐一辨认各批发出存货和期末存货所属的购进批别或生产批别，分别按其购入或生产时所确定的单位成本计算各批发出存货和期末存货成本的方法。采用这种方法，对发出存货的成本和期末存货的成本计算准确，符合实际情况，但采用这种方法的前提是需要对发出和结存存货的批次进行具体认定，以辨别其所属的收入批次，所以实务操作时工作量繁重，困难较大。

个别计价法适用于一般不能替代使用的存货、为特定项目专门购入或制造的存货，以及提供的劳务，如房产、船舶、飞机、重型设备、珠宝、名画等贵重物品。

（二）先进先出法

先进先出法是指以先购入的存货先发出（销售或耗用）为假设条件，按照货物购入的先后顺序确定发出存货和期末存货实际成本的方法。具体方法是：收入存货时，逐笔登记收入存货的数量、单价和金额；发出存货时，按照先进先出的原则逐笔登记存货的发出成本和结存金额。

实例 3-1 2015 年 6 月，天津滨海股份有限公司 A 材料的入库、发出和结存资料如表 3.1 所示。采用先进先出法核算发出材料及期末存货成本。

表3.1　A材料的入库、发出和结存资料

2015 年		摘　要	收　入		发出数量 / 千克	结存数量 / 千克
月	日		数量 / 千克	单价 / 元		
6	1	期初存货	200	10		200
6	8	购入	600	11		800
6	12	领用			700	100
6	22	购入	400	12		500
6	25	领用			400	100

采用先进支出法核算发出材料及期末存货成本，如表 3.2 所示。

表 3.2　材料收发存表（先进先出法）

千克、元

2015 年		摘　要	收　入			发　出			结　存		
月	日		数量	单价	金额	数量	单价	金额	数量	单价	金额
6	1	期初存货							200	10	2 000
6	8	购入	600	11	6 600				200 600	10 11	2 000 6 600
6	12	领用				200 500	10 11	2 000 5 500	100	11	1 100
6	22	购入	400	12	4 800				100 400	11 12	1 100 4 800
6	25	领用				100 300	11 12	1 100 3 600	100	12	1 200
6	30	合计	1 000		11 400	1 100		12 200	100	12	1 200

先进先出法可以随时结转存货发出成本，期末存货成本接近于市价时企业不能随意挑选存货的计价以调整当期利润。如果存货收发业务较多，且存货单价不稳定时，其工作量较大。在物价持续上升时，期末存货成本接近于市价，而发出成本偏低，会高估企业当期利润和库存存货价值；反之，会低估企业当期利润和库存存货价值。

（三）月末一次加权平均法

月末一次加权平均法是指以本月全部进货数量加上月初存货数量作为权数，去除本月全部进货成本加上月初存货成本，计算出存货的加权平均单位成本，以此为基础计算本月发出存货的成本和期末存货的成本的一种方法。计算公式如下。

$$存货加权平均单价=\frac{期初库存存货的实际成本+本期收入存货的实际成本}{期初库存存货的数量+本期收入存货的数量}$$

$$本月发出存货的成本=本月发出存货的数量\times 存货单位成本$$

$$本月月末库存存货成本=月末库存存货的数量\times 存货单位成本$$

实例 3-2　以实例 3-1 中表 3.1 资料为例，采用月末一次加权平均法核算发出材料及期末存货成本。

A 材料的平均单价 =（2 000 + 11 400）÷（200 + 1 000）≈ 11.17（元）

发出材料的金额 =1 100×11.17=12 287（元）

期末结存材料金额 =2 000 + 11 400−12 287=1 113（元）

采用月末一次加权平均法核算发出材料及期末存货成本，如表 3.3 所示。

表3.3　材料收发存表（月末一次加权平均法）

千克、元

2015 年		摘　要	收　入			发　出			结　存		
月	日		数量	单价	金额	数量	单价	金额	数量	单价	金额
6	1	期初存货							200	10	2 000
6	8	购入	600	11	6 600				800		
6	12	领用				700			100		
6	22	购入	400	12	4 800				500		
6	25	领用				400			100		
6	30	合计	1 000		11 400	1 100	11.17	12 287	100	11.17	1 113

月末一次加权平均法比较简单，而且在市场价格上涨或下跌时所计算出来的单位成本平均

化，对存货成本的分摊较为折中，但由于平时无法从账上提供发出和结存存货的单价及金额，不利于存货成本的日常管理与控制。

（四）移动加权平均法

移动加权平均法是指以每次进货的成本加上原有库存存货的成本的合计额，除以每次进货数量加上原有库存存货的数量的合计数，据以计算加权平均单位成本，作为在下次进货前计算各次发出存货成本依据的一种方法。计算公式如下。

$$存货移动加权平均单位成本=\frac{本次进货前库存存货成本+本次收入存货实际成本}{本次进货前库存存货数量+本次收入存货数量}$$

$$本次发出存货成本=本次发出存货的数量\times本次发出存货前存货的单位成本$$

$$本月月末库存存货成本=月末库存存货的数量\times本月月末存货单位成本$$

实例 3-3 以实例 3-1 中表 3.1 资料为例，采用移动加权平均法核算发出材料及期末存货成本。

采用移动加权平均法核算发出材料及期末存货成本，如表 3.4 所示。

表3.4 材料收发存表（移动加权平均法）

千克、元

2015 年		摘 要	收 入			发 出			结 存		
月	日		数量	单价	金额	数量	单价	金额	数量	单价	金额
6	1	期初存货							200	10.00	2 000
6	8	购入	600	11	6 600				800	10.75	8 600
6	12	领用				700	10.75	7 525	100	10.75	1 075
6	22	购入	400	12	4 800				500	11.75	5 875
6	25	领用				400	11.75	4 700	100	11.75	1 175
6	30	合 计	1 000		11 400	1 100		12 225	100	11.75	1 175

采用移动加权平均法能够使企业管理层及时了解存货的结存情况，计算的平均单位成本及发出和结存的存货成本比较客观。但由于每次收货都要计算一次平均单价，计算工作量较大，因此对使用计算机进行存货管理的企业较为方便。

必须指出，存货发出计价方法各有特点。对于性质和用途相同的存货，应当采用相同的成本计算方法确定发出存货的成本。

任务二 原材料的核算

知识储备

原材料是指企业在生产过程中经过加工改变其形态或性质并构成产品主要实体的各种原料、主要材料和外购半成品，以及不构成产品实体但有助于产品形成的辅助材料。原材料具体包括原料及主要材料、辅助材料、外购半成品、修理用备件、包装材料和燃料等。原材料的日常收发及结存可以采用实际成本法核算，也可以采用计划成本法核算。

自学会计科目

采用实际成本法核算企业的原材料，使用的会计科目有“原材料”和“在途物资”。

“原材料”科目。用于核算库存各种材料的收发与结存情况。在原材料按实际成本核算时，本科目的借方登记入库材料的实际成本，贷方登记发出材料的实际成本；期末余额在借方，反映企业库存材料的实际成本。

“在途物资”科目。用于核算企业采用实际成本（进价）进行材料、商品等物资的日常核算、货款已付尚未验收入库的各种物资（即在途物资）的采购成本。本科目应按供应单位和物资品种进行明细核算。本科目的借方登记企业购入的在途物资的实际成本，贷方登记验收入库的在途物资的实际成本；期末余额在借方，反映企业在途物资的采购成本。

采用计划成本法核算企业的原材料，使用的会计科目有“原材料”“材料采购”“材料成本差异”等。材料实际成本与计划成本的差异，通过“材料成本差异”科目核算。月末，计算本月发出材料应负担的成本差异并进行分摊，根据领用材料的用途计入相关资产的成本或当期损益，从而将发出材料的计划成本调整为实际成本。

“原材料”科目。用于核算库存各种材料的收发与结存情况。在材料采用计划成本核算时，本科目的借方登记入库材料的计划成本，贷方登记发出材料的计划成本；期末余额在借方，反映企业库存材料的计划成本。

“材料采购”科目。借方登记采购材料的实际成本，贷方登记入库材料的实际成本。借方大于贷方表示超支，从本科目贷方转入“材料成本差异”科目的借方；贷方大于借方表示节约，从本科目借方转入“材料成本差异”科目的贷方；期末为借方余额，反映企业在途材料的采购成本。

“材料成本差异”科目。反映企业已入库各种材料的实际成本与计划成本的差异，借方登记超支差异及发出材料应负担的节约差异，贷方登记节约差异及发出材料应负担的超支差异。期末如为借方余额，反映企业库存材料的实际成本大于计划成本的差异（即超支差异）；如为贷方余额，反映企业库存材料实际成本小于计划成本的差异（即节约差异）。

核算任务

一、实际成本法

原材料按实际成本法核算是指企业对库存的各种材料的收、发、存均按实际成本在其明细账和总账中予以登记。该方法一般适用于规模较小、存货品种简单、收发业务不多的企业。

（一）购入材料的核算

企业从外部购入的材料，由于采用的结算方式和采购地点不同，收料与支付货款的时间不同，其账务处理也不同。收料与付款一般有以下几种情况。

1．货款已经支付或开出、承兑商业汇票，同时材料已验收入库

对于发票账单与材料同时到达的采购业务，企业在支付货款或开出、承兑商业汇票，材料验收入库后，应根据发票账单等结算凭证确定的材料成本，借记“原材料”科目，按照增值税专用发票上注明的可抵扣的进项税额，借记“应交税费——应交增值税（进项税额）”科目，按照实际支付的款项或应付票据面值，贷记“银行存款”或“应付票据”等科目。

实例 3-4 2015 年 1 月 10 日，天津滨海股份有限公司从本市购入一批甲材料，取得的增值税专用发票中注明价款为 10 000 元，增值税税额为 1 700 元。全部款项以银行存款支付，甲材料当日全部收到并验收入库。

编制会计分录如下。

借：原材料——甲材料　　10 000
　　应交税费——应交增值税（进项税额）　　1 700
　　贷：银行存款　　11 700

2. 货款已经支付或已开出、承兑商业汇票，材料尚未到达或尚未验收入库

对于已经付款或已开出、承兑商业汇票，但材料尚未到达或尚未验收入库的采购业务，应根据发票账单等结算凭证，借记“在途物资”和“应交税费——应交增值税（进项税额）”科目，贷记“银行存款”或“应付票据”等科目；待材料到达、入库后，再根据收料单，借记“原材料”科目，贷记“在途物资”科目。

实例 3-5 假设实例 3-4 中购入材料业务的发票账单等结算凭证已到，货款已经支付，但材料尚未运到。

1）企业在收到发出材料等结算凭证时，编制会计分录如下。

借：在途物资——甲材料　　10 000
　　应交税费——应交增值税（进项税额）　　1 700
　　贷：银行存款　　11 700

2）上述材料到达验收入库时，编制会计分录如下。

借：原材料——甲材料　　10 000
　　贷：在途物资——甲材料　　10 000

3. 货款尚未支付，材料已经验收入库

在这种情况下，如果发票账单已到，按发票账单所记载有关金额记账；如果发票账单未到也无法确定实际成本时，期末应按照暂估价值记账，下期初做相反的会计分录予以冲回，收到发票账单后再按照实际金额记账。即对于材料已到达并已验收入库，但发票账单等结算凭证未到，货款尚未支付的采购业务，应于期末按材料的暂估价值，借记“原材料”科目，贷记“应付账款——暂估应付账款”科目。下期初做相反的会计分录予以冲回，以便下期付款或开出、承兑商业汇票后，按正常程序，借记“原材料”“应交税费——应交增值税（进项税额）”科目，贷记“银行存款”或“应付票据”等科目。

实例 3-6 2015 年 1 月 20 日，天津滨海股份有限公司采用托收承付方式购入一批乙材料。增值税专用发票上注明的价款为 40 000 元，增值税税额为 6 800 元，银行转来的结算凭证已到，款项尚未支付，材料已验收入库。

编制会计分录如下。

借：原材料——乙材料　　40 000
　　应交税费——应交增值税（进项税额）　　6 800
　　贷：应付账款　　46 800

实例 3-7 2015 年 1 月 20 日，天津滨海股份有限公司采用托收承付方式购入一批乙材料，款项尚未支付。该公司收到对方按合同规定发过来的一批材料，共计 2 000 千克，但发材料账单未到。账单于 2 月 3 日收到。增值税专用发票上注明的价款为 40 000 元，增值税税额

为 6 800 元。款项已通过银行支付。

天津滨海股份有限公司应作如下处理。

1）20 日收到材料时，因未得到发票账单等结算凭证，所以无法确定材料的实际采购成本，不记账，只将材料验收入库，财会部门在“发票未到登记簿”中记录以备查验。于 1 月 31 日，按每千克估价 21 元入账。编制会计分录如下。

借：原材料　42 000

　　贷：应付账款——暂估应付款　42 000

2）该公司在 2 月 1 日应做相反的会计分录予以冲回。编制会计分录如下。

借：应付账款——暂估应付款　42 000

　　贷：原材料　42 000

3）该公司在 2 月 3 日收到账单时，编制会计分录如下。

借：原材料——乙材料　40 000

　　应交税费——应交增值税（进项税额）　6 800

　　贷：银行存款　46 800

4. 货款已经预付，材料尚未验收入库

采用预付货款的方式采购材料，应在预付材料价款时，按照实际预付金额，借记“预付账款”科目，贷记“银行存款”科目；已经预付货款的材料验收入库，根据发票账单等所列的价款、税额等，借记“原材料”科目和“应交税费——应交增值税（进项税额）”科目，贷记“预付账款”科目；预付款项不足时，应补付货款，按补付金额，借记“预付账款”科目，贷记“银行存款”科目；退回多付的款项，借记“银行存款”科目，贷记“预付账款”科目。

实例 3-8　天津滨海股份有限公司按合同为定，预付给 A 公司 50 000 元用于购买丙材料。

编制会计分录如下。

借：预付账款——A 公司　50 000

　　贷：银行存款　50 000

实例 3-9　天津滨海股份有限公司收到 A 公司发来的丙材料，并已验收入库。增值税专用发票上注明的材料价款为 50 000 元，增值税税额为 8 500 元。

编制会计分录如下。

借：原材料——丙材料　50 000

　　应交税费——应交增值税（进项税额）　8 500

　　贷：预付账款——A 公司　58 500

天津滨海股份有限公司补付 A 公司货款 8 500 元。编制会计分录如下。

借：预付账款——A 公司　8 500

　　贷：银行存款　8 500

（二）发出材料的核算

企业发出材料时，根据领料单编制记账凭证，并登记入账。当发出材料的业务比较频繁，次数多，数量大时，为了简化核算，可以在月末根据领料单或限额领料单中有关领料的单位、部门等加以归类，编制发料凭证汇总表，据以编制记账凭证、登记入账。发料凭证汇总表的格式如表 3.5 所示。

表3.5 发料凭证汇总表

2015年9月　　　　元

领用部门	用　途	材料类别			合　计
		原料及主要材料	辅助材料	燃料	
生产车间	产品生产	95 000	3 000	2 000	100 000
	一般耗用		2 700	1 300	4 000
厂部	一般耗用			2 400	2 400
销售部门	销售	7 500	2 000		9 500
合　计		102 500	7 700	5 700	115 900

发出材料实际成本的确定可以由企业从个别计价法、先进先出法、移动加权平均法、月末一次加权平均法等方法中选择。同时，应根据材料发出的原因和不同用途进行会计处理：直接用于产品生产和辅助生产的材料，记入"生产成本"科目；车间管理部门耗用的材料，记入"制造费用"科目；企业行政管理部门领用的材料，记入"管理费用"科目；福利部门耗用的材料，记入"应付职工薪酬"科目等。

实例3-10 根据表3.5进行材料发出的核算。

编制会计分录如下。

借：生产成本　　100 000
　　制造费用　　4 000
　　管理费用　　2 400
　　其他业务成本　　9 500
　　贷：原材料　　115 900

二、计划成本法

原材料采用计划成本法核算，是指企业对于库存的各种原材料均按计划成本在其明细账和总账中予以登记，原材料的实际成本与计划成本的差异，通过"材料成本差异"科目核算。月份终了，通过分配材料成本差异将发出材料的计划成本调整为实际成本。入库材料的计划成本应当尽可能接近实际成本，除特殊情况外，计划成本在年度内不得随意变更。这种方法适用于材料品种繁多、收发频繁的大中型企业，或者管理上需要分别核算材料计划成本和成本差异的企业。

（一）材料收入的核算

在计划成本法下，取得的材料先要通过"材料采购"科目进行核算。企业支付材料价款和运杂费等，按应计入材料采购成本的金额，借记"材料采购"科目；按取得的增值税专用发票上注明的可抵扣进项税额，借记"应交税费——应交增值税（进项税额）"科目；按实际支付或应支付的金额，贷记"银行存款""应付票据"等科目；根据仓库转来的收料单和付款凭证及已开出、承兑的商业汇票等结算凭证按材料实际成本和计划成本分别汇总，按计划成本，借记"原材料"等科目，贷记"材料采购"科目。

1. 核算采购成本

无论款项是否支付，材料是否到达，在收到相关单据时，核算采购成本。

实例3-11 2015年1月5日，天津滨海股份有限公司采用商业承兑汇票支付方式从本市购入 A 材料 60 000 千克，价款为 2.1 元 / 千克。增值税专用发票上注明的价款为 126 000 元，增值税税额为 21 420 元。材料尚未到达。

编制会计分录如下。

借：材料采购　　126 000

　　应交税费——应交增值税（进项税额）　　21 420

　　贷：应付票据　　147 420

实例 3-12　2015 年 1 月 15 日，天津滨海股份有限公司采用汇兑结算方式购入 A 材料 50 000 千克，价款为 1.8 元 / 千克。增值税专用发票上注明的价款为 90 000 元，增值税税额为 15 300 元，发票账单已收到。

编制会计分录如下。

借：材料采购　　90 000

　　应交税费——应交增值税（进项税额）　　15 300

　　贷：银行存款　　105 300

2. 材料入库

在计划成本下，材料按照计划成本入库。

实例 3-13　承实例 3-11，A 材料到达入库。材料计划成本为 2 元 / 千克，该批材料计划成本为 12 000 元。

编制会计分录如下。

借：原材料　　120 000

　　材料成本差异　　6 000

　　贷：材料采购　　126 000

实例 3-14　承实例 3-12，材料到达入库。材料计划成本为 2 元 / 千克，该批材料计划成本为 100 000 元。

编制会计分录如下。

借：原材料　　100 000

　　贷：材料采购　　90 000

　　　　材料成本差异　　10 000

材料成本差异也可在月份终了一次性结转。按实际成本大于计划成本的差异，借记“材料成本差异”科目，贷记“材料采购”科目；按实际成本小于计划成本的差异，贷记“材料采购”科目，贷记“材料成本差异”科目。

（二）材料发出的核算

为了简化日常核算工作，平时一般只登记材料明细分类账，反映各种材料的收发、结存数量和金额，月末根据计划成本计价的发料凭证，按领用部门和用途，汇总编制发料凭证汇总表，据以登记总分类账，进行材料发出的总分类核算。

采用计划成本发出原材料的核算，包括两方面的内容：一是结转发出原材料的计划成本；二是结转发出原材料应负担的材料成本差异。发出材料的计划成本加上（减去）应负担的成本差异，就是发出材料的实际成本。

1. 结转发出材料的计划成本

材料发出的总分类核算同实际成本核算一样，财会部门应根据签收的各种领料单按其用途分类汇总，月末一次编制发料凭证汇总表。由于发料凭证汇总表反映的是发出材料的计划成本，还需要借助材料成本差异率调整为实际成本。因此发料凭证汇总表既要反映发出材料的计划成本，也要反映其成本差异，作为编制记账凭证和登记总账的依据。发料凭证汇总表的格式如表 3.6 所示。

表3.6　发料凭证汇总表

2015 年 1 月　　元

领用部门	用　途	材料类别			合　计
		原料及主要材料	辅助材料	燃料	
		计划成本	计划成本	计划成本	
生产车间	产品生产	98 000	2 000	1 800	101 800
	一般耗用		2 640	1 160	3 800
厂部	一般耗用			2 200	2 200
销售部门	销售	8 380	1 920		10 300
合　计		106 380	6 560	5 160	118 100

根据发料凭证汇总表登记本月发出各类材料的计划成本，借记“生产成本”“制造费用”“销售费用”“管理费用”等科目，贷记“原材料”科目。

实例 3-15　根据表 3.6 进行材料发出的核算。

编制会计分录如下。

借：生产成本　　101 800
　　制造费用　　3 800
　　管理费用　　2 200
　　其他业务成本　　10 300
　　贷：原材料　　118 100

2. 计划材料成本差异率

本期材料成本差异率 =（期初结存材料的成本差异 + 本期验收入库材料的成本差异）÷（期初结存材料的计划成本 + 本期验收入库材料的计划成本）×100%

发出材料应负担的成本差异 = 发出材料的计划成本 × 本期材料成本差异率

实例 3-16　2015 年 1 月初，天津滨海股份有限公司结存原材料的计划成本为 100 000 元，原材料成本差异的月初数为 5 000 元（节约）。承实例 3-11、实例 3-12，本月收入原材料的计划成本为 220 000 元（120 000+100 000）。承实例 3-13、实例 3-14，本月收入原材料成本差异为节约 4 000 元（节约 10 000－超支 6 000）。承实例 3-15，本月发出原材料的计划成本为 118 100 元。材料成本差异率及发出材料应负担的成本差异计算如下。

$$\text{材料成本差异率} = \frac{-5\,000+(-4\,000)}{100\,000+220\,000} \times 100\% \approx -2.8\%$$

3. 结转发出材料应负担的成本差异

实例 3-17　承实例 3-15、实例 3-16，结转发出材料应负担的成本差异，并进行会计处理。

发出材料应负担的成本差异 =118 100×（−2.8%）=−3 306.8（元）

发出材料的实际成本 =118 100 +（−3 306.8）=114 793.2（元）

上述发出材料的计划成本应通过“材料成本差异”科目进行结转，将发出材料的计划成本调整为实际成本，借记或贷记“生产成本”“制造费用”“销售费用”“管理费用”等科目，贷记或借记“材料成本差异”科目。

结转材料成本差异，编制会计分录如下。

借：材料成本差异	3 306.8	
贷：生产成本		2 850.4
制造费用		106.4
管理费用		61.6
其他业务成本		288.4

任务三　周转材料的核算

知识储备

周转材料是指企业在正常生产经营过程中多次使用、逐渐转移其价值但仍保持原有形态不确认为固定资产的材料，如包装物、低值易耗品，以及企业（建造承包商）的钢模板、木模板、脚手架等。

包装物是指为了包装本企业商品而储备的各种包装容器，如桶、箱、瓶、坛、袋等。低值易耗品是指不能作为固定资产核算的各种用具物品，如工具、管理用具、玻璃器皿，以及在经营过程中周转使用的包装容器等。它与固定资产一样，也属于劳动资料，但其单位价值较低，或使用期限较短、容易损坏。鉴于这些特点，低值易耗品通常被视同存货，作为流动资产进行核算和管理，一般划分为一般工具、专用工具、替换设备、管理用具、劳动保护用品、其他用具等。

自学会计科目

为了反映和监督低值易耗品的增减变化及结存情况，企业应当设置“周转材料——低值易耗品”科目。本科目借方登记低值易耗品的增加，贷方登记低值易耗品的减少；期末余额在借方，通常反映企业期末结存低值易耗品的金额。

“周转材料——包装物”科目。本科目借方登记包装物的增加，贷方登记包装物的减少；期末余额在借方，通常反映企业期末结存包装物的金额。

核算任务

一、周转材料取得的核算

企业通过购入、自制、委托外单位加工、接受投资、接受捐赠等方式而取得的周转材料，会计核算比照“原材料”科目的核算方法进行。

二、周转材料发出的核算

（一）生产过程中领用作为产品组成部分的包装物

企业生产部门领用的用于包装产品的包装物，构成了产品的组成部分，应将包装物的成本计入产品的生产成本，借记“生产成本”科目；按领用包装物成本，贷记“周转材料——包装物”科目。

实例 3-18 天津滨海股份有限公司对包装物采用实际成本核算，2015 年 1 月为包装 B 产品生产车间领用包装物一批，成本为 8 000 元。

编制会计分录如下。

借：生产成本 8 000
　　贷：周转材料——包装物 8 000

（二）随同商品出售而不单独计价的包装物

包装物随产品、商品出售不单独计价时，应将这部分包装物的成本作为企业发生的销售费用，借记“销售费用”科目；按其成本，贷记“周转材料——包装物”科目。

实例 3-19 天津滨海股份有限公司在销售过程中领用一批不单独计价的包装物，用于包装 A 产品。该包装物的成本为 2 000 元。

编制会计分录如下。

借：销售费用 2 000
　　贷：周转材料——包装物 2 000

（三）随同商品出售而单独计价的包装物

包装物随同产品、商品单独计价出售时，实际上就是包装物的出售。在会计核算上，将出售包装物的收入记入“其他业务收入”等科目，另一方面将出售包装物的成本转入“其他业务成本”科目。

实例 3-20 天津滨海股份有限公司 2015 年 1 月销售产品领用单独计价包装物的计划总成本为 50 000 元，实际总成本为 51 000 元，销售收入为 60 000 元，增值税税额为 10 200 元，款项已存入银行。

编制会计分录如下。

借：银行存款 70 200
　　贷：其他业务收入 60 000
　　　　应交税费——应交增值税（销项税额） 10 200
借：其他业务成本 51 000
　　贷：周转材料——包装物 50 000
　　　　材料成本差异 1 000

（四）领用低值易耗品

生产过程中领用低值易耗品，金额较小的，可在领用时一次计入成本费用，以简化核算，但为加强实物管理，应当在备查簿上进行登记。

实例 3-21 天津滨海股份有限公司的基本生产车间领用一批一般工具，其成本为200元。

编制会计分录如下。

借：制造费用 200

贷：周转材料——低值易耗品 200

生产过程中领用低值易耗品，也可采用分次摊销法。采用分次摊销法摊销低值易耗品，低值易耗品在领用时摊销其账面价值的单次平均摊销额。分次摊销法适用于可供多次反复使用的低值易耗品。在分次摊销法下，需要设置"周转材料——低值易耗品——在用""周转材料——低值易耗品——在库""周转材料——低值易耗品——摊销"等明细科目。

实例 3-22 天津滨海股份有限公司的基本生产车间领用一批专用工具，实际成本为100 000元，不符合固定资产定义，采用分次摊销法进行摊销。该工具估计的使用次数为两次。

天津滨海股份有限公司应做如下会计处理。

1）领用专用工具时，编制会计分录如下。

借：周转材料——低值易耗品——在用 100 000

贷：周转材料——低值易耗品——在库 100 000

2）第一次领用时摊销其价值的一半，编制会计分录如下。

借：制造费用 50 000

贷：周转材料——低值易耗品——摊销 50 000

3）第二次领用时摊销其价值的一半，编制会计分录如下。

借：制造费用 50 000

贷：周转材料——低值易耗品——摊销 50 000

同时，

借：周转材料——低值易耗品——摊销 100 000

贷：周转材料——低值易耗品——在用 100 000

任务四　委托加工物资的核算

知识储备

企业购入的存货不一定都能满足企业生产经营的需要，因而需要进行再加工或改制。而加工或改制的工作，可以由企业自身进行，有时因受本企业工艺设备条件的限制或从经济合理性的角度出发，也可以委托外单位进行加工。

委托加工物资是指企业委托外单位加工的各种材料、商品等物资。委托外单位加工的物资，实物形态、性能发生了变化，使用价值也随之发生变化。而且，其加工过程中要消耗物资，还要发生各种相关税费及其他费用的支出等，从而使其价值相应增加。企业委托外单位加工物资，实际成本包括以下几种。

① 加工中耗用物资的实际成本。耗用物资的实际成本是指构成委托加工物资材料的实际成本，主要包括企业委托外单位加工拨付的材料物资成本。

② 支付的加工费用及应负担的运杂费等。支付的加工费用是指企业委托外单位加工物资向受托方支付的加工费用；负担的运杂费是指支付委托加工物资的往返运杂费。

③ 支付的税费，包括委托加工物资所应负担的不能抵扣的增值税、消费税。需要缴纳消费税的委托加工物资，由受托方代收代缴，应分别按这些情况处理：委托加工物资收回后直接用于销售的，由受托方代收代缴的消费税应计入加工物资成本；委托加工物资收回后用于继续加工的，由受托方代收代缴的消费税应先记入“应交税费——应交消费税”科目的借方，待消费品连续生产完工销售后，按规定用以抵扣加工的消费品销售后负担的消费税。

自学会计科目

“委托加工物资”科目。为了反映和监督委托加工物资增减变动及结存情况，企业应当设置“委托加工物资”科目，借方登记委托加工物资的实际成本，贷方登记加工完成验收入库物资的实际成本和剩余物资的实际成本；期末余额在借方，反映企业尚未完工的委托加工物资的实际成本和发出加工物资的运杂费等。

核算任务

一、发出物资的核算

企业发给外单位加工物资时，根据发出物资的实际成本，借记“委托加工物资”科目，贷记“原材料”“库存商品”等科目。

二、支付加工费、运杂费等的核算

企业向受托加工单位支付加工费、运杂费等时，借记“委托加工物资”科目，贷记“银行存款”科目。

三、消费税的核算

需要缴纳消费税的委托加工物资，由受托方代收代缴的消费税，借记“委托加工物资”科目（收回后用于直接销售的）、“应交税费——应交消费税”科目（收回后用于继续加工的），贷记“应付账款”“银行存款”等科目。

四、加工完成验收入库的核算

企业收回委托外单位加工完成验收入库的物资和剩余的物资，按加工收回物资的实际成本和剩余物资的实际成本，借记“原材料”“库存商品”等科目，贷记“委托加工物资”科目。如果采用计划成本或计划售价的，应按计划成本或计划售价借记“原材料”“库存商品”等科目，实际成本与计划成本的差异，借记或贷记“材料成本差异”科目，贷记“委托加工物资”科目。

实例 3-23　天津滨海股份有限公司委托乙公司加工一批材料（属于应税消费品）。原材料成本为 400 000 元，应支付的加工费为 68 000 元（不含增值税），消费税税额为 52 000 元，材料加工完毕验收入库，加工费用等尚未支付。双方适用的增值税税率均为 17%。

天津滨海股份有限公司应作如下会计处理。

1）发出委托加工材料时，编制会计分录如下。

借：委托加工物资　　400 000
　　贷：原材料　　400 000

2）支付加工费用，编制会计分录如下：

若滨海股份有限公司收回加工后的材料用于继续生产应税消费品，编制会计分录如下。

借：委托加工物资　　68 000
　　应交税费——应交增值税（进项税额）　　11 560
　　　　　　——应交消费税　　52 000
　　贷：应付账款　　131 560

如果滨海股份有限公司收回加工后的材料直接用于销售，编制会计分录如下。

借：委托加工物资　　120 000
　　应交税费——应交增值税（进项税额）　　11 560
　　贷：应付账款　　131 560

3）加工完成收回委托加工原材料：

如果天津滨海股份有限公司收回加工后的材料用于继续生产应税消费品，编制会计分录如下。

借：原材料　　468 000
　　贷：委托加工物资　　468 000

如果天津滨海股份有限公司收回加工后的材料直接用于销售，编制会计分录如下。

借：原材料　　520 000
　　贷：委托加工物资　　520 000

任务五　库存商品的核算

知识储备

库存商品是指企业已完成全部生产过程并已验收入库、合乎标准规格和技术条件，可以按照合同规定的条件送交订货单位、可以作为商品对外销售的产品，以及外购或委托加工完成验收入库用于销售的各种商品。库存商品具体包括库存产成品、外购商品、存放在门市部准备出售的商品、发出展览的商品、寄存在外的商品、接受来料加工制造的代制品和为外单位加工修理的代修品等。已完成销售手续，但购买单位在月末未提取的产品，不应作为企业的库存商品，而应作为代管商品处理，单独设置代管商品备查簿进行登记。

库存商品可以采用实际成本法核算，也可以采用计划成本法核算，其方法与原材料相似。采用计划成本法时，库存商品实际成本与计划成本的差异，可单独设置“产品成本差异”科目核算。

自学会计科目

“库存商品”科目。为了反映和监督库存商品的增减变化及结存情况，企业应当设置“库存商品”科目，借方登记验收入库的库存商品成本，贷方登记发出的库存商品成本；期末余额在借方，反映各种库存商品的实际成本或计划成本。

核算任务

一、库存商品收入的核算

对于库存商品采用实际成本法核算的企业，当库存商品生产完成并验收入库时，应按实际成本，借记“库存商品”科目，贷记“生产成本——基本生产成本”科目。

实例 3-24　天津滨海股份有限公司的商品入库汇总表记载，某月已验收入库 Y 产品 1 000 台，实际单位成本为 5 000 元，共计 5 000 000 元；Z 产品 2 000 台，实际单位成本为 1 000 元，共计 2 000 000 元。

编制会计分录如下。

借：库存商品——Y 产品	5 000 000	
库存商品——Z 产品	2 000 000	
贷：生产成本——基本生产成本——Y 产品		5 000 000
生产成本——基本生产成本——Z 产品		2 000 000

二、库存商品发出的核算方法

企业销售商品、确认收入时，应结转其销售成本，借记“主营业务成本”科目，贷记“库存商品”科目。

实例 3-25　天津滨海股份有限公司月末汇总的发出商品中，当月已实现销售的 Y 产品有 500 台，Z 产品有 1 500 台。该月 Y 产品实际单位成本为 5 000 元，Z 产品实际单位成本为 1 000 元。

在结转其销售成本时，天津滨海股份有限公司编制会计分录如下。

借：主营业务成本	4 000 000	
贷：库存商品——Y 产品		2 500 000
库存商品——Z 产品		1 500 000

商品流通企业的库存商品还可以采用毛利率法和售价金额核算法进行日常核算。

（一）毛利率法

毛利率法是指根据本期销售净额乘以上期实际（或本期计划）毛利率计算本期销售毛利，并据以计算发出存货和期末存货成本的一种方法。计算公式如下。

$$\text{毛利率} = \text{销售毛利} \div \text{销售净额} \times 100\%$$

$$\text{销售净额} = \text{商品销售收入} - \text{销售退回与折让}$$

$$\text{销售毛利} = \text{销售净额} \times \text{毛利率}$$

$$\text{销售成本} = \text{销售净额} - \text{销售毛利}$$

$$\text{期末存货成本} = \text{期初存货成本} + \text{本期购货成本} - \text{本期销售成本}$$

实例 3-26 某商场2011年5月1日甲类商品库存价值300 000元，本月购进160 000元，本月销售收入为260 000元，发生的销售折让为13 000元。上月该类商品的毛利率为20%。

本月已销售商品和库存商品成本计算如下。

本月销售净额 =260 000−13 000=247 000（元）

销售毛利 =247 000×20%=49 400（元）

本月销售成本 =247 000−49 400=197 600（元）

库存商品成本 =300 000 + 160 000−197 600=262 400（元）

毛利率法是商品流通企业，尤其是商业批发企业计算本期商品销售成本和期末库存商品成本的常用方法。商品流通企业由于经营商品的品种繁多，如果分品种计算商品成本，工作量将会大大增加，然而，一般情况下，商品流通企业同类商品的毛利率大致相同，如果采用这种存货计价方法既能减轻工作量，也能满足对存货管理的需要。

（二）售价金额核算法

售价金额核算法是指平时商品的购入、加工收回、销售均按售价记账，售价与进价的差额通过“商品进销差价”科目核算，期末计算进销差价率和本期已销商品应分摊的进销差价，并据以调整本期销售成本的一种方法。采用本法，按实际销售成本，借记“商品进销差价”科目，贷记“主营业务成本”科目。计算公式如下。

商品进销差价率 =（期初库存商品进销差价 + 本期购入商品进销差价）÷
（期初库存商品售价 + 本期购入商品售价）×100%

本期销售商品应分摊的商品进销差价 = 本期商品销售收入 × 商品进销差价率

本期销售商品的成本 = 本期商品销售收入 − 本期已销售商品应分摊的商品进销差价

期末结存商品的成本 = 期初库存商品的进价成本+本期购进商品的进价成本 − 本期销售商品的成本

企业的商品进销差价率各期之间比较均衡的，也可以采用上期商品进销差价率计算分摊本期的商品进销差价。年度终了，应对商品进销差价进行核实调整。

实例 3-27 某商品流通企业为增值税一般纳税人。2015年3月初库存商品的进价成本为98 000元，销售金额为120 000元。本月发生如下购销业务。

1. 3日，购入一批商品，取得的增值税专用发票上注明的价款为200 000元，总售价为300 000元。商品入库前，以现金支付挑选整理费5 000元。

1）支付货款时，编制会计分录如下。

借：材料采购	200 000	
应交税费——应交增值税（进项税额）	34 000	
贷：银行存款		234 000

2）支付挑选整理费时，编制会计分录如下。

借：材料采购	5 000	
贷：库存现金		5 000

3）商品验收入库时，按售价记账，编制会计分录如下。

借：库存商品	300 000	
贷：材料采购		205 000
商品进销差价		95 000

2. 15日，销售一批商品，不含税售价为200 000元，已开出增值税专用发票，款项收存银行，商品已发出。

1）确认商品销售收入时，编制会计分录如下。

借：银行存款　　234 000

　　贷：主营业务收入　　200 000

　　　　应交税费——应交增值税（销项税额）　　34 000

2）按售价结转商品销售成本时，编制会计分录如下。

借：主营业务成本　　200 000

　　贷：库存商品　　200 000

3.30日，结转本月已销商品应分摊的进销差价。

计算如下。

$$进销差价率=\frac{22\,000+95\,000}{120\,000+300\,000}\times 100\% \approx 27.86\%$$

已销商品应分摊的商品进销差价 =200 000×27.86%=55 720（元）

本期销售商品的实际成本 =200 000−55 720=144 280（元）

编制会计分录如下。

借：商品进销差价　　55 720

　　贷：主营业务成本　　55 720

任务六　存货清查的核算

知识储备

存货清查是指通过对存货的实地盘点，确定存货的实有数量，并与账面结存数核对，从而确定存货实存数与账面结存数是否相符的一种专门方法。常用的存货数量盘存方法主要有实地盘存制和永续盘存制两种。

一、实地盘存制

实地盘存制也称定期盘存制，是指会计期末通过对全部存货进行实地盘点，以确定期末存货的结存数量，然后分别乘以各项存货的盘存单价，计算出期末存货的总金额，记入各有关存货科目，倒挤本期已耗用或已销售存货的成本。

采用这种方法，平时对有关存货科目只记借方，不记贷方，每一期末，通过实地盘点确定存货数量，据以计算期末存货成本，然后计算出当期耗用或销货成本，记入有关存货科目的贷方。这一方法用于工业企业，称为“以存计耗”或“盘存计耗”；用于商品流通企业，称为“以存计销”或“盘存计销”。

“以存计耗”和“以存计销”以下列基本等式为依据。

期初存货＋本期购货＝本期耗用或销货＋期末存货

用历史成本计价，则上述公式可以改写为：

本期耗用或销货成本＝期初存货成本＋本期购货成本－期末存货成本

期初存货成本和本期购货成本这两项数字都不难从账上取得，待通过实地盘存，确定期末存货成本，则本期销货成本即可用上述公式进行计算。

二、永续盘存制

永续盘存制也称账面盘存制，是指对存货项目设置经常性的库存记录，即分别按品名规格设置存货明细账，逐笔或逐日地登记收入发出的存货，并随时记列结存数。通过会计账簿资料，就可以完整地反映存货的收入、发出和结存情况。在没有发生丢失和被盗的情况下，存货账户的余额应当与实际库存相符。采用永续盘存制，并不排除对存货的实物盘点，为了核对存货账面记录，加强对存货的管理，每年至少应对存货进行一次全面盘点。具体盘点次数视企业内部控制要求而定。

企业可根据存货类别和管理要求，对有些存货实行永续盘存制，而对另一些存货实行实地盘存制，不论采用何种方法，前后各期应保持一致。

自学会计科目

“待处理财产损溢”科目。为了反映企业在财产清查中查明的各种存货的盘盈、盘亏和毁损情况，企业应当设置“待处理财产损溢”科目。本科目借方登记发生的各种财产物资的盘亏金额和批准转销的盘盈金额，贷方登记发生的各种财产物资的盘盈金额和批准转销的盘亏金额；期末借方余额为尚未处理的各种财产物资的净损失，期末贷方余额为尚未处理的各种财产物资的净溢余。本科目下应设置“待处理流动资产损溢”和“待处理固定资产损溢”两个明细科目。存货的盘盈、盘亏和毁损，通过“待处理流动资产损溢”明细科目核算。

核算任务

一、存货盘盈的核算

由于盘盈的存货没有账面记录，因此如果产生了盘盈，应该在账簿上予以补记，按照存货的计划成本或估计价值，借记“原材料”“库存商品”等科目，贷记“待处理财产损溢——待处理流动资产损溢”科目；存货盘盈一般是由于收发计量或核算上的差错所造成的，因此应相应冲减管理费用，在按管理权限报经批准后，借记“待处理财产损溢”科目，贷记“管理费用”科目。在采用计划成本法进行存货日常核算的情况下，盘盈存货应按计划成本入账。

实例 3-28 天津滨海股份有限公司进行存货清查时，发现盘盈钢材 100 千克，计划单位成本为 40 元 / 千克，合计 4 000 元。

编制会计分录如下。

借：原材料　　4 000

　　贷：待处理财产损溢——待处理流动资产损溢　　4 000

经核查该项盘盈是由于收发计量错误造成的，经批准冲减管理费用。编制会计分录如下。

借：待处理财产损溢——待处理流动资产损溢　　4 000

　　贷：管理费用　　4 000

二、存货盘亏及毁损的核算

存货的盘亏和毁损先按其账面成本，借记“待处理财产损溢——待处理流动资产损溢”科目，贷记“原材料”“库存商品”等科目。在按管理权限报经批准后，按发生的原因和相应的处理决定，分别进行转销。

① 对于入库的残料价值，记入“原材料”科目。

② 对于应由责任人或保险公司赔偿的部分，记入“其他应收款”科目。

③ 扣除残料价值、可以收回的保险赔偿和过失人的赔偿后的净损失，属于一般经营损失的部分，记入“管理费用”科目，属于非正常损失的部分，记入“营业外支出”科目。

需要指出的是，根据我国《增值税暂行条例》的规定，企业发生的非正常损失的购进货物及非正常损失的在产品、产成品所耗用的购进货物或应税劳务的进项税不得从销项税中抵扣。因此，非正常损失的存货价值应包括其实际成本和应负担的进项税两部分。发生非正常毁损（如自然灾害、被盗窃及管理不善造成大量霉烂变质等）时，应按非正常损失的价值借记“待处理财产损溢——待处理流动资产损溢”科目，按非正常损失存货的实际成本贷记有关存货科目，按非正常损失存货应负担的进项税贷记“应交税费——应交增值税（进项税额转出）”科目。

实例 3-29　天津滨海股份有限公司年终进行财产清查，发现以下情况。

1. 盘亏 20 件 A 产品，实际单位成本为 100 元，经查明，属定额内合理损耗。

批准处理前，编制会计分录如下。

借：待处理财产损溢——待处理流动资产损溢　　2 000

　　贷：库存商品　　2 000

批准后，计入管理费用，编制会计分录如下。

借：管理费用　　2 000

　　贷：待处理财产损溢——待处理流动资产损溢　　2 000

2. 盘亏 100 千克 M 材料，单位计划成本为 50 元，材料成本差异（超支）为 500 元，经查明，是由于过失人造成的材料毁损，由过失人赔偿 3 000 元，毁损材料残值为 500 元。

批准处理前，编制会计分录如下。

借：待处理财产损溢——待处理流动资产损溢　　5 000

　　贷：原材料　　5 000

同时，调整盘亏材料的成本差异，编制会计分录如下。

借：待处理财产损溢——待处理流动资产损溢　　500

　　贷：材料成本差异　　500

批准后，分别视不同情况处理，编制会计分录如下。

借：其他应收款　　3 000

　　原材料　　500

　　管理费用　　2 000

　　贷：待处理财产损溢——待处理流动资产损溢　　5 500

3. 盘亏一批 N 材料，实际成本为 3 000 元，增值税税额为 510 元，经查明，属非常事故造成的损失。

批准处理前，编制会计分录如下。

借：待处理财产损溢——待处理流动资产损溢　　3 510

贷：原材料　　3 000

　　应交税费——应交增值税（进项税额转出）　　510

批准后，计入营业外支出，编制会计分录如下。

借：营业外支出　　3 510

　　贷：待处理财产损溢——待处理流动资产损溢　　3 510

任务七　存货期末减值的核算

知识储备

资产负债表日，存货应当按照成本与可变现净值孰低计量。其中，“成本”是指期末存货的实际成本，如果企业在存货成本的日常核算中采用计划成本法、售价金额核算法等简化核算方法，则成本应为经调整后的实际成本；“可变现净值”是指在日常活动中，存货的估计售价减去至完工时估计将要发生的成本、估计的销售费用及相关税费后的金额。当存货成本低于可变现净值时，存货按成本计量；反之，存货按可变现净值计量，并计提存货跌价准备，计入当期损益。

自学会计科目

“存货跌价准备”科目。核算存货的存货跌价准备，贷方登记计提的存货跌价准备金额，借方登记实际发生的存货跌价损失金额和冲减的存货跌价准备金额。期末余额一般在贷方，反映企业已计提但尚未转销的存货跌价准备。

核算任务

资产负债表日，通过比较期末存货的成本与可变现净值，计算出应计提的跌价准备，然后与“存货跌价准备”科目的余额进行比较，若应提数大于已提数，应予以补提；反之，应冲销部分已提数。提取或补提存货跌价准备时，借记“资产减值损失——计提的存货跌价准备”科目，贷记“存货跌价准备”科目；冲回或转销存货损失时，做相反的会计分录。但是，当以前减记存货价值的影响因素已经消失，已计提跌价准备的存货的价值又得以恢复，冲减已计提的跌价准备时，应以“存货跌价准备”科目余额冲减至零为限。

实例 3-30　天津滨海股份有限公司 2015 年开始采用“成本与可变现净值孰低法”进行期末存货计价。2015 年年末存货的账面成本为 100 000 元，可变现净值为 95 000 元，应计提的存货跌价准备为 5 000 元。

根据上述资料，编制会计分录如下。

借：资产减值损失——存货减值损失　　5 000

　　贷：存货跌价准备　　5 000

假设 2016 年年末存货的种类和数量未发生变化（下同），且存货的可变现净值为 90 000 元，应计提的存货跌价准备为 10 000 元（100 000-90 000）。由于前期已计提 5 000 元，应补提存货跌价准备 5 000 元。编制会计分录如下。

借：资产减值损失——存货减值损失 5 000

贷：存货跌价准备 5 000

假设 2017 年年末存货的可变现净值为 97 000 元，应冲减已计提的存货跌价准备 7 000 元（100 000-97 000-10 000）。编制会计分录如下。

借：存货跌价准备 7 000

贷：资产减值损失——存货减值损失 7 000

假设 2018 年年末存货的可变现净值为 101 000 元，应冲减已计提的存货跌价准备 3 000 元。

借：存货跌价准备 3 000

贷：资产减值损失——存货减值损失 3 000

综合实例

天津滨海股份有限公司为增值税一般纳税人，增值税税率为 17%。生产中所需 W 材料按实际成本核算，采用月末一次加权平均法计算和结转发出材料成本。2015 年 6 月 1 日，W 材料结存 1 400 千克，账面余额为 385 万元，未计提存货跌价准备。天津滨海股份有限公司 2015 年 6 月份发生的有关 W 材料的业务如下。

1）3 日，持银行汇票 300 万元购入 W 材料 800 千克，增值税专用发票上注明的货款为 216 万元，增值税税额 36.72 万元。对方代垫包装费 1.8 万元。材料已验收入库，剩余票款退回并存入银行。

2）6 日，签发一张商业承兑汇票购入 W 材料 590 千克，增值税专用发票上注明的货款为 163 万元，增值税税额 27.71 万元。对方代垫保险费 0.4 万元。材料已验收入库。

3）10 日，收到乙公司作为资本投入的 W 材料 5 000 千克，并验收入库。投资合同约定该批原材料价值（不含可抵扣的增值税进项税额）1 415 万元，增值税进项税额为 240.55 万元，乙公司开具增值税专用发票。假定合同约定的价值与公允价值相等，未发生资本溢价。

4）20 日，销售 W 材料一批，开出的增值税专用发票上注明的售价为 171 万元，增值税税额为 29.07 万元，款项已由银行收妥。

5）30 日，因自然灾害毁损 W 材料 50 千克。这批材料购入时支付的增值税为 2.38 万元。经保险公司核定应赔偿 10 万元，款项尚未收到，其余损失已经有关部门批准处理。

6）6 月份发出材料情况如下。

① 生产车间领用 W 材料 2 000 千克，车间管理部门领用 W 材料 700 千克，企业行政管理部门领用 W 材料 450 千克。

② 委托加工一批零部件，发出 W 材料 100 千克。

③ 20 日对外销售发出 W 材料 600 千克。

7）30 日，W 材料的预计可变现净值为 1 000 万元。

假定除上述资料外，不考虑其他因素。

要求：

1. 计算天津滨海股份有限公司 6 月份 W 材料的加权平均单位成本。
2. 编制天津滨海股份有限公司第 1）至 6）项业务的会计分录。
3. 计算天津滨海股份有限公司 6 月 30 日 W 材料的账面余额。
4. 计算天津滨海股份有限公司 6 月 30 日 W 材料计提的存货跌价准备并编制会计分录。

解答：

1. W材料加权平均成本 =（385+217.8+163.4+1 415）/（1 400+800+590+5 000）=0.28（万元/千克）

2. 编制1）—6）项会计分录如下。

1）借：原材料	2 178 000	
应交税费——应交增值税（进项税额）	367 200	
贷：其他货币资金——银行汇票存款		2 545 200
借：银行存款	454 800	
贷：其他货币资金——银行汇票存款		454 800
2）借：原材料	1 634 000	
应交税费——应交增值税（进项税额）	277 100	
贷：应付票据		1 911 100
3）借：原材料	14 150 000	
应交税费——应交增值税（进项税额）	2 405 500	
贷：实收资本		16 555 500
4）借：银行存款	2 000 700	
贷：其他业务收入		1 710 000
应交税费——应交增值税（销项税额）		290 700
5）借：待处理财产损溢	163 800	
贷：原材料		140 000
应交税费——应交增值税（进项税额转出）		23 800
借：营业外支出	63 800	
其他应收款	100 000	
贷：待处理财产损溢		163 800
6）借：生产成本	5 600 000	
制造费用	1 960 000	
管理费用	1 260 000	
贷：原材料		8 820 000
借：委托加工物资	280 000	
贷：原材料		280 000
结转销售材料的成本：		
借：其他业务成本	1 680 000	
贷：原材料		1 680 000

3. W材料账面余额 =（385+217.8+163.4+1 415）−14−882−28−168=1 089.2（万元）

4. W材料计提的存货跌价准备 =1 089.2−1 000=89.2（万元）

编制会计分录如下。

借：资产减值损失	892 000	
贷：存货跌价准备		892 000

项目四
对外投资的核算

学习目标

- ◆ 掌握交易性金融资产的核算。
- ◆ 掌握长期股权投资的核算范围。
- ◆ 掌握长期股权投资成本法的核算。
- ◆ 掌握长期股权投资权益法的核算。
- ◆ 理解长期股权投资成本法与权益法核算的区别。

投资是企业最基本的财务活动，任何一家企业都离不开投资活动。对外投资是指企业通过分配来增加财富，或为谋求其他利益，而将资产让渡给其他单位所获得的另一项资产，如购买股票、债券、基金，与其他企业共同创办联营企业或子企业等。本项目涉及的交易性金融资产和长期股权投资的核算均不考虑相关税费。

任务一　交易性金融资产的核算

知识储备

交易性金融资产主要是指企业为了近期内出售而持有的金融资产。例如，企业以赚取差价为目的从二级市场购入的股票、债券和基金等。

满足以下条件之一的金融资产，应当划分为交易性金融资产。

① 取得该金融资产主要是为了近期内出售并获利。

② 基于管理上的需要。属于进行集中管理的可辨认金融工具组合的一部分，且有客观证据表明企业近期采用短期获利方式对该组合进行管理。在这种情况下，即使组合中某个组成项目持有的期限稍长也不受影响。

③ 属于衍生工具，如国债期货、远期合同、股指期货等，其公允价值变动大于零时，应将其相关变动金额确认为交易性金融资产，同时计入当期损益。但是，被指定为有效套期工具

的衍生工具、属于财务担保合同的衍生工具，与在活跃市场中没有报价且其公允价值不能可靠计量的权益工具投资挂钩，并需通过交付该权益工具结算的衍生工具除外。

自学会计科目

“交易性金融资产”科目核算企业为交易目的所持有的债券投资、股票投资、基金投资等交易性金融资产的公允价值。企业持有的直接指定为以公允价值计量且其变动计入当期损益的金融资产也在“交易性金融资产”科目核算。本科目借方登记交易性金融资产的取得成本、资产负债表日其公允价值高于账面余额的差额等；贷方登记资产负债表日其公允价值低于账面余额的差额，以及企业出售交易性金融资产时结转的成本和公允价值变动损益。企业应当按照交易性金融资产的类别和品种，分别设置“成本”“公允价值变动”等明细科目进行核算。

“公允价值变动损益”科目核算企业交易性金融资产等公允价值变动而形成的应计入当期损益的利得或损失。本科目贷方登记资产负债表日企业持有的交易性金融资产等的公允价值高于账面余额的差额，借方登记资产负债表日企业持有的交易性金融资产等的公允价值低于账面余额的差额。

“投资收益”科目核算企业持有交易性金融资产等期间取得的投资收益，以及处置交易性金融资产等实现的投资收益或投资损失。本科目贷方登记企业出售交易性金融资产等实现的投资收益，借方登记企业出售交易性金融资产等发生的投资损失。

核算任务

一、交易性金融资产取得的核算

企业取得交易性金融资产时，应当按照该金融资产取得时的公允价值作为其初始确认金额，记入“交易性金融资产——成本”科目。如果取得交易性金融资产所支付的价款中包含了已宣告但尚未发放的现金股利，或已到付息期但尚未领取的债券利息，应当单独确认为应收项目，记入“应收股利”或“应收利息”科目，不计入金融资产成本。

取得交易性金融资产所发生的相关交易费用应当在发生时计入投资收益，不计入金融资产成本。交易费用是指可直接归属于购买、发行或处置金融工具新增的外部费用，包括支付给代理机构、咨询企业、券商等的手续费和佣金及其他必要支出。

实例 4-1 2015年5月10日，天津滨海股份有限公司委托某证券企业从上海证券交易所购入A上市企业股票100万股，并将其划分为交易性金融资产。每股买价为10元。另支付相关交易费用2万元。A公司已于4月25日宣告分红，每股红利为2元，于5月6日发放。

天津滨海股份有限公司应作如下会计处理。

1）2015年5月10日，购买A上市企业股票时，编制会计分录如下。

借：交易性金融资产——成本	8 000 000	
应收股利	2 000 000	
贷：其他货币资金——存出投资款		10 000 000

2）支付相关交易费用时，编制会计分录如下。

借：投资收益	20 000	
贷：其他货币资金——存出投资款		20 000

本例中的交易费用 20 000 元，应当在发生时计入投资收益。

二、交易性金融资产现金股利和利息的核算

企业持有交易性金融资产期间对于被投资单位宣告发放的现金股利，或企业在资产负债表日按分期付息、一次还本债券投资的票面利率计算的利息收入，应当确认为应收项目，记入“应收股利”或“应收利息”科目，并计入投资收益。

实例 4-2　2014 年 1 月 10 日，天津滨海股份有限公司购入乙企业发行的公司债券。这笔债券于 2013 年 7 月 1 日发行，面值为 2 000 万元，票面利率为 5%，债券利息按年支付。天津滨海股份有限公司将其划分为交易性金融资产，支付价款 2 050 万元（其中包含已宣告尚未发放的债券利息 50 万元），另支付交易费用 20 万元。2014 年 2 月 6 日，天津滨海股份有限公司收到该笔债券利息 50 万元。2015 年 2 月 8 日，天津滨海股份有限公司收到债券利息 100 万元。

天津滨海股份有限公司应作如下会计处理。

1）2014 年 1 月 10 日，购入乙企业发行的公司债券时，编制会计分录如下。

借：交易性金融资产——成本	20 000 000	
应收利息	500 000	
投资收益	200 000	
贷：银行存款		20 700 000

2）2014 年 2 月 6 日，收到购买价款中包含的已宣告发放的债券利息时，编制会计分录如下。

借：银行存款	500 000	
贷：应收利息		500 000

3）2014 年 12 月 31 日，确认乙企业发行的公司债券利息收入时，编制会计分录如下。

借：应收利息	1 000 000	
贷：投资收益		1 000 000

4）2015 年 2 月 8 日，收到持有乙企业发行的公司债券利息时，编制会计分录如下。

借：银行存款	1 000 000	
贷：应收利息		1 000 000

在本例中，取得交易性金融资产所支付的价款中包含了已宣告但尚未发放的债券利息 500 000 元，应当记入“应收利息”科目，不记入“交易性金融资产”科目。

三、交易性金融资产期末的核算

资产负债表日，交易性金融资产应当按照公允价值计量，公允价值与账面余额之间的差额计入当期损益。企业应当在资产负债表日按照交易性金融资产公允价值与账面余额的差额，借记或贷记“交易性金融资产——公允价值变动”科目，贷记或借记“公允价值变动损益”科目。

实例 4-3　承实例 4-2，2014 年 6 月 30 日，天津滨海股份有限公司购买的该笔债券的市价为 2 030 万元。2014 年 12 月 31 日，天津滨海股份有限公司购买的该笔债券的市价为 2 010 万元。

天津滨海股份有限公司应作如下会计处理。

1）2014 年 6 月 30 日，确认该笔债券的公允价值变动损益时，编制会计分录如下。

借：交易性金融资产——公允价值变动　　300 000

　　贷：公允价值变动损益　　300 000

在本例中，2014 年 6 月 30 日，该笔债券的公允价值为 2 030 万元，账面余额为 2 000 万元，公允价值大于账面余额 30 万元，应记入“公允价值变动损益”科目的贷方。

2）2014 年 12 月 31 日，确认该笔债券的公允价值变动损益时，编制会计分录如下。

借：公允价值变动损益　　200 000

　　贷：交易性金融资产——公允价值变动　　200 000

2014 年 12 月 31 日，该笔债券的公允价值为 2 010 万元，账面余额为 2 030 万元，公允价值小于账面余额 20 万元，应记入“公允价值变动损益”科目的借方。

实例 4-4　2015 年 5 月 1 日，甲公司购入乙公司股票 10 万股，作交易性金融资产核算，每股买价为 30 元，另支付交易费用 5 万元，乙公司已于 4 月 25 日宣告分红，每股红利为 2 元，于 5 月 6 日发放。6 月 30 日每股市价为 25 元。

2015 年 5 月 1 日购入成本为 280 万元，期末公允价值为 250 万元，下降了 30 万元。

借：公允价值变动损益　　30

　　贷：交易性金融资产　　30

四、交易性金融资产处置的核算

出售交易性金融资产时，应当将该金融资产出售时的公允价值与初始入账金额之间的差额确认为投资收益，同时调整公允价值变动损益。

企业应按实际收到的金额借记“银行存款”等科目，按此金融资产的账面余额贷记“交易性金融资产”科目，按其差额贷记或借记“投资收益”科目。同时，将原计入该金融资产的公允价值变动转出，借记或贷记“公允价值变动损益”科目，贷记或借记“投资收益”科目。

实例 4-5　承实例 4-3，2015 年 1 月 31 日，天津滨海股份有限公司出售了所持有的乙企业的公司债券，售价为 2 015 万元。

天津滨海股份有限公司应作如下会计处理。

借：银行存款　　20 150 000

　　贷：交易性金融资产——成本　　20 000 000

　　　　　　　　　　——公允价值变动　　100 000

　　　　投资收益　　50 000

同时

借：公允价值变动损益　　100 000

　　贷：投资收益　　100 000

实例 4-6　2015 年 1 月 1 日，天津滨海股份有限公司支付价款 1 050 000 元从二级市场购入乙公司发行的股票 100 000 股，每股价格为 10.50 元（含已宣告但尚未发放的现金股利 0.50 元 / 股），另支付交易费用 10 000 元。天津滨海股份有限公司将持有的乙公司股权划分为交易性金融资产，且持有乙公司股权后对其无重大影响。

天津滨海股份有限公司其他相关资料如下。

1）5 月 20 日，收到乙公司发放的现金股利。

2）6 月 30 日，乙公司股票价格涨到每股 12 元。

3）9 月 10 日，将持有的乙公司股票售出 50 000 股，每股售价为 15 元。

天津滨海股份有限公司应作如下会计处理。

1）1 月 1 日，购入乙公司股票，编制会计分录如下。

借：交易性金融资产——成本	1 000 000	
应收股利	50 000	
投资收益	10 000	
贷：银行存款		1 060 000

2）5 月 20 日，收到乙公司发放的现金股利，编制会计分录如下。

借：银行存款	50 000	
贷：应收股利		50 000

3）6 月 30 日，确认股票价格变动，编制会计分录如下。

借：交易性金融资产——公允价值变动	200 000	
贷：公允价值变动损益		200 000

4）9 月 10 日，将持有的乙公司股票售出 50 000 股，编制会计分录如下。

借：银行存款	750 000	
公允价值变动损益	100 000	
贷：交易性金融资产——成本		500 000
——公允价值变动		100 000
投资收益		250 000

任务二　长期股权投资的核算

知识储备

在市场经济环境下，企业生产经营日趋多元化，除传统的经过原材料投入、加工、销售方式获取利润外，通常采用投资、收购、兼并、重组等方式拓宽生产经营渠道，提高获利能力，与之而来的长期股权投资活动也日益频繁。

投资是企业为了获得收益或实现资本增值向被投资单位投放资金的经济行为。企业对外投资可以有不同的分类方式，按性质划分，可以分为债权性投资和权益性投资。长期股权投资属于权益性投资。

一、长期股权投资的概念

长期股权投资是指企业能够对被投资企业实施控制、共同控制或重大影响的权益性投资。

① 企业能够对被投资单位实施控制的，被投资单位为本企业的子公司，拥有控制权的企业为母公司。控制是指企业拥有的通过参与被投资企业的相关活动而享有可变回报的权力，并且有能力运用该权力影响回报金额。其中，企业参与被投资企业的相关活动是指对被投资企业的回报产生重大影响的活动，通常包括商品或劳力的销售和购买、金融资产的管理、资产的购

买和处置、研究与开发活动及融资活动等。企业如果有能力主导被投资企业的相关活动，而不论其是否实际行使该权力，均视为拥有控制被投资企业的权力。具体表现在以下几两个方面：投资企业直接拥有被投资单位 50% 以上的表决权资本，如 A 企业对 B 企业的投资占 B 企业 60% 股份，即 A 企业控制 B 企业；投资企业虽然直接拥有被投资单位 50% 或以下的表决权资本，但具有实质控制权。

② 企业与其他方对被投资单位实施共同控制的，被投资单位为本企业的合营企业。共同控制是指按照合同约定对某项经济活动所共有的控制，仅在与该项经济活动相关的重要财务和经营决策需要分享控制权的投资方一致同意时存在。例如，A 企业、B 企业各投资 50% 设立 C 企业，即 A 企业与 B 企业共同控制 C 企业。

③ 企业能够对被投资单位施加重大影响的，被投资单位为本企业的联营企业。重大影响是指对一个企业的财务和经营政策有参与决策的权力，但并不能够控制或与其他方一起共同控制这些政策的制定。企业直接拥有被投资单位 20% 或 20% 以上至 50% 的表决权资本时，一般认为对被投资单位具有重大影响。例如，A 企业、B 企业、C 企业分别按 3∶3∶4 的比例投资设立 D 企业，A、B、C3 个企业能够对 D 企业施加重大影响。

二、长期股权投资的核算方法

长期股权投资的核算方法有两种：一是成本法；二是权益法。

（一）长期股权投资成本法的核算范围

成本法，顾名思义，是指投资按成本计价的方法，成本不变，投资的账面价值也不变。企业能够对被投资单位实施控制的长期股权投资，即企业对子企业的长期股权投资。

（二）长期股权投资权益法的核算范围

被投资单位所有者权益发生变化，投资的账面价值也相应发生变化。企业对被投资单位具有共同控制或重大影响时，长期股权投资应当采用权益法核算。

① 企业对被投资单位具有共同控制的长期股权投资，即企业对其合营企业的长期股权投资。

② 企业对被投资单位具有重大影响的长期股权投资，即企业对其联营企业的长期股权投资。

自学会计科目

为反映和监督企业长期股权投资的取得、持有和处置等情况，企业应设置“长期股权投资”“投资收益”“其他综合收益”等科目。

“长期股权投资”科目。“核算企业持有的长期股权投资。本科目借方登记长期股权投资取得时的初始投资成本以及采用权益法核算时按被投资单位实现的净损益、其他综合收益和其他权益变动等计算的应分享的份额；贷方登记处置长期股权投资的账面余额或采用权益法核算时被投资单位宣告分派现金股利或利润时企业按持股比例计算应享有的份额，及按被投资单位发生的净亏损、其他综合收益和其他权益变动等计算的应分担的份额；期末借方余额，反映企业持有的长期股权投资的价值。本科目应按被投资单位进行明细核算，采用权益法的应分别设置“成本”“损益调整”“其他综合收益”“其他权益变动”等明细科目进行核算。

核算任务

一、长期股权投资成本法的核算

（一）取得长期股权投资的核算

长期股权投资取得时，应按照初始投资成本计价。除企业合并形成的长期股权投资以外，以支付现金、非现金资产等其他方式取得的长期股权投资，应按照上述规定确定的长期股权投资初始投资成本，借记“长期股权投资”科目，贷记“银行存款”等科目。

如果实际支付的价款中包含有已宣告但尚未发放的现金股利或利润，借记“应收股利”科目，贷记“长期股权投资”科目。

实例 4-7　天津滨海股份有限公司于 2015 年 1 月 5 日购买新华股份有限公司发行的股票 1 000 万股，准备长期持有，从而拥有新华股份有限公司 60% 的股份。每股买入价为 8 元。另外，企业购买该股票时发生有关税费 80 000 元，款项已用银行存款支付。

天津滨海股份有限公司应作如下会计处理。

1）计算初始投资成本如下。

股票成交金额（10 000 000×8）	80 000 000
加：相关税费	80 000
长期股权投资初始成本	80 080 000

2）编制购入股票时，编制会计分录如下。

借：长期股权投资	80 080 000	
贷：银行存款		80 080 000

（二）持有期间被投资单位宣告发放现金股利或利润的核算

实例 4-8　天津滨海股份有限公司于 2015 年 1 月 10 日购买天通股份有限公司发行的股票 1 000 万股，准备长期持有，从而拥有天通股份有限公司 60% 的股份。每股买入价为 10 元，每股股票价格中含有 2 元的已宣告分派的现金股利。另外，企业购买该股票时发生有关税费 100 000 元，款项已用银行存款支付。

天津滨海股份有限公司应作如下会计处理。

1）计算初始投资成本如下。

股票成交金额（10 000 000×10）	100 000 000
加：相关税费	100 000
减：已宣告分派的现金股利（10 000 000×2）	20 000 000
长期股权投资初始成本	990 000

2）编制购入股票的会计分录如下。

借：长期股权投资	80 100 000	
应收股利	20 000 000	
贷：银行存款		100 100 000

3）假定天津滨海股份有限公司 2015 年 5 月 20 收到天通股份有限公司分来的购买该股票时已宣告分派的股利 20 000 000 元。

编制会计分录如下。

借：银行存款	20 000 000	
贷：应收股利		20 000 000

实例 4-9 承实例 4-7，2016 年 2 月 10 日，如果新华股份公司宣告发放现金股利，天津滨海股份有限公司按投资份额应获得股利 800 000 元。

编制会计分录如下。

借：应收股利	800 000	
贷：投资收益		800 000

（三）长期股权投资处置的核算

处置长期股权投资时，按实际取得的价款与长期股权投资账面价值的差额确认为投资损益，如果投资还计提了减值准备，应将减值准备予以转出。

实例 4-10 天津滨海股份有限公司于 2015 年 1 月 30 日将其作为长期投资持有的九州股份有限企业的 20 000 股股票，以每股 10 元的价格卖出，支付相关税费 2 000 元，取得价款 198 000 元，款项已由银行收妥。该长期股权投资账面价值为 190 000 元，计提减值准备 5 000 元。

天津滨海股份有限公司应作如下会计处理。

1）计算投资收益如下。

股票转让取得价款	198 000
加：已计提减值准备	5 000
减：投资账面余额	190 000
处置收益	13 000

2）编制出售股票时的会计分录如下。

借：银行存款	198 000	
长期股权投资减值准备	5 000	
贷：长期股权投资		190 000
投资收益		13 000

实例 4-11 天津滨海股份有限公司对投资乙公司股票的投资资料如下。

1）2013 年 1 月 1 日，以每股 13 元的价格购入乙公司股票 100 万股，支付相关税费 10 万元，占被投资企业股份的 60%。

2）2013 年 2 月 20 日，被投资企业宣布分配 2012 年股利，每股分配现金股利 0.3 元。

3）企业于 2013 年 3 月 20 日收到现金股利。

4）2013 年被投资企业实现净利润 800 万元。

5）2014 年 2 月 10 日被投资企业宣布分配 2008 年股利，每股分配现金股利 0.2 元。

6）2014 年 3 月 24 日收到现金股利。

7）2015 年 1 月 1 日，将持有的乙公司的股票出售给丙企业，价格为每股 15 元，另外支付相关税费 10 万元，款项已经存入银行，假设持有期间未发生减值。

天津滨海股份有限公司应作如下会计处理。

1）计算初始投资成本如下。

股票成交金额（1 000 000×13）	13 000 000

加：相关税费 100 000

长期股权投资初始成本 13 100 000

2）2013 年 1 月 1 日，编制会计分录如下。

借：长期股权投资 13 100 000

贷：银行存款 13 100 000

3）2013 年 2 月 20 日，计算应收股利的金额为 30（100×0.3）万元。编制会计分录如下。

借：应收股利 300 000

贷：长期股权投资 300 000

4）2013 年 3 月 20 日，收到分来的购买该股票时已宣告分派的股利。编制会计分录如下。

借：银行存款 300 000

贷：应收股资 300 000

5）2013 年年末，被投资企业实现利润不作账务处理。

6）2013 年 2 月 10 日，计算应收股利的金额为 20（100×0.2）万元。编制会计分录如下。

借：应收股利 200 000

贷：投资收益 200 000

7）2014 年 3 月 24 日，收到分来的购买该股票时已宣告分派的股利。编制会计分录如下。

借：银行存款 200 000

贷：应收股利 200 000

8）2015 年 1 月 1 日，出售股票时编制会计分录如下。

借：银行存款 14 900 000

贷：长期股权投资 12 800 000

投资收益 2 100 000

二、长期股权投资权益法的核算

（一）取得长期股权投资的核算

在权益法核算下，长期股权投资的账面价值随被投资单位所有者权益的变动而调整。取得长期股权投资时，初始投资成本大于投资时应享有被投资单位可辨认净资产公允价值份额的，不调整长期股权投资的初始投资成本，即借记“长期股权投资——成本”科目，贷记“银行存款”等科目；如果初始投资成本小于投资时应享有被投资单位可辨认净资产公允价值份额的，按其差额，计入当期损益，同时调整长期股权投资的成本，即借记“长期股权投资——成本”科目，贷记“银行存款”等科目，按其差额，贷记“营业外收入”科目。

实例 4-12 天津滨海股份有限公司于 2014 年 1 月 15 日购买长江股份有限公司发行的股票 100 万股准备长期持有，占长江股份有限公司股份的 30%。每股买入价格为 10 元，另外购买该股票时发生有关税费 100 000 元，款项已用银行存款支付。假设购买日长江股份有限公司的所有者权益的账面价值（与其公允价值不存在差异）为 33 000 000 元。

天津滨海股份有限公司应作如下会计处理。

1）计算初始投资成本如下。

股票成交金额（1 000 000×10） 10 000 000

加：相关税费 100 000

长期股权投资初始成本　　10 100 000

2）编制购买股票时的会计分录如下。

借：长期股权投资——成本　　10 100 000

　　贷：银行存款　　10 100 000

在本例中，长期股权投资的初始投资成本 10 100 000 元大于投资时应享有被投资单位可辨认净资产公允价值份额 9 900 000（33 000 000×30%）元，其差额 200 000 元不调整已确认的初始投资成本。

实例 4-13　承实例 4-12，如果购买日长江股份有限公司的所有者权益的账面价值（与其公允价值不存在差异）为 35 000 000 元。

天津滨海股份有限公司应作如下会计处理。

借：长期股权投资——成本　　10 500 000

　　贷：银行存款　　10 100 000

　　　　营业外收入　　400 000

在本例中，长期股权投资的初始投资成本 10 100 000 元小于投资时应享有被投资单位可辨认净资产公允价值份额 10 500 000（35 000 000×30%）元，其差额 400 000 元记入“营业外收入”科目。

（二）投资期间被投资单位实现净利润或发生净亏损的核算

投资企业取得长期股权投资后，按照应享有的被投资单位实现的净收益的份额，确认投资收益并调整长期股权投资的账面价值，即借记“长期股权投资——损益调整”科目，贷记“投资收益”科目。

投资企业确认被投资单位发生的净亏损，做相反的会计处理，借记“投资收益”科目，贷记“长期股权投资——损益调整”科目。应以长期股权投资的账面价值，以及其他实质上构成对被投资单位净投资的长期权益减记至零为限，投资企业负有承担额外损失义务的除外。

注意，被投资单位实现净利润或发生净亏损时，成本法下不作账务处理；权益法下应按照享有的净收益的份额，确认投资收益或投资损失。

实例 4-14　承实例 4-12，2014 年长江股份有限公司实现净利润 400 万元，天津滨海股份有限公司按照持股比例确认投资收益 120 万元。2015 年长江股份有限公司发生净亏损 100 万元，天津滨海股份有限公司按照持股比例确认投资损失 30 万元。

天津滨海股份有限公司应作如下会计处理。

1）2014 年确认长江股份有限公司实现的投资收益时，编制会计分录如下。

借：长期股权投资——损益调整　　1 200 000

　　贷：投资收益　　1 200 000

2）2015 年确认长江股份有限公司实现的投资损失时，编制会计分录如下。

借：投资收益　　300 000

　　贷：长期股权投资——损益调整　　300 000

（三）投资期间被投资单位除净损益以外所有者权益的其他变动的核算

投资企业对于被投资单位除净损益以外所有者权益的其他变动，应区分是否因为其他综合收益引起所有者权益变动。若因其他综合收益变动引起所有者权益变动，在持股比例不变的情况下，企业按持股比例计算应享有的部分，调整长期股权投资的账面价值，同时增加或减少所有者权益，即借记或贷记“长期股权投资——其他权益变动”科目，贷记或借记“其他综合收益”科目。“其他综合收益”科目为所有者权益类科目，核算由于其他综合收益引起所有者权益的变动情况，如可供出售金融资产公允价值变动引起所有者权益的变动，又如自用建筑物转为以公允价值计量的投资性房地产引起所有者权益的变动。当被投资单位发生除净损益、利润分配及其他综合收益外的所有者权益的其他变动时，贷方记入“资本公积——其他资本公积”科目。如被投资单位接受其他股东的资本性投入。

实例 4-15 承实例 4-12，2015 年长江股份有限公司因可供出售金融资产公允价值变动，其他综合收益增加了 200 万元。天津滨海股份有限公司按持股比例，确认其他综合收益为 60 万元。

天津滨海股份有限公司确认长江股份有限公司实现的投资收益时，编制会计分录如下。

借：长期股权投资——其他权益变动 600 000

　　贷：其他综合收益 600 000

注意，处置长期股权投资时，应将“其他综合收益”转入“投资收益”中。

如果实例 4-15 中，长江股份有限公司因接受投资者投资，资本公积增加了 200 万元。编制会计分录如下。

借：长期股权投资——其他权益变动 600 000

　　贷：资本公积——其他资本公积 600 000

（四）持有期间被投资单位宣告发放现金股利或利润的核算

投资公司应按照被投资单位宣告分派的利润或现金股利计算应分得的部分，相应减少长期股权投资的账面价值，即借记“应收股利”科目，贷记“长期股权投资——损益调整”科目。收到被投资单位宣告发放的股票股利，不进行账务处理，但应在备查簿中登记。

实例 4-16 2015 年 3 月 10 日，长江股份有限公司已宣告发放现金股利，每 10 股派 3 元，天津滨海股份有限公司可分派到 300 000 元。2015 年 5 月 20 日，收到长江股份有限公司分派的现金股利。

天津滨海股份有限公司应作如下会计处理。

1）长江股份有限公司宣告发放现金股利时，编制会计分录如下。

借：应收股利 300 000

　　贷：长期股权投资——损益调整 300 000

在权益法下，被投资方宣告发放现金股利，会计处理与成本法不同，不作为当期损益处理，而是冲减长期股权投资的成本。因为被投资方宣告分派现金股利将会导致所有者权益减少。

2）收到长江股份有限公司宣告发放的现金股利时，编制会计分录如下。

借：银行存款 300 000

　　贷：应收股利 300 000

企业也可能会分配股票股利，会计处理不同于现金股利。由于股票股利仅是将被投资方的未分配利润转化为股本，其本质是对现有所有者权益结构进行再调整。该业务既不会增加企业的资产，也不会增加企业的负债，更不会增加业主的权益。因此，作为投资方，无论采用成本法还是权益法进行核算，均不能将其认定为投资收益，只须在备查簿中登记由此而增加的股份额即可。

（五）长期股权投资处置的核算

处置长期股权投资时，按实际取得的价款和长期股权投资账面价值的差额计入当期投资收益，并同时结转已计提的长期股权投资减值准备。同时，还应结转原记入“其他综合收益”的金额。

实例 4–17 承实例 4–12、实例 4–14、实例 4–15、实例 4–16，2015 年 1 月 30 日，天津滨海股份有限公司出售所持长江股份有限公司的股票 1 000 000 股，每股出售价为 13 元，款项已收回。

天津滨海股份有限公司应作如下会计处理。

借：银行存款	13 000 000	
贷：长期股权投资——成本		10 100 000
——损益调整		600 000
——其他权益变动		600 000
投资收益		1 700 000

同时，

借：其他综合收益	600 000	
贷：投资收益		600 000

实例 4–18 天津滨海股份有限公司长期股权投资业务的有关资料如下。

1）2013 年 1 月 1 日，天津滨海股份有限公司以银行存款 6 000 万元，购入乙股份有限公司（以下简称乙公司）股票，占乙公司有表决权股份的 25%，采用权益法进行核算，不考虑相关费用。2013 年 1 月 1 日，乙公司所有者权益总额为 24 200 万元。

2）2013 年 5 月 2 日，乙公司宣告发放 2012 年度的现金股利 600 万元，并于 2013 年 5 月 26 日实际发放。

3）2013 年度，乙公司实现净利润 3 800 万元。

4）2014 年度，乙公司发生净亏损 1 900 万元。

5）2015 年 5 月，乙公司因接受投资方投资增加资本公积——资本溢价 1 000 万元。

6）2015 年 9 月 3 日，天津滨海股份有限公司与丙股份有限公司（以下简称丙公司）签订协议，将其所持有乙公司的 25% 的股权全部转让给丙公司。股权转让价款总额为 6 000 万元，股权转让的过户手续办理完毕，款项已收回。

天津滨海股份有限公司在 2013 年至 2015 年应作如下会计处理。

1）2013 年 1 月 1 日，购入乙公司股票。编制会计分录如下。

初始投资成本 =24 200×25%=6 050（万元）。

借：长期股权投资——成本	6 050	
贷：银行存款		6 000
营业外收入		50

2）2013 年 5 月 2 日，乙公司宣告发放 2012 年度的现金股利。编制会计分录如下。

应收股利金额 =600×25%=150（万元）

借：应收股利	150	
贷：长期股权投资——损益调整		150

3）2013 年 5 月 26 日实际发放股利。编制会计分录如下。

借：银行存款	150	
贷：应收股利		150

4）2013 年度，乙公司实现净利润 3 800 万元。编制会计分录如下。

获取的投资收益 =3 800×25%=950（万元）

借：长期股权投资——损益调整 950

  贷：投资收益 950

5）2014 年度，乙公司发生净亏损 1 900 万元。编制会计分录如下。

承担的投资亏损 =1 900×25%=475（万元）

借：投资收益 475

  贷：长期股权投资——损益调整 475

6）2015 年 5 月，乙公司增加资本公积 1 000 万元。编制会计分录如下。

影响长期股权投资的金额 =1 000×25%=250（万元）

借：长期股权投资——其他权益变动 250

  贷：资本公积——其他资本公积 250

7）2015 年 9 月 3 日，处置长期股权投资。编制会计分录如下。

记入“长期股权投资——成本”科目中的金额 =6 050（万元）

记入“长期股权投资——损益调整”科目中的金额 =950−475−150=325（万元）

记入“投资收益”科目中的金额 = 5 900+475+250−6 000=625（万元）

借：银行存款 60 000 000

  投资收益 6 250 000

  贷：长期股权投资——成本 60 500 000

          ——损益调整 3 250 000

          ——其他权益变动 2 500 000

8）将持有期间资本公积的变动转出。编制会计分录如下。

借：资本公积——其他资本公积 2 500 000

  贷：投资收益 2 500 000

三、长期股权投资减值的核算

投资企业应关注长期股权投资的账面价值是否大于享有被投资单位所有者权益账面价值的份额等类似情况。出现类似情况，投资企业应当对长期股权投资进行减值测试。其可收回金额低于账面价值的，应将该股权投资的账面价值减记至可收回金额，减记的金额确认为减值损失，计入当期损益，同时计提相应的资产减值准备。

公司计提长期股权投资减值准备，应当设置“长期股权投资减值准备”科目核算。公司按应减记的金额，借记“资产减值损失——计提的长期股权投资减值准备”科目，贷记“长期股权投资减值准备”科目。长期股权投资减值损失一经确认，在以后会计期间不得转回。

实例 4-19 天津滨海股份有限公司于 2015 年 6 月 1 日对乙公司的长期股权投资的账面价值为 600 万元，持有乙公司的股票为 50 万股。同年 6 月 25 日，由于乙公司所在地区发生洪水，公司被冲毁，现在部分资产已经损失，并难有恢复的可能。6 月 30 日，乙公司股票下跌为每股 2 元。则天津滨海股份有限公司应在 6 月 30 日估计该项资产的可收回金额。假设估计该项投资的可收回金额为 100 万元，则应计提减值准备。

编制会计分录如下。

借：资产减值损失——计提的长期股权投资减值准备 5 000 000

  贷：长期股权投资减值准备 5 000 000

综合实例

天津滨海股份有限公司 2015 年对外投资有关资料如下。

1）1 月 20 日，天津滨海股份有限公司用银行存款购买 A 公司发行的股票 200 万股准备长期持有，实际支付价款 10 000 万元，另支付相关税费 120 万元，占 A 公司有表决权股份的 40%，能够对 A 公司施加重大影响。投资时 A 公司所有者权益账面价值为 30 000 万元（与公允价值不存在差异）。

2）4 月 17 日，天津滨海股份有限公司用银行存款购入 B 公司股票，并将其划分为交易性金融资产，支付价款 1 600 万元（其中包含宣告但尚未发放的现金股利 40 万元），另支付相关交易费用 4 万元。

3）5 月 5 日，天津滨海股份有限公司收到 B 公司发放的现金股利 40 万元，并存入银行。

4）6 月 30 日，天津滨海股份有限公司持有 B 公司股票的公允价值下跌为 1 480 万元。

5）7 月 15 日，天津滨海股份有限公司持有的 B 公司股票全部出售，售价为 1 640 万元，款项已存入银行，不考虑相关税费。

6）A 公司 2015 年实现净利润 5 000 万元。

7）A 公司 2015 年年末因自用房地产转为公允价值计量的投资性房地产，导致其他综合权益增加 700 万元。

要求：根据上述资料，逐笔编制天津滨海股份有限公司相关会计分录。

解答：

1）借：长期股权投资——成本	120 000 000	
贷：银行存款		101 200 000
营业外收入		18 800 000
2）借：交易性金融资产——成本	15 600 000	
应收股利	400 000	
投资收益	40 000	
贷：银行存款		16 040 000
3）借：银行存款	400 000	
贷：应收股利		400 000
4）借：公允价值变动损益	800 000	
贷：交易性金融资产——公允价值变动		800 000
5）借：银行存款	16 400 000	
交易性金融资产——公允价值变动	800 000	
贷：交易性金融资产——成本		15 600 000
收资收益		1 600 000
借：投资收益	800 000	
贷：公允价值变动损益		800 000
6）借：长期股权投资——损益调整	20 000 000	
贷：投资收益		20 000 000
7）借：长期股权投资——其他权益变动	2 800 000	
贷：其他综合收益		2 800 000

项目五
固定资产的核算

学习目标

- ◆ 理解固定资产的概念和特征。
- ◆ 掌握固定资产取得方式及账务处理。
- ◆ 掌握固定资产计提折旧的计提方法及计算。
- ◆ 掌握固定资产后续支出的核算。
- ◆ 掌握固定资产处置的核算。
- ◆ 掌握固定资产清查的核算。
- ◆ 掌握固定资产减值的核算。

一、固定资产的概念及特征

固定资产是指同时具有这些特征的有形资产：为生产商品、提供劳务、出租或经营管理而持有；使用寿命超过一个会计年度。

从这一定义可以看出，作为企业的固定资产应具备以下 2 个特征。

① 企业持有固定资产是为了生产商品、提供劳务、出租或经营管理的需要，而不像存货是为了对外出售。这一特征是固定资产区别于存货等流动资产的重要标志。

② 企业使用固定资产的期限较长，使用寿命一般超过一个会计年度。这一特征表明企业的固定资产属于非流动资产，给企业带来的收益期超过一年，能在一年以上的时间里为企业创造经济效益。

二、固定资产的分类

（一）按经济用途分类

按固定资产的经济用途分类，固定资产可分为生产经营用固定资产和非生产经营用固定资产。

① 生产经营用固定资产是指直接服务于企业生产、经营过程的各种固定资产，如生产经

营用的房屋、建筑物、机器、设备、器具、工具等。

② 非生产经营用固定资产是指不直接服务于企业生产、经营过程的各种固定资产，如职工宿舍等使用的房屋、设备和其他固定资产等。

按照固定资产的经济用途分类，可以归类反映和监督企业生产经营用固定资产和非生产经营用固定资产之间，以及生产经营用各类固定资产之间的组成和变化情况，借以考核和分析企业固定资产的利用情况，促使企业合理地配备固定资产，充分发挥其效用。

（二）综合分类

按固定资产的经济用途和使用情况等综合分类，固定资产可分为七大类。

① 生产经营用固定资产。

② 非生产经营用固定资产。

③ 租出固定资产，是指企业在经营租赁方式下出租给外单位使用的固定资产。

④ 不需用固定资产。

⑤ 未使用固定资产。

⑥ 土地，是指过去已经估价单独入账的土地。因征地而支付的补偿费，应计入与土地有关的房屋、建筑物的价值内，不单独作为土地价值入账。企业取得的土地使用权，应作为无形资产管理，不作为固定资产管理。

⑦ 融资租入固定资产，是指企业以融资租赁方式租入的固定资产，在租赁期内应视同自有固定资产进行管理。

由于企业的经营性质不同，经营规模各异，对固定资产的分类不可能完全一致。但在实际工作中，企业大多采用综合分类的方法作为编制固定资产目录、进行固定资产核算的依据。

任务一　固定资产初始计量的核算

知识储备

固定资产的初始计量是指确定固定资产的取得成本。固定资产的取得方式不同，初始计量的内容也不同，取得时的成本应根据具体情况分别确定。

固定资产的成本是指企业购建某项固定资产达到预定可使用状态前所发生的一切合理必要的支出。这些支出包括直接发生的价款、运杂费、包装费和安装成本等，也包括间接发生的费用，如应承担的借款利息、外币借款折算差额及应分摊的其他间接费用。

自学会计科目

“固定资产”科目。为了核算固定资产原值的增减变动情况，企业应设置“固定资产”科目。该账户借方登记增加的固定资产的原值，贷方登记减少的固定资产的原值；期末余额在借方，表示期末固定资产的账面原值。企业应当设置“固定资产登记簿”和“固定资产卡片”，按固定资产类别、使用部门和每项固定资产进行明细核算。

“在建工程”科目。核算企业基建、更新改造等在建工程发生的支出。本科目借方登记企业各项在建工程的实际支出，贷方登记完工工程转出的成本；期末借方余额反映企业尚未达到预定可使用状态的在建工程的成本。

“工程物资”科目。核算企业为在建工程而准备的各种物资的实际成本。本科目借方登记企业购入工程物资的成本，贷方登记领用工程物资的成本；期末借方余额反映企业为在建工程准备的各种物资的成本。

核算任务

一、购入固定资产的核算

（一）购入不需要安装的固定资产

这种情况是企业购入的固定资产不需要安装就可以直接交付使用。购入的固定资产按实际支付的全部价款、相关税费，以及使固定资产达到预定可使用状态前所发生的可归属于该项资产的运输费、装卸费、安装费和专业人员服务费等，作为固定资产成本，借记“固定资产”科目，贷记“银行存款”等科目。

可以抵扣的进项税额，借记“应交税费——应交增值税（进行税额）”科目，贷记“银行存款”等科目。

实例 5-1 天津滨海股份有限公司购入一台不需要安装的设备，取得的增值税专用发票上注明的设备买价为 85 000 元，增值税税额为 14 450 元，支付的装卸费为 1 500 元，用银行存款转账支付。

编制会计分录如下。

固定资产的总价值 =85 000+1 500=86 500（元）

借：固定资产　　86 500

　　应交税费——应交增值税（进项税额）　　14 450

　　贷：银行存款　　100 950

（二）购入需要安装的固定资产

这种情况是指购入的固定资产需要经过安装以后才能交付使用。会计核算上，企业购入的固定资产及发生的安装费等均应通过“在建工程”科目核算，待安装完毕交付使用时，再由“在建工程”科目转入“固定资产”科目。企业购入固定资产时，按实际支付的价款（包括买价、支付的税费、包装费、运输费等）借记“在建工程”科目，贷记“银行存款”科目；发生的安装费用、专业人员服务费等，借记“在建工程”科目，贷记“银行存款”等科目；安装完毕达到可使用状态时，按其实际成本，借记“固定资产”科目，贷记“在建工程”科目。

实例 5-2 天津滨海股份有限公司购入一台需要安装的设备，取得的增值税专用发票上注明的设备买价为 25 000 元，增值税税额为 4 250 元，支付的装卸费为 500 元。安装设备时，领用生产用材料价值 800 元，购进该批材料时支付的增值税税额为 136 元，支付工资 2 000 元。

天津滨海股份有限公司应作如下会计处理。

1）支付设备价款、税费、装卸费共计 29 750 元。编制会计分录如下。

借：在建工程——在安装设备　　25 500

　　应交税费——应交增值税（进项税额）　　4 250

　　贷：银行存款　　29 750

2）领用安装材料，支付工资等费用。编制会计分录如下。

借：在建工程——在安装设备　　2 800

　　贷：原材料　　800

　　　　应付职工薪酬　　2 000

3）设备安装完毕交付使用。编制会计分录如下。

借：固定资产　　28 300

　　贷：在建工程——在安装设备　　28 300

企业以一笔款项购入多项没有单独标价的固定资产，应将各项资产单独确认为固定资产，并按各项固定资产的公允价值比例对总成本进行分配，分别确认各项固定资产的成本。

实例 5-3　2015 年 4 月 21 日，天津滨海股份有限公司从乙公司一次购入 3 套不同型号且具有不同生产能力的设备 A、B 和 C，共支付价款 5 000 000 元，增值税进项税额为 850 000 元，保险费为 17 000 元，装卸费为 3 000 元，全部用银行转账支付。假定 A、B 和 C 设备分别满足固定资产确认条件，公允价值分别为 1 560 000 元、2 340 000 元和 1 300 000 元，不考虑其他相关税费。

天津滨海股份有限公司应作如下账务处理。

1）确认计入固定资产成本的金额，包括购买价款、保险费、装卸费等。

5 000 000 + 17 000 + 3 000=5 020 000（元）

2）确定 A、B 和 C 设备的价值分配比例。

A 设备应分配的固定资产价值比例为：

1 560 000÷（1 560 000 + 2 340 000 + 1 300 000）×100%=30%

B 设备应分配的固定资产价值比例为：

2 340 000÷（1 560 000 + 2 340 000 + 1 300 000）×100%=45%

C 设备应分配的固定资产价值比例为：

1 300 000÷（1 560 000 + 2 340 000 + 1 300 000）×100%=25%

3）确定 A、B 和 C 设备各自的成本。

A 设备的成本 =5 020 000×30%=1 506 000（元）

B 设备的成本 =5 020 000×45%=2 259 000（元）

C 设备的成本 =5 020 000×25%=1 255 000（元）

4）编制会计分录如下。

借：固定资产——A　　1 506 000

　　　　　　——B　　2 259 000

　　　　　　——C　　1 255 000

　　应交税费——应交增值税（进项税额）　　850 000

　　贷：银行存款　　5 870 000

二、自行建造固定资产的核算

企业自行建造固定资产包括自营建造和出包建造两种方式。

（一）自营工程的核算

自营工程是指企业自行组织工程物资采购、自行组织施工人员施工的建筑工程和安装工程。购入工程物资时，借记“工程物资”科目，根据可以抵扣的增值税进项税额，借记“应交税费”科目，贷记“银行存款”等科目。领用工程物资时，借记“在建工程”科目，贷记“工程物资”科目。在建工程领用本企业原材料时，借记“在建工程”科目，贷记“原材料”等科目。在建工程领用本企业生产的商品时，借记“在建工程”科目，贷记“库存商品”等科目。自营工程发生的其他费用（如分配工程人员工资等），借记“在建工程”科目，贷记“银行存款”“应付职工薪酬”等科目。自营工程达到预定可使用状态时，按其成本，借记“固定资产”科目，贷记“在建工程”科目。

实例 5-4 天津滨海股份有限公司自行建造厂房一幢。在建造过程中主要发生以下支出。

2016 年 5 月 6 日，用银行存款购入工程物资 80 000 元，增值税进项税额 13 600 元，且工程物资验收入库。

2016 年 5 月 10 日，工程开始，当日实际领用工程物资 87 750 元；领用库存材料一批，实际成本为 6 000 元，增值税进项税额为 1 020 元；领用库存产成品若干件，实际成本为 8 100 元，计税价格为 11 000 元；辅助生产部门为工程提供水、电等劳务支出共计 5 000 元，工程应负担直接人工费 10 260 元。

2016 年 7 月 15 日工程完工，并达到预定可使用状态。

天津滨海股份有限公司应作如下会计处理。

1）2016 年 5 月 6 日，购入工程物资并验收入库。编制会计分录如下。

借：工程物资　　80 000
　　应交税费——应交增值税（进项税额）　　13 600
　　贷：银行存款　　93 600

2）2016 年 5 月 10 日，领用工程物资，投入自营工程。编制会计分录如下。

借：在建工程　　87 750
　　贷：工程物资　　87 750

3）2016 年 5 月 10 日，领用库存材料。编制会计分录如下。

借：在建工程　　6 000
　　贷：原材料　　6 000

4）2016 年 5 月 10 日，领用库存产成品。编制会计分录如下。

借：在建工程　　8 100
　　贷：库存商品　　8 100

5）结转应由工程负担的水电费。编制会计分录如下。

借：在建工程　　5 000
　　贷：生产成本　　5 000

6）结转应由工程负担的直接人工费。编制会计分录如下。

借：在建工程　　10 260

　　贷：应付职工薪酬　　10 260

7）2016 年 7 月 15 日，工程完工并达到预定可使用状态时，计算并结转工程成本。

设备制造成本 =87 750+6 000+8 100+5 000+10 260=117 110（元）

编制会计分录如下。

借：固定资产　　117 110

　　贷：在建工程　　117 110

（二）出包工程的核算

出包工程是指企业通过招标方式将工程项目发包给建造承包商，由建造承包商组织施工的建筑工程和安装工程。企业采用出包方式进行的固定资产工程，其工程的具体支出由承包单位核算。在这种方式下，“在建工程”科目主要反映企业与建造承包商办理工程价款结算的情况，企业支付给建造承包商的工程价款作为工程成本，通过“在建工程”科目核算。企业按合理估计的发包工程进度和合同约定向建造承包商结算的进度款，借记“在建工程”科目，贷记“银行存款”科目；工程完工时，按合同约定补付的工程款，借记“在建工程”科目，贷记“银行存款”等科目；工程达到预定可使用状态时，按其成本，借记“固定资产”科目，贷记“在建工程”科目。

实例 5-5　天津滨海股份有限公司拟建造一座仓库，于 2015 年 1 月 10 日出包给红星建筑工程公司承建，按合同约定先向承包单位预付含税工程价款 666 000 元，用银行存款支付。2015 年 10 月 10 日，工程达到预定可使用状态后，收到承包单位的有关工程结算单据，补付工程款 1 398 600 元，用银行存款支付。2015 年 10 月 30 日，验收后交付使用。

天津滨海股份有限公司应做如下会计处理。

1）2015 年 1 月 10 日，预付工程价款。编制会计分录如下。

借：在建工程　　600 000

　　应交税费——应交增值税（进项税额）　　66 000

　　贷：银行存款　　666 000

2）2015 年 10 月 10 日，补付工程款。编制会计分录如下。

借：在建工程　　1 260 000

　　应交税费——应交增值税（进项税额）　　138 600

　　贷：银行存款　　1 398 600

3）2015 年 10 月 30 日，工程达到预定可使用状态经验收交付使用。编制会计分录如下。

借：固定资产　　1 860 000

　　贷：在建工程　　1 860 000

三、其他方式取得固定资产的核算

投资者投入固定资产按投资合同或协议价约定的价值确定，但合同或协议约定价值不公允的除外。

投资者投入固定资产应当按照投资合同或协议约定的价值借记“固定资产”科目，按投资各方确认的价值在其注册资本中所占的份额贷记“实收资本”或“股本”科目，按投资各方确认的价值与确认为实收资本或股本的差额，确认为资本公积，贷记“资本公积——资本（股本）溢价”科目。

实例 5-6　天津滨海股份有限公司的注册资本为 3 000 000 元。2015 年 3 月 5 日，接受乙公司以一台机器设备进行投资。这台设备的原价为 900 000 元，已计提折旧 250 000 元，按照合同或协议约定确认的价值为 580 000 元，占注册资本的 15%。假定不考虑其他相关税费。

编制会计分录如下。

应确认为股本的金额为 3 000 000×15%=450 000（元）

借：固定资产　　580 000

　　贷：股本——乙公司　　450 000

　　　　资本公积——股本溢价　　130 000

非货币性资产交换、债务重组等方式取得的固定资产的成本，分别参见相关项目任务内容。

四、固定资产弃置费用的核算

对于特殊行业的特定固定资产，确定其初始入账成本时，还应考虑弃置费用。弃置费用通常是指根据国家法律和行政法规、国际公约等规定，企业承担的环境保护和生态恢复等义务所确定的支出，如核电站、核设施等的弃置和恢复环境义务。弃置费用的金额与其现值相比，通常相差较大，需要考虑货币时间价值。对于这些特殊行业的特定固定资产，企业应当根据《企业会计准则第 13 号——或有事项》，按照现值计算确定应计入固定资产成本的金额和相应的预计负债。在固定资产的使用寿命内按照预计负债的摊余成本和实际利率计算确定的利息费用应计入财务费用。一般工商企业的固定资产发生的报废清理费用不属于弃置费用，应当在发生时作为固定资产处置费用处理。

实例 5-7　经国家审批，天津滨海股份有限公司计划建造一座核电站，其主体设备核反应堆将会对当地的生态环境产生一定的影响。根据法律规定，企业应在该项设备使用期满后将其拆除，并对造成的污染进行整治。2015 年 1 月 1 日，该项设备建造完成并交付使用，建造成本共计 80 000 000 元。预计使用寿命 10 年，预计弃置费用为 1 000 000 元。假定折现率（即为实际利率）为 10%。

天津滨海股份有限公司应作如下会计处理。

1）计算已完工的固定资产的成本。

核反应堆属于特殊行业的特定固定资产，确定其成本时应考虑弃置费用。

2015 年 1 月 1 日，弃置费用的现值 =1 000 000×（P/F，10%，10）=1 000 000×0.3 855=385 500（元）。

固定资产入账价值 =80 000 000+385 500=80 385 500（元）

编制会计分录如下。

借：固定资产　　80 385 500

　　贷：在建工程　　80 000 000

　　　　预计负债　　385 500

2）计算第 1 年应负担的利息。编制会计分录如下。

借：财务费用　　38 550

　　贷：预计负债　　38 550

3）计算第 2 年应负担的利息（按实际利率法计算）。

第 2 年应负担的利息 =（385 500+38 550）×10%=42 405（元）。

编制会计分录如下。

借：财务费用　　42 405

贷：预计负债　　　　42 405

以后会计年度的会计处理略。

任务二　固定资产折旧的核算

知识储备

一、固定资产折旧的概念

固定资产折旧是指在固定资产使用寿命内，按照确定的方法对应计折旧额进行系统分摊。要正确理解固定资产折旧的定义，一般应注意两个问题：一是固定资产的成本转入营业成本或费用中的原因与目的；二是固定资产的成本如何转入营业成本或费用中。

企业取得固定资产是由于固定资产能够在未来给企业带来一定的经济利益，这种经济利益来自于企业对固定资产服务潜力的利用。但是，固定资产的服务潜力是有限的，随着固定资产在生产经营过程中的不断使用，这种服务潜力会逐渐衰减直至消逝。企业为了使成本和相应的收入相配比，就必须按消逝的服务能力的比例，将固定资产的取得成本转入营业成本或费用中，以正确确定企业的收益。固定资产折旧的过程实际上是一个持续的成本分配过程，并不是为了计算固定资产的净值。折旧就是企业采用合理而系统的分配方法将固定资产的取得成本在固定资产的经济使用年限内进行合理分配，使之与各期的收入相配比，以正确确认企业的损益。

二、固定资产折旧的影响因素

影响固定资产折旧计算的因素主要有 4 个，即原始价值、预计净残值、固定资产减值准备和固定资产使用寿命。

（一）原始价值

原始价值是指固定资产的实际取得成本，就折旧计算而言，也称为折旧基数。以原始价值作为计算折旧的基数，可以使折旧的计算建立在客观的基础上，不容易受会计人员主观因素的影响。在固定资产使用寿命一定的情况下，固定资产的原始价值越高，则单位时间内或单位工作量的折旧额就越多；固定资产的原始价值越低，则单位时间内或单位工作量的折旧额就越少。因此，从投入产出的角度来看，在保证生产效率和产品质量的前提下，企业应减少固定资产原始价值的支出，以提高企业的效益。

（二）预计净残值

预计净残值是指假定固定资产预计使用寿命已满并处于使用寿命终了时的预期状态，企业目前从该项资产处置中获得的扣除预计处置费用后的金额。固定资产的净残值是企业在固定资产使用期满后对固定资产的一个回收额，在计算固定资产折旧时应从固定资产的折旧计算基数中扣除。固定资产的净残值越高，则单位时间内或单位工作量的折旧额就越少；反之，则越多。但是，由于固定资产净残值是一个在一开始计算固定资产折旧时就要考虑的因素，而它的实际金额是在实际发生时才能确定的，因此需要事前对此加以估计。实际工作中一般通过固定资产在报废清理时预计残值收入扣除预计清理费用后的净额来确定。其中，预计残值收入是指固定资产报废清理时预计可收回的器材、零件、材料等残料价值收入；预计清理费用是指固定资产报废清理时预计发生的拆卸、整理、搬运等费用。同时，为了避免计算过程受到人为因素的影响，我国企业所得税法规定了固定资产净残值比例标准，即固定资产净残值比例应在其原价的 5% 以内，具体比例由企业自行确定。如果企业的情况特殊，需要调整净残值比例，应报经主管税务机关备案。固定资产原始价值减去预计净残值后的数额为固定资产应计提折旧总额。

（三）固定资产减值准备

固定资产减值准备是指固定资产已计提的固定资产减值准备累计金额。

（四）固定资产使用寿命

固定资产使用寿命是指企业使用固定资产的预计期间，或者该固定资产所能生产产品或提供劳务的数量。企业在确定固定资产的使用寿命时，主要应当考虑这些因素：该资产的预计生产能力或实物产量；该资产预计有形损耗，如设备使用中发生磨损、房屋建筑物受到自然侵蚀等；该资产预计无形损耗，如因新技术的出现而使现有的资产技术水平相对陈旧、市场需求变化使产品过时等；法律或类似规定对该项资产使用的限制。

三、固定资产折旧的范围

（一）不计提折旧的固定资产

我国现行会计准则规定，除以下情况外，企业应对所有固定资产计提折旧。

① 已提足折旧仍继续使用的固定资产。

② 按规定单独估价作为固定资产入账的土地。

（二）确定折旧范围时应考虑的其他因素

在确定计提折旧的范围时，还应注意以下几点。

① 固定资产应当按月计提折旧，当月增加的固定资产，当月不计提折旧，从下月起计提折旧；当月减少的固定资产，当月仍计提折旧，从下月起停止计提折旧。

② 固定资产提足折旧后，不管能否继续使用，均不再提取折旧，提前报废的固定资产，也不再补提折旧。提足折旧是指已经提足该项固定资产的应计折旧额。

③ 已达到预定可使用状态但尚未办理竣工决算的固定资产，应当按照估计价值确定其成本，并计提折旧；待办理竣工决算后，再按实际成本调整原来的暂估价值，但不需要调整原已计提的折旧额。

企业至少应当于每年年度终了，对固定资产的使用寿命、预计净残值和折旧方法进行复核。使用寿命预计数与原先估计数有差异的，应当调整固定资产使用寿命。预计净残值预计数与原先估计数有差异的应当调整预计净残值。与固定资产有关的经济利益预期实现方式有重大改变的，应当改变固定资产折旧方法。固定资产使用寿命、预计净残值和折旧方法的改变应当作为会计估计变更。

自学会计科目

“累计折旧”科目。为了核算固定资产的折旧，应设置“累计折旧”科目。本科目为“固定资产”的调整科目，贷方反映计提的固定资产折旧额，借方反映处置固定资产时转出的累计折旧，期末贷方余额表示企业固定资产的累计折旧额。

核算任务

一、固定资产折旧的计算方法

固定资产折旧的计算方法是指将应计折旧成本如何分摊于各使用期间的方法。计算折旧的方法有很多，我国《企业会计准则第 4 号——固定资产》规定，企业应当根据与固定资产有关的经济利益的预期实现方式，合理选择固定资产折旧方法。可选用的折旧方法包括平均年限法（直线法）、工作量法、双倍余额递减法和年数总和法等。固定资产的折旧方法一经确定，不得随意变更。

（一）年限平均法

年限平均法又称直线法，是将固定资产的折旧额均衡地分摊到各期的一种方法。采用这种方法计算的每期折旧额均是相等的。计算公式如下。

$$年折旧率 = \frac{1-预计净残值率}{预计使用年限} \times 100\%$$

$$月折旧率 = 年折旧率 \div 12$$

$$月折旧额 = 固定资产原价 \times 月折旧率$$

实例 5-8 天津滨海股份有限公司购入一台设备，价值 40 000 元。预计折旧年限为 12 年，预计残值收入为 800 元，预计清理费用为 400 元。计算该设备的年折旧额和年折旧率。

$$年折旧额 = \frac{40\,000-(800-400)}{12} = 3\,300（元）$$

$$年折旧率 = \frac{3\,300}{40\,000} = 8.25\%$$

采用年限平均法计算折旧，最为简单方便，但是它只注重资产的使用时间，忽视了资产的各期使用情况。固定资产在各期的使用成本等于本期折旧和维护修理费用之和。用年限平均法计提折旧，各期的折旧金额是相等的。但固定资产在使用的早期年份，维修保养费用一般较使用的后期年份低，这就造成了固定资产各期使用成本负担不均的问题。另外，年限平均法只着重于固定资产使用时间的长短，忽视了固定资产的使用强度和使用效率，每期分摊的折旧费用是相等的。例如，有的月份产量高，每一单位产品分摊的费用低；反之，每一单位产品分摊的费用就高。因此，平均年限法并不平均。

（二）工作量法

对于有些固定资产，如企业专业车队的客货运汽车、大型设备等，使用工作量法更合理一些。其实，工作量法实质上就是一种直线法。工作量法是按固定资产所完成的工作量，计算应计提的折旧额的方法。这种方法一般适用于一些专用设备。完成的工作量，因设备不同可按里程、工作小时或工作台班等来计算。

工作量法是根据实际工作量计提折旧额的一种方法。这种方法弥补了年限平均法只重使用时间，不考虑使用强度的缺点，计算公式如下。

$$\text{每一工作量折旧额}=\frac{\text{固定资产原价}\times(1-\text{净残值率})}{\text{预计总工作量}}$$

$$\text{某项固定资产月折旧额}=\text{该项固定资产当月工作量}\times\text{每一工作量折旧额}$$

实例 5-9　天津滨海股份有限公司车队有一辆货车，原值为 60 000 元。规定在使用期内行驶 50 万千米，预计残值为 3 000 元，预计清理费用为 500 元，本期行驶了 4 000 千米。计算结果如下。

$$\text{单位里程折旧额}=\frac{60\,000-(3\,000-5\,00)}{500\,000}=0.115(\text{元/千米})$$

本月折旧额 $=4\,000\times0.115=460$（元）

采用工作量法计提折旧，优点是易于计算、简单明了，同时这种方法使折旧的计提与固定资产的使用程度结合起来；缺点在于只重视固定资产的使用，而未考虑无形损耗对固定资产价值的影响。

（三）双倍余额递减法

双倍余额递减法是指在不考虑固定资产预计净残值的情况下，根据每期期初固定资产原值减去累计折旧后的余额和双倍的直线法折旧率计算固定资产折旧的一种方法。采用双倍余额递减法计提固定资产折旧，一般应在固定资产使用寿命到期前 2 年内，将固定资产账面净值扣除预计净残值后的余额平均摊销。折旧率和折旧额的计算公式如下。

$$\text{年折旧率}=\frac{2}{\text{预计折旧年限}}\times100\%$$

$$\text{月折旧率}=\text{年折旧率}\div12$$

$$\text{月折旧额}=\text{每月月初固定资产账面净值}\times\text{月折旧率}$$

实例 5-10　天津滨海股份有限公司某项固定资产的原值为 5 000 元，使用年限为 5 年，净残值率为 4%（净残值为 200 元）。采用双倍余额递减法计算各年折旧额。

$$\text{该项固定资产的年折旧率}=\frac{2}{5}\times100\%=40\%$$

各年折旧额如表 5.1 所示。

表5.1　折旧计算表（双倍余额递减法）　　元

年度	固定资产年初净值	年折旧率	年折旧额	累计折旧额	固定资产年末净值
	①	②	③＝①×②	④	⑤＝①－③
1	5 000	40%	2 000	2 000	3 000
2	3 000	40%	1 200	3 200	1 800
3	1 800	40%	720	3 920	1 080
4	1 080		440	4 360	640
5	640		440	4 800	200

从第 4 年度起，开始把固定资产账面净值扣除预计净残值后的净额在剩余使用年限内平均摊销。

（四）年数总和法

年数总和法又称折旧年限积数法或级数递减法，是指用一个递减的分数乘以某项固定资产的原始价值减去预计净残值后的净额计算折旧的一种方法。这一递减分数的分子代表尚可使用的年数（包括当年），分母代表预计折旧年数的逐年数字之总和。折旧率和折旧额的计算公式如下。

$$\text{年折旧率}=\frac{\text{尚可使用年数}}{\text{预计使用年限的年数总和}}\times 100\%$$

或

$$\text{年折旧率}=\frac{\text{预计使用年限}-\text{已使用年限}}{\text{预计使用年限}\times(\text{预计使用年限}+1)\div 2}\times 100\%$$

$$\text{月折旧率}=\text{年折旧率}\div 12$$

$$\text{月折旧额}=(\text{固定资产原值}-\text{预计净残值})\times\text{月折旧率}$$

实例 5-11 承例 5-10，天津滨海股份有限公司采用年数总和法计算各年折旧额。

各年折旧额如表 5.2 所示。

表5.2　折旧计算表（年数总和法）

元

年度	原值减去净残值	尚可使用年数	年折旧率	年折旧额	累计折旧额	固定资产年末净值
	①	②	③	④＝①×③	⑤	⑥
1	4 800	5	5/15×100%	1 600	1 600	3 400
2	4 800	4	4/15×100%	1 280	2 880	2 120
3	4 800	3	3/15×100%	960	3 840	1 160
4	4 800	2	2/15×100%	640	4 480	520
5	4 800	1	1/15×100%	320	4 800	200

二、固定资产计提折旧的会计处理

企业需要查明某项固定资产的已提折旧时，可以根据固定资产卡片上所记载的该项固定资产原值、折旧率和实际使用年限进行计算。企业每月计提的折旧额，应按固定资产的使用部门和用途分别处理。其中，基本生产车间和辅助生产车间使用的固定资产所提取的折旧额，应记入“制造费用”科目；企业管理部门使用的固定资产所提取的折旧额，应记入“管理费用”科目；企业销售部门使用的固定资产所提取的折旧额，应记入“销售费用”科目；经营租出固定资产的折旧额，应记入“其他业务成本”科目等。在实际工作中，折旧的计算是通过编制折旧计算表进行的。在上月份应计提折旧额的基础上，考虑上月份固定资产增减变动的情况，进行调整。计算公式如下。

$$\text{本月应提折旧额}=\text{上月计提折旧额}+\text{上月增加的固定资产应提折旧额}-\text{上月减少的固定资产应提折旧额}$$

实例 5-12 天津滨海股份有限公司固定资产折旧计算表，如表 5.3 所示。

表 5.3　固定资产折旧计算表

元

固定资产类别	固定资产原值	月折旧率/%	上　月	上月增加固定资产		上月减少固定资产		本月折旧额
			折旧额	原值	折旧额	原值	折旧额	
房屋及建筑物	700 000	0.50	3 500					3 500.0
机器设备	300 000	0.75	2 250	5 000	37.5			2 287.5
运输工具	100 000	1.50	1 500	20 000	300.0	4 000	60	1 740.0
其他设备	100 000	0.70	700					700.0
合　计	1 200 000		7 950	25 000	337.5	4 000	60	8 227.5

固定资产折旧计算表按各车间编制，然后由财会部门根据各车间、部门编制的固定资产折旧计算表汇编成固定资产折旧计算汇总表，如表 5.4 所示。

表5.4　固定资产折旧计算汇总表

2015 年 × 月 × 日

元

使用部门	固定资产类别				合　计
	房屋及建筑物	机器设备	运输设备	其他设备	
甲车间	3 500	2 287.5	1 740	700	8 227.5
乙车间	4 700	1 742.5		300	6 742.5
0 机修车间	1 330	470.0		1 200	3 000.0
销售部门	540		460		1 000.0
管理部门			800		800.0
合　计	10 070	4 500.0	3 000	2 200	19 770.0

根据表 5.4 编制会计分录如下。

应计提制造费用的总额：8 227.5+6 742.5+3 000=17 970（元）

借：制造费用　　17 970

　　管理费用　　800

　　销售费用　　1 000

　　贷：累计折旧　　19 770

任务三　固定资产后续支出的核算

知识储备

固定资产的后续支出是指固定资产在使用过程中发生的更新改造支出、修理费用等。后续支出的处理原则为：与固定资产有关的更新改造等后续支出，符合固定资产确认条件的，应当计入固定资产成本，同时将被替换部分的账面价值从该固定资产原账面价值中扣除；与固定资产有关的修理费用等后续支出，不符合固定资产确认条件的，应当计入当期损益。

核算任务

一、资本化的后续支出

固定资产发生可资本化的后续支出时，企业一般应将该固定资产的原价、已计提的累计折旧和减值准备转销，将固定资产的账面价值转入在建工程，并停止计提折旧。发生的后续支出，通过“在建工程”科目核算。在固定资产发生的后续支出完工并达到预定可使用状态时，再从在建工程转为固定资产，并按重新确定的使用寿命、预计净残值和折旧方法计提折旧。

实例 5-13 天津滨海股份有限公司是一家从事印刷业的企业，有关资料如下。

1）2013 年 1 月，该公司自行建成了一条印刷生产线，建造成本为 568 000 元。采用年限平均法计提折旧，预计净残值率为固定资产原值的 3%，预计使用年限为 6 年。

2）2015 年 1 月 1 日，由于生产的产品适销对路，现有生产线的生产能力已难以满足公司生产发展的需要，但若新建生产线成本过高，周期过长，于是公司决定对现有生产线进行改扩建，以提高生产能力。假定此生产线未发生减值。

3）2015 年 1 月 1 日至 3 月 31 日，经过 3 个月的改扩建，完成了对这条印刷生产线的改扩建工程，共发生支出 268 900 元，全部用银行存款支付。

4）该生产线改扩建工程达到预定可使用状态后，极大地提高了生产能力，预计其使用年限将延长 4 年，即预计使用年限为 10 年。假定改扩建后的生产线的预计净残值率为改扩建后固定资产账面价值的 3%，折旧方法仍为年限平均法。

5）为简化计算过程，整个过程不考虑其他相关税费，公司按年度计提固定资产折旧。

本例中，印刷生产线改扩建后生产能力将极大提高，能够为企业带来更多的经济利益，改扩建的支出金额也能可靠计量，因此该后续支出符合固定资产的确认条件，应计入固定资产的成本。

天津滨海股份有限公司应作如下会计处理。

1）2013 年 1 月 1 日至 2014 年 12 月 31 日两年间，即固定资产后续支出发生前。

该条生产线的应计折旧额 =568 000×（1−3%）=550 960（元）

年折旧额 =550 960÷6=91 826.67（元）

各年计提固定资产折旧，编制会计分录如下。

借：制造费用　　91 826.67
　　贷：累计折旧　　91 826.67

2）2015 年 1 月 1 日，固定资产的账面价值 =568 000−91 826.67×2=384 346.66（元）。

固定资产转入改扩建，编制会计分录如下。

借：在建工程　　384 346.66
　　累计折旧　　183 653.34
　　贷：固定资产　　568 000

3）2015 年 1 月 1 日至 3 月 31 日，发生改扩建工程支出，编制会计分录如下。

借：在建工程　　268 900
　　贷：银行存款　　268 900

4）2015 年 3 月 31 日，生产线改扩建工程达到预定可使用状态，固定资产的入账价值 = 384 346.66+268 900=653 246.66（元）。编制会计分录如下。

借：固定资产　　653 246.66

　　贷：在建工程　　653 246.66

5）2015 年 3 月 31 日，转为固定资产后，按重新确定的使用寿命、预计净残值和折旧方法计提折旧。

应计折旧额 =653 246.66×（1−3%）=633 649.26（元）

月折旧额 =633 649.26÷（7×12+9）=6 813.43（元）

年折旧额 =6 813.43×12=81 761.16（元）

2015 年应计提的折旧额 =6 813.43×9=61 320.87（元）

编制会计分录如下。

借：制造费用　　61 320.87

　　贷：累计折旧　　61 320.87

企业发生的一些固定资产后续支出可能涉及替换原固定资产的某组成部分，当发生的后续支出符合固定资产确认条件时，应将其计入固定资产成本，同时将被替换部分的账面价值扣除。这样可以避免将替换部分的成本和被替换部分的成本同时计入固定资产成本，导致固定资产成本虚高。

二、费用化的后续支出

与固定资产有关的修理费用等后续支出，不符合固定资产确认条件的，应当根据不同情况分别在发生时计入当期管理费用或销售费用。

一般情况下，固定资产投入使用之后，由于固定资产磨损、各组成部分耐用程度不同，可能导致固定资产的局部损坏，为了维护固定资产的正常运转和使用，充分发挥其使用效能，企业将对固定资产进行必要的维护。固定资产的日常修理费用、大修理费用等支出只是确保固定资产的正常工作状况，一般不产生未来的经济利益。因此，通常不符合固定资产的确认条件，在发生时应直接计入当期损益。企业生产车间（部门）和行政管理部门等发生的固定资产修理费用等后续支出计入管理费用；企业专设销售机构的，其发生的与专设销售机构相关的固定资产修理费用等后续支出，计入销售费用。对于处于修理、更新改造过程而停止使用的固定资产，如果其修理、更新改造支出不满足固定资产的确认条件，在发生时也应直接计入当期损益。

实例 5–14 2015 年 1 月 10 日，天津滨海股份有限公司对管理部门使用的车辆进行修理，支付修理费 4 000 元。

编制会计分录如下。

借：管理费用　　4 000

　　贷：银行存款　　4 000

实例 5–15 2015 年 5 月 10 日，天津滨海股份有限公司对生产车间使用的设备进行日常修理，支付修理费 2 0000 元。

编制会计分录如下。

借：管理费用　　20 000

　　贷：银行存款　　20 000

本例中，对生产车间使用的设备进行日常修理发生的修理费不符合固定资产后续资本化条件，应将其在发生时计入当期损益，记入“管理费用”科目，而不是“制造费用”科目。

任务四　固定资产处置的核算

知识储备

固定资产准则规定，固定资产满足下列条件之一时，应当予以终止确认。

① 该固定资产处于处置状态。固定资产处置包括固定资产的出售、转让、报废和毁损、对外投资、非货币性资产交换、债务重组等。处于处置状态的固定资产不再用于生产商品、提供劳务、出租或经营管理，因此不再符合固定资产的定义，应予终止确认。

② 该固定资产预期通过使用或处置不能产生经济利益。固定资产的确认条件之一是“与该固定资产有关的经济利益很可能流入企业”，如果一项固定资产预期通过使用或处置不能产生经济利益，那么它就不再符合固定资产的定义和确认条件，应予终止确认。

自学会计科目

“固定资产清理”科目。因出售、报废、毁损、对外投资、非货币性资产交换、债务重组等原因转出的固定资产价值及在清理过程中发生的费用等，均应通过设置“固定资产清理”科目进行核算。本科目借方反映转入清理的固定资产的净值及发生的清理费用，贷方反映出售固定资产的价款、残料价值和变价收入及由保险公司或过失人赔偿的损失。“固定资产清理”科目应按被清理的固定资产设置明细账，进行明细核算。

核算任务

出售、报废、毁损的固定资产转入清理时，按固定资产账面净值借记“固定资产清理”科目，按已提折旧借记“累计折旧”科目，按已提的减值准备借记“固定资产减值准备”科目，按固定资产原价贷记“固定资产”科目。

清理过程中发生的费用借记“固定资产清理”科目，贷记“银行存款”等科目。

收回出售固定资产的价款、残料价值和变价收入等，借记“银行存款”“原材料”等科目，贷记“固定资产清理”科目。

应由保险企业或过失人赔偿的损失，借记“其他应收款”等科目，贷记“固定资产清理”科目。

固定资产清理后的净收益，属于生产经营期间的计入损益，借记“固定资产清理”科目，贷记“营业外收入——处置非流动资产利得”科目；固定资产清理后的净损失，属于生产经营期间由于自然灾害等非正常原因造成的损失，借记“营业外支出——非常损失”科目，贷记“固定资产清理”科目；属于生产经营期间正常的处理损失，借记“营业外支出——处置非流动资产损失”科目，贷记“固定资产清理”科目。

实例 5-16 天津滨海股份有限公司将一台不需用的旧机器出售。此机器原值为60 000元，已提折旧20 000元，已计提的减值准备为3 500元。双方议定的售价为45 000元，已通过银行收回价款，不考虑相关税费。

天津滨海股份有限公司应作如下会计处理。

1）注销固定资产原值和已提折旧额。编制会计分录如下。

借：固定资产清理　　36 500
　　累计折旧　　20 000
　　固定资产减值准备　　3 500
　　贷：固定资产　　60 000

2）收回出售固定资产的价款。编制会计分录如下。

借：银行存款　　45 000
　　贷：固定资产清理　　45 000

3）结转固定资产清理后的净收益 8 500（45 000−36 500）元。编制会计分录如下。

借：固定资产清理　　8 500
　　贷：营业外收入——处置非流动资产利得　　8 500

实例 5-17 天津滨海股份有限公司一台机器设备因责任事故不能继续使用，决定予以报废。此设备原值为 100 000 元，已提折旧 34 000 元，已计提的减值准备为 12 000 元。保险公司应赔偿 45 000 元，款项尚未收到。在清理过程中，通过银行支付清理费用 3 000 元，残料变价收入 8 000 元已存入银行，不考虑相关税费。

天津滨海股份有限公司应作如下会计处理。

1）注销毁损固定资产的原值时，编制会计分录如下。

借：固定资产清理　　54 000
　　累计折旧　　34 000
　　固定资产减值准备　　12 000
　　贷：固定资产　　100 000

2）支付清理费用时。编制会计分录如下。

借：固定资产清理　　3 000
　　贷：银行存款　　3 000

3）收回残料变价收入时。编制会计分录如下。

借：银行存款　　8 000
　　贷：固定资产清理　　8 000

4）应由保险公司赔偿的款项。编制会计分录如下。

借：其他应收款——保险公司　　45 000
　　贷：固定资产清理　　45 000

5）结转清理后的净损失时。编制会计分录如下。

借：营业外支出——非常损失　　4 000
　　贷：固定资产清理　　4 000

任务五　固定资产清查

知识储备

企业应当定期或至少于每年年末对固定资产进行清查盘点，以保证固定资产核算的真实性。在固定资产清查过程中，如果发现盘盈、盘亏的固定资产，应该填制固定资产盘盈、盘亏报告表。清查固定资产的损溢，应当及时查明原因，并按规定程序报批处理。

核算任务

一、固定资产盘盈的核算

盘盈的固定资产，作为前期差错处理。企业在财产清查中盘盈的固定资产，在按管理权限报经批准处理前应先通过“以前年度损益调整”科目核算。盘盈的固定资产，应按重置成本确定其入账价值，借记“固定资产”科目，贷记“以前年度损益调整”科目。

实例 5-18 2015 年 1 月 5 日，天津滨海股份有限公司在财产清查过程中发现 2013 年 12 月购入的一台设备尚未入账，重置成本为 30 000 元（假定与其计税基础不存在差异）。假定天津滨海股份有限公司按净利润的 10% 提取法定盈余公积，不考虑相关税费及其他因素的影响。

天津滨海股份有限公司应作如下会计处理。

1）盘盈固定资产时，编制会计分录如下。

借：固定资产	30 000	
贷：以前年度损益调整		30 000

2）结转为留存收益时，编制会计分录如下。

借：以前年度损益调整	30 000	
贷：盈余公积——法定盈余公积		3 000
利润分配——未分配利润		27 000

二、固定资产盘亏的核算

企业在财产清查中盘亏的固定资产，按盘亏固定资产的账面价值，借记“待处理财产损溢”科目，按已提折旧额借记“累计折旧”科目，按该项固定资产已计提的减值准备，借记“固定资产减值准备”科目，按账面原值贷记“固定资产”科目。企业按照管理权限报经批准后处理时，按照可收回的保险赔偿或过失人赔偿，借记“其他应收款”科目，按照应计入营业外支出的金额，借记“营业外支出——盘亏损失”科目，贷记“待处理财产损溢”科目。

实例 5-19 天津滨海股份有限公司在财产盘点清查中发现盘亏一台设备，账面原值为 9 200 元，已提折旧 5 000 元，已计提时减值准备 1 200 元。

天津滨海股份有限公司应作如下会计处理。

1）发现盘亏时，编制会计分录如下。

借：待处理财产损溢	3 000	
累计折旧	5 000	
固定资产减值准备	1 200	
贷：固定资产		9 200

2）经批准，转销盘亏固定资产的净损失时，编制会计分录如下。

借：营业外支出——盘亏损失	3 000	
贷：待处理财产损溢		3 000

任务六　固定资产减值的核算

知识储备

固定资产减值是指固定资产的可收回金额低于其账面价值。反过来说，如果某项固定资产的可收回金额高于其账面价值，该资产就没有发生减值，不需要确认固定资产减值损失和计提减值准备。可收回金额是指资产的公允价值减去处置费用后的净额与资产预计未来现金流量的现值两者之间较高者。其中，处置费用包括与资产处置有关的法律费用、相关税费、搬运费，以及使资产达到可销售状态所发生的直接费用等。根据我国《企业会计准则第 8 号——资产减值》的有关规定，资产减值是指资产的可收回金额低于其账面价值，包括单项资产和资产组。因此，企业应当在资产负债表日判断资产是否存在可能发生减值的迹象。对于存在减值迹象的资产，应当进行减值测试，计算可收回金额。可收回金额低于账面价值的，应当按照可收回金额低于账面价值的金额计提减值准备。

资产可能发生减值的迹象主要包括以下方面。

① 固定资产市价在当期大幅下跌，其跌幅明显高于因时间推移或正常使用而预计的下跌，并且预计在近期内不可能恢复。

② 企业所处的经营环境，如技术、市场、经济或法律环境，或者产品的营销市场在当期发生或在近期发生重大变化，并对企业产生负面影响。

③ 同期市场利率或市场的其他投资回报率等已经提高，从而很可能影响企业计算固定资产可收回金额的折现率，并导致固定资产的可收回金额大幅度降低。

④ 有证据表明，固定资产已经陈旧过时或发生实体损坏。

⑤ 固定资产已经或者将被闲置、终止使用或者计划提前处置。

⑥ 企业内部报告的证据表明资产的经济绩效已经低于或者将低于预期，如资产所创造的净现金流量或者实现的营业利润（或者亏损）远远低于（或者高于）预计金额等。

⑦ 其他有可能表明固定资产已发生减值的迹象。

如果存在下列情况之一，应当按照该项固定资产的账面净值全额计提固定资产减值准备。

① 长期闲置不用，在可预见的未来不会再使用，且已无转让价值的固定资产。

② 由于技术进步等原因，已不可使用的固定资产。

③ 虽然固定资产尚可使用，但使用后产生大量不合格品的固定资产。

④ 已遭毁损，以至不再具有使用价值和转让价值的固定资产。

⑤ 其他实质上已经不能再给企业带来经济利益的固定资产。

应该注意的是，已全额计提减值准备的固定资产，不再计提折旧。

自学会计科目

“固定资产减值准备”科目。企业应设置“固定资产减值准备”科目，贷方反映提取的减值准备数，借方反映资产减值损失；贷方余额反映企业已计提但尚未转销的固定资产减值准备。

核算任务

企业发生固定资产减值时，借记“资产减值损失”科目，贷记“固定资产减值准备”科目。固定资产减值损失一经确认，在以后会计期间不得转回。

实例 5-20 2015 年 3 月 31 日，天津滨海股份有限公司某项设备的账面价值为 600 000 元。经过测试，此项设备由于技术进步等原因，预计可收回金额为 380 000 元。据此应确认减值损失 220 000（600 000–380 000）元。

编制会计分录如下。

借：资产减值损失　　220 000

　贷：固定资产减值准备　　220 000

综合实例

天津滨海股份有限公司属于增值税一般纳税人，适用的增值税税率为 17%。该公司 2013——2015 年与固定资产有关的业务资料如下。

1）2013 年 12 月 6 日，天津滨海股份有限公司购入一条需要安装的生产线，取得的增值税专用发票上注明的生产线价款为 20 000 000 元，增值税税额为 3 400 000 元，发生保险费为 50 000 元，款项均用银行存款支付，没有发生其他相关税费。生产线已投入安装，此设备的增值税可以抵扣。

2）2013 年 12 月 11 日，天津滨海股份有限公司安装生产线领用生产用原材料实际成本和计税价格均为 200 000 元，发生安装工人工资 100 000 元（工资尚未支付）。该原材料未计提存货跌价准备。

3）2013 年 12 月 31 日，该生产线达到预定可使用状态，当日投入使用。该生产线预计使用年限为 12 年，预计净残值为 550 000 元，采用直线法计提折旧。

4）2014 年 12 月 31 日，天津滨海股份有限公司在对该生产线进行检查时发现其已经发生减值。该生产线可收回金额为 16 151 200 元。

5）2015 年 1 月 1 日，经复核，该生产线的预计尚可使用年限为 10 年，预计净残值为 251 200 元，采用直线法计提折旧。

6）2015 年 6 月 30 日，天津滨海股份有限公司将生产线出售取得价款 23 400 000 元，支付清理费用 400 000 元。

要求：

1. 编制 2013 年 12 月 6 日购入此条生产线时的会计分录。
2. 编制 2013 年 12 月安装此条生产线时的会计分录。
3. 编制 2013 年 12 月 31 日此条生产线达到预定可使用状态时的会计分录。
4. 计算 2014 年度此条生产线计提的折旧额。
5. 计算 2014 年 12 月 31 日此条生产线应计提的固定资产减值准备金额，并编制相应的会计分录。
6. 计算 2015 年度此条生产线出售前计提的折旧额。
7. 编制 2015 年 6 月 30 日此条生产线出售时的会计分录。

解答：

1.2013 年 12 月 6 日购入生产线时，编制会计分录如下。

借：在建工程　　20 050 000

应交税费——应交增值税（进项税额）　　3 400 000
贷：银行存款　　23 450 000

2.2013 年 12 月安装此条生产线时，编制会计分录如下。

借：在建工程　　300 000
贷：原材料　　200 000
应付职工薪酬　　100 000

3.2013 年 12 月 31 日此条生产线达到预定可使用状态时，编制会计分录如下。

借：固定资产　　20 350 000
贷：在建工程　　20 350 000

4.2014 年度计提的折旧额 =（20 350 000−550 000）÷12=1 650 000（元）

5.应计提减值准备 =（20 350 000−1 650 000）−16 151 200=2 548 800（元）

编制的会计分录如下。

借：资产减值损失　　2 548 800
贷：固定资产减值准备　　2 548 800

6.2015 年度出售前计提的折旧额 =（16 151 200−251 200）÷10×1/2
=795 000（条）

7.2015 年 6 月 30 日出售此条生产线，编制的会计分录如下。

借：固定资产清理　　15 356 200
累计折旧　　2 445 000
固定资产减值准备　　2 548 800
贷：固定资产　　20 350 000

借：银行存款　　23 400 000
贷：固定资产清埋　　20 000 000
应交税费——应交增值税（销项税额）　　3 400 000

借：固定资产清理　　400 000
贷：银行存款　　400 000

借：固定资产清理　　4 243 800
贷：营业外收入　　4 243 800

项目六
无形资产及其他资产的核算

学习目标

- ◆ 了解无形资产的含义、特征及内容。
- ◆ 掌握无形资产初始计量的核算。
- ◆ 掌握内部研究开发费用的确认及计量。
- ◆ 掌握无形资产使用寿命的确定原则。
- ◆ 熟悉无形资产的后续计量。
- ◆ 熟悉无形资产的处置及期末计价。

一、无形资产的含义及特征

（一）无形资产的含义

无形资产是指企业拥有或者控制的没有实物形态的可辨认非货币性资产。

（二）无形资产的特征

无形资产具有3个主要特征。

1. 无形资产不具有实物形态

无形资产是不具有实物形态的非货币性资产，不像固定资产、存货等有形资产具有实物形态。

2. 无形资产具有可辨认性

资产满足下列条件之一时，认为其具有可辨认性。

① 能够从企业中分离或划分出来，并能单独用于出售或转让等，而不需要同时处置在同一获利活动中的其他资产，说明无形资产可以辨认。在某些情况下，无形资产可能需要与有关的合同一起用于出售转让等，此种情况下也视为可辨认无形资产。

② 产生于合同性权利或其他法定权利，无论这些权利是否可以从企业或其他权利和义务中转移或分离。例如，一方通过与另一方签订特许权合同而获得的特许使用权，通过法律程序申请获得的商标权、专利权等。

3. 无形资产属于非货币性长期资产

非货币性资产是指企业持有的货币资金和将以固定或可确定的金额收取的资产以外的其他资产。无形资产没有发达的交易市场，一般不容易转换成现金，在持有过程中为企业带来未来经济利益的情况不确定。无形资产的使用年限在一年以上，其价值将在各个受益期间逐渐摊销。

二、无形资产的内容

无形资产包括专利权、非专利技术、商标权、著作权、土地使用权和特许权等内容。

（一）专利权

专利权是指国家专利主管机关依法授予发明创造专利申请人对其发明创造在法定期限内所享有的专有权利，包括发明专利权、实用新型专利权和外观设计专利权。专利权是允许其持有者独家使用或控制的特权，但它并不保证一定能给持有者带来经济利益，如有的专利可能会被另外更有经济价值的专利所淘汰等。因此，企业并不需要将其所拥有的一切专利权都予以资本化，作为无形资产核算。一般来讲，只有从外单位购入的专利或者自行开发并按法律程序申请取得的专利，才能作为无形资产管理和核算。

企业从外单位购入的专利权，应按实际支付的价款作为专利权的成本。企业自行开发并按法律程序申请取得的专利权，应按照无形资产准则确定的金额作为成本。

（二）非专利技术

非专利技术即专有技术，或技术秘密、技术诀窍，是指先进的、未公开的、未申请专利、可以带来经济效益的技术及诀窍。主要内容包括：一是工业专有技术，即在生产上已经采用，仅限于少数人知道，不享有专利权或发明权的生产、装配、修理、工艺或加工方法的技术知识；二是商业（贸易）专有技术，即具有保密性质的市场情报、原材料价格情报及用户、竞争对象的情况和有关知识；三是管理专有技术，即生产组织的经营方式、管理方式、培训职工方法等保密知识。非专利技术并不是专利法的保护对象，专利技术所有人依靠自我保密的方式来维持其独占权，可以用于转让和投资。

（三）商标权

商标是用来辨认特定的商品或劳务的标记。商标权是指专门在某类指定的商品或产品上使用特定的名称或图案的权利。商标经过注册登记，就获得了法律上的保护。

（四）著作权

著作权又称版权，是指作者对其创作的文学、科学和艺术作品依法享有的某些特殊权利。著作权包括两方面的权利，即精神权利（人身权利）和经济权利（财产权利）。前者包括作者署名权、发表权、修改权和保护作品完整权。后者指以出版、表演、广播、展览、录制唱片、摄制影片等方式使用作品，以及因授权他人使用作品而获得经济利益的权利。

（五）土地使用权

土地使用权是指国家准许某一企业或单位在一定期间对国有土地享有开发、利用、经营的权利。企业取得土地使用权，应将取得时发生的支出资本化，作为土地使用权的成本，记入“无形资产”科目。

（六）特许权

特许权也称为专营权，是指企业在某一地区经营或销售某种特定商品的权利，或者一家企业获得另一家企业允许其使用它的商标、商号、技术秘密等的权利。前者一般是由政府机构授权，准许企业使用或在一定地区享有经营某种业务的特权，如烟草专卖权等；后者是指企业间依照签订的合同，有限期或无限期使用另一家企业的某些权利，如连锁店的分店使用总店的名称等。

任务一　无形资产初始计量的核算

知识储备

《企业会计准则第 6 号——无形资产》规定：无形资产应当按照成本进行初始计量。无形资产成本是指取得无形资产并使之达到预定用途而发生的全部支出。无形资产取得来源不同，其成本构成也有差别。

自学会计科目

“无形资产”科目。本科目核算无形资产成本，借方登记取得无形资产的成本，贷方登记出售无形资产转出的无形资产账面余额，期末余额在借方，反映企业无形资产的成本。“无形资产”科目应当按照无形资产的项目设置明细科目进行核算。

核算任务

一、外购无形资产的核算

外购的无形资产成本包括购买价款、相关税费，以及直接归属于该项资产达到预定状态所发生的其他支出。其中，“直接归属于该项资产达到预定状态所发生的其他支出”是指无形资产达到预定状态所发生的专业服务费用，测试无形资产是否能够正常发挥作用的费用等，但不包括为引入新产品进行宣传发生的广告费、管理费用及其他间接费用。按实际支付的价款，借记“无形资产”科目，贷记“银行存款”等科目。

实例 6-1 2015 年 1 月 8 日，天津滨海股份有限公司从 B 公司购买一项商标权，不含税价格为 2 000 000 元，增值税税率 6%，款项已通过银行转账支付。

编制会计分录如下。

借：无形资产	2 000 000	
应交税费——应交增值税（进项税费）	120 000	
贷：银行存款		2 120 000

二、投资者投入无形资产的核算

投资者投入的无形资产成本，应该按照投资合同或协议约定的价值确定，但合同或协议约定的价值不公允的除外。

实例 6-2　2015年1月18日，天津滨海股份有限公司接受A公司以其所拥有的专利权作为出资，双方协议约定的价值为200万元（价值公允），天津滨海股份有限公司另支付增值税12万元，已办妥相关手续。

编制会计分录如下。

借：无形资产——专利权　　2 000 000
　　应交税费——应交增值税（进项税额）　　120 000
　　贷：股本　　2 000 000
　　　　银行存款　　120 000

三、通过非货币性资产交换和债务重组取得无形资产的核算

非货币性资产交换、债务重组取得的无形资产的成本，参照相关项目任务的内容。

四、土地使用权的核算

企业取得的土地使用权通常应当按照取得时所支付的价款及相关税费确认为无形资产。土地使用权用于自行开发建造厂房等地上建筑物时，土地使用权与地上建筑物分别进行摊销和提取折旧，但下列情况除外。

① 房地产开发企业取得的土地使用权用于建造对外出售的房屋建筑物，相关的土地使用权应当计入所建造的房屋建筑物成本。

② 企业外购房屋建筑物所支付的价款中包括土地使用权及建筑物价值的，应当在地上建筑物与土地使用权之间进行合理的分配，难以合理分配的，应当全部作为固定资产处理。

企业改变土地使用权的用途，停止自用土地使用权而用于赚取租金或资本增值时，应将其账面价值转为投资性房地产。

任务二　研发支出的核算

知识储备

一、研究阶段与开发阶段的划分

研究开发项目区分为研究阶段与开发阶段，两个阶段应分别进行核算。

（一）研究阶段

研究阶段是指为获取并理解新的科学或技术知识而进行的独创性的有计划调查。研究阶段是探索性的，是为进一步的开发活动进行资料及相关方面的准备。已进行的研究活动将来是否会转入开发，开发后是否会形成无形资产等均具有较大的不确定性。在这一阶段一般不会形成阶段性成果。

（二）开发阶段

开发阶段是指在进行商业性生产或使用前，将研究成果或其他知识应用于某项计划或设计，以生产出新的或具有实质性改进的材料、装置、产品等。相对于研究阶段而言，开发阶段应当是已完成研究阶段的工作，在很大程度上具备了形成一项新产品或新技术的基本条件。

二、研究阶段与开发阶段支出的确认

（一）研究阶段支出

考虑到研究阶段的探索性及其成果的不确定性，企业无法证明能够带来未来经济利益的无形资产的存在，因此，对于企业内部研究开发的项目，研究阶段的有关支出应当在发生时全部费用化计入当期损益（管理费用）。

（二）开发阶段支出

考虑到进入开发阶段的研发项目往往形成成果的可能性较大，因此，在开发阶段可将有关支出资本化计入无形资产的成本，但必须同时满足以下条件。

① 完成该无形资产以使其能够使用或出售在技术上具有可行性。

② 具有完成该无形资产并使用或出售的意图。

③ 无形资产产生经济利益的方式，包括能够证明运用该无形资产生产的产品存在市场或无形资产自身存在市场，无形资产将在内部使用的，应当证明其有用性。

④ 有足够的技术、财务和其他资源支持，以完成该无形资产的开发，并有能力使用或出售该无形资产。

⑤ 归属于该无形资产开发阶段的支出能够可靠地计量。

（三）无法区分研究阶段和开发阶段支出

无法区分研究阶段和开发阶段的支出，应在发生时费用化，计入当期损益（管理费用）。

自学会计科目

“研发支出”科目。企业自行开发无形资产发生的研发支出，无论是否满足资本化条件，均应先在“研发支出”科目中归集。本科目核算企业进行研究与开发无形资产过程中发生的各项支出，可按研究开发项目，分别设置“费用化支出”“资本化支出”明细科目进行核算。

核算任务

企业发生的研发支出，不满足资本化条件时，借记“研发支出——费用化支出”科目；满足资本化条件时，借记“研发支出——资本化支出”科目，贷记“原材料”“应付职工薪酬”“银行存款”等科目。

研究开发项目达到预定用途形成无形资产的，应按“研发支出——资本化支出”科目的余额，借记“无形资产”科目，贷记“研发支出——资本化支出”科目。

期末，应将不符合资本化条件的研发支出转入当期管理费用，借记“管理费用”科目，贷记“研发支出——费用化支出”科目。将符合资本化条件但尚未完成的开发费用继续保留在“研发支出”科目中，待开发项目达到预定用途形成无形资产时，再将其发生的实际成本转入无形资产。

企业外部购买正在进行中的研究开发项目，应按确定的金额，借记“研发支出——资本化支出”科目，贷记“银行存款”等科目。以后继续进行研发活动所发生的支出，比照上述规定处理。

实例 6-3　2015 年 1 月 4 日，天津滨海股份有限公司批准研发某项新型技术。该公司董事会认为，研发该项目具有可靠的技术和财务等资源的支持，并且一旦研发成功将降低公司的生产成本。该公司在研究开发过程中发生材料费用 600 万元，人工费用 300 万元、使用其他无形资产的摊销费用 50 万元及其他费用 200 万元，总计 1 150 万元。其中，符合资本化条件的支出为 500 万元。2015 年 12 月 31 日，该项新型技术已经达到预定用途。

天津滨海股份有限公司应作如下账务处理。

1）发生研发支出时，编制会计分录如下。

借：研发支出——费用化支出	6 500 000	
——资本化支出	5 000 000	
贷：原材料		6 000 000
应付职工薪酬		3 000 000
银行存款		2 000 000
累计摊销		500 000

2）2015 年 12 月 31 日，该项新型技术已经达到预定用途时，编制会计分录如下。

借：管理费用	6 500 000	
无形资产	5 000 000	
贷：研发支出——费用化支出		6 500 000
——资本化支出		5 000 000

任务三　无形资产后续计量的核算

知识储备

无形资产初始确认和计量后，在使用该项无形资产的期间内应以成本减去累计摊销额和累计减值损失后的余额计量。要确定无形资产在使用过程中的摊销额，基础是估计其使用寿命。只有使用寿命有限的无形资产才需要在估计使用寿命内采用系统合理的方法进行摊销，而对于使用寿命不确定的无形资产则不需要摊销。

按照企业会计准则的规定，企业应当于取得无形资产时分析判断其使用寿命。无形资产的使用寿命如为有限的，应当估计该使用寿命的年限或者构成使用寿命的产量等类似计量单位数量；无法预见无形资产为企业带来未来经济利益期限的，应当视为使用寿命不确定的无形资产。

一、无形资产使用寿命的确定

（一）估计无形资产使用寿命应考虑的因素

估计无形资产使用寿命应考虑的因素主要有以下几点。

① 运用该资产生产的产品通常的寿命周期，可获得的类似资产使用寿命信息。
② 技术、工艺等方面的现阶段情况及对未来发展阶段的估计。
③ 以该资产生产的产品或提供劳务的市场需求情况。
④ 现在或潜在的竞争者将采取的行动。
⑤ 为维持该资产带来经济利益的预期维护支出，以及企业预计支付有关支出的能力。
⑥ 对该资产控制期限的相关法律规定或类似限制，如特许使用期、租赁期等。
⑦ 与企业持有的其他资产使用寿命的关联性等。

（二）无形资产使用寿命的确定

企业持有的无形资产来源于合同性权利或是其他法定权利的，使用寿命不应超过合同性权利或其他法定权利的期限。如果企业使用资产的预期期限短于合同性权利或其他法定权利规定的期限，则应当按照企业预期使用的期限来确定其使用寿命。如果合同性权利或其他法定权利能够在到期时因续约等延续，当有证据表明企业续约不需要付出重大成本时，续约期才能够包括在使用寿命的估计中。

没有明确的合同或法律规定的无形资产，企业应当综合各方面情况，如聘请相关专家进行论证或与同行业的情况进行比较，以及根据企业的历史经验等，来确定无形资产为企业带来经济利益的期限。如果经过努力确实无法合理确定无形资产为企业带来经济利益的期限，再将其作为使用寿命不确定的无形资产。

二、无形资产使用寿命的复核

企业至少应当于每年年度终了，对使用寿命有限的无形资产的使用寿命及摊销方法进行复核。如果有证据表明无形资产的使用寿命及摊销方法与以前估计不同，则应当改变摊销期限和摊销方法，并按照会计估计变更进行处理。

企业应当在每个会计期末对使用寿命不确定的无形资产的使用寿命进行复核。如果有证据表明无形资产的使用寿命是有限的，则应当估计其使用寿命，视为会计估计变更处理，并按照使用寿命有限的无形资产的有关规定处理。

自学会计科目

“累计摊销”科目。本科目属于“无形资产”的调整科目，用于核算企业对使用寿命有限的无形资产计提的累计摊销，贷方登记企业计提的无形资产摊销，借方登记处置无形资产转出的累计摊销；期末贷方余额，反映企业无形资产的累计摊销额。

核算任务

一、使用寿命有限的无形资产摊销的核算

（一）应摊销金额

使用寿命有限的无形资产应在预计的使用寿命内采用系统的方法对应摊销金额进行摊销。应摊销金额是指无形资产的成本扣除残值后的金额。已计提减值准备的无形资产还应扣除已计

提的无形资产减值准备累计金额。

使用寿命有限的无形资产，其残值应当视为零，但下列情况除外。

① 有第三方承诺在无形资产使用寿命结束时购买该无形资产。

② 可以根据活跃市场得到预计残值信息，并且该市场在无形资产使用寿命结束时很可能存在。

无形资产的残值意味着在经济寿命结束之前企业预计将会处置该无形资产，并且从该处置中取得利益。估计无形资产的残值应以资产处置时的可收回金额为基础，此时的可收回金额是指在预计出售日出售一项使用寿命已满且处于类似使用状况下同类无形资产预计的处置价格（扣除相关税费）。残值确定以后，在持有无形资产的期间，至少应于每年年末进行复核。预计其残值与原估计金额不同的，按照估计变更进行处理。如果无形资产的残值重新估计以后高于账面价值的，则无形资产不再摊销，直至残值降至低于账面价值时再恢复摊销。

（二）摊销期和摊销方法

无形资产的摊销期自其可供使用时（即其达到预定用途）开始至终止确认时止。在无形资产的使用寿命内系统地分摊其应摊销金额，存在多种方法。这些方法包括直线法、生产总量法等。对某项无形资产摊销所使用的方法应依据从资产中获取的预期未来经济利益的预计消耗方式来选择，并一致地运用于不同会计期间。例如，受技术陈旧因素影响较大的专利权和专有技术等无形资产，可采用类似固定资产加速折旧的方法进行摊销；有特定产量限制的特许经营权或专利权，应采用产量法进行摊销。无法可靠确定其预期实现方式的，应当采用直线法进行摊销。

无形资产的摊销一般应计入当期损益，但某项无形资产如果专门用于生产某种产品，所包含的经济利益通过转入到所生产的产品中体现，那么，摊销费用应构成产品成本的一部分。

实例 6-4　2015 年 1 月 1 日，天津滨海股份有限公司用银行存款 6 000 万元购入 项无形资产。此项无形资产的预计使用年限为 10 年，不考虑残值因素，以直线法摊销。

每年摊销时，编制会计分录如下。

借：管理费用　　60 000 000

　　贷：累计摊销　　60 000 000

二、使用寿命不确定的无形资产的核算

根据可获得的情况判断，有确凿证据表明无法合理估计其使用寿命的无形资产，才能作为使用寿命不确定的无形资产，不能随意判断使用寿命不确定的无形资产。按照无形资产准则规定，对于使用寿命不确定的无形资产，在持有期间不需要摊销，但需要至少于每一会计期末进行减值测试。按照《企业会计准则第 8 号——资产减值》的规定，需要计提减值准备的，相应计提有关的减值准备。

任务四　无形资产处置与期末计价的核算

知识储备

一、无形资产出售的核算

企业出售某项无形资产，表明企业放弃该无形资产的所有权，应将所取得的价款与该无形资产账面价值（账面余额减去累计摊销和已计提的减值准备）的差额确认为处置非流动资产利得或损失，计入当期损益。

企业出售无形资产不属于《企业会计准则第 14 号——收入》的规定范围，但处置无形资产的确认时点应比照收入准则中的有关原则进行判断。企业出售无形资产时，应按实际取得的转让价款净额，借记“银行存款”科目；按该项无形资产计提的减值准备，借记“无形资产减值准备”科目；按已摊销的累计金额，借记“累计摊销”科目；按无形资产的账面余额，贷记“无形资产”科目；按应支付的相关税费，贷记“应交税费”等科目；按借、贷方的差额，借记“营业外支出——处置非流动资产损失”科目，或者贷记“营业外收入——处置非流动资产利得”科目。

实例 6-5　天津滨海股份有限公司出售一项商标权所得价款为 1 272 000 元，根据《关于在全国开展交通运输业和部分现代服务业营业税改征增值税试点税收政策的通知》（财税〔2013〕37 号）应缴纳的增值税为 72 000 元（适用的增值税税率为 6%，不考虑其他税费）。该商标权成本为 300 0000 元，出售时已摊销金额为 1 800 000 元，已计提的减值准备为 300 000 元。

编制会计分录如下。

借：银行存款	1 272 000	
累计摊销	1 800 000	
无形资产减值准备——商标权	300 000	
贷：无形资产——商标权		3 000 000
应交税费——应交增值税		72 000
营业外收入——处置非流动资产利得		300 000

二、无形资产出租的核算

无形资产出租是指企业以收取租金的方式将所拥有的无形资产的使用权让渡给他人。根据《企业会计准则第 14 号——收入》的规定，这类交易属于企业让渡资产使用权，因而相关所得应作为收入核算。出租无形资产的摊销金额及与出租有关的费用计入其他业务成本。

取得的租金收入，借记“银行存款”等科目，贷记“其他业务收入”科目；摊销出租无形资产的成本及发生与出租相关的税费时，借记“其他业务成本”等科目，贷记“累计摊销”等科目。

实例 6-6　2015 年 1 月 1 日，天津滨海股份有限公司将某商标的使用权转让给丙公司，每月收取含税租金 10 600 元，转让期间除丙公司外均不得使用该商标。该商标是天津滨海股份有限公司于 2014 年 1 月 1 日购入的，初始成本入账价值为 12 万元，预计使用年限为 5 年。

天津滨海股份有限公司每月应作如下会计处理。

1）每月收取租金时，编制会计分录如下。

借：银行存款　　10 600

　　贷：其他业务收入　　10 000

　　　　应交税费——应交增值税（销项税额）　　600

2）每月摊销时，编制会计分录如下。

借：其他业务成本　　2 000

　　贷：累计摊销　　2 000

三、无形资产报废的核算

当无形资产预期不能为企业带来经济利益时，如该无形资产已被其他新技术所替代，企业应将无形资产报废并予以转销。

对无形资产进行报废处理时，将其账面价值予以转销，计入当期损益（营业外支出）。转销时应按已计提的摊销额，借记“累计摊销”科目；按其账面余额，贷记“无形资产”科目；按其差额，借记“营业外支出”科目。已计提减值准备的，还应同时结转减值准备。

实例 6-7　天津滨海股份有限公司拥有某项专利技术。该项专利技术的账面余额为 600 万元，摊销期限为 10 年，采用直线法进行摊销，已摊销了 5 年。假定该项专利技术的残值为 0，已累计计提的减值准备为 160 万元。2015 年 1 月 31 日，根据市场调查，用其生产的产品已没有市场，决定予以转销。假定不考虑相关税费。

编制会计分录如下。

借：累计摊销　　3 000 000

　　无形资产减值准备　　1 600 000

　　营业外支出——处置非流动资产损失　　1 400 000

　　贷：无形资产——专利权　　6 000 000

四、无形资产减值的核算

无形资产在资产负债表日可能存在发生减值的迹象时，其可收回金额低于账面价值的，企业应将该无形资产的账面价值减记至可收回金额，减记的金额确认为减值损失，计入当期损益，同时计提相应的减值准备。无形资产减值损失一经确定，在以后会计期间不得转回。

无形资产计提减值准备时，按应减记的金额，借记“资产减值损失——计提的无形资产减值准备”科目，贷记“无形资产减值准备”。

实例 6-8　2015 年 12 月 31 日，市场上某技术生产的产品销售势头较好，已对天津滨海股份有限公司生产的产品产生重大不利影响。天津滨海股份有限公司外购的类似专利技术的账面价值为 900 000 元，经减值测试，该专利技术的可收回金额为 850 000 元。该项无形资产已发生减值。

编制会计分录如下。

借：资产减值损失——计提的无形资产减值准备　　50 000

贷：无形资产减值准备　　50 000

任务五　其他资产的核算

知识储备

其他资产是指除货币资金、交易性金融资产、应收及预付款项、存货、长期股权投资、固定资产、无形资产等以外的资产，如长期待摊费用等。

长期待摊费用是指企业已经发生但应由本期和以后各期负担的分摊期限在一年以上的各项费用，如以经营租赁方式租入的固定资产发生的改良支出等。

核算任务

实例 6-9　2015 年 4 月 1 日，天津滨海股份有限公司对以经营租赁方式新租入的办公楼进行装修，发生了这些相关支出：领用生产用材料 500 000 元，购进该批原材料时支付的增值税进项税额为 85 000 元，辅助生产车间为该装修工程提供的劳务支出为 180 000 元，有关人员工资等职工薪酬为 435 000 元。2015 年 12 月 1 日，该办公楼装修完毕，达到预定可使用状态并交付使用，并按租赁期 10 年开始进行摊销。假定不考虑其他因素。

天津滨海股份有限公司应作如下会计处理。

1）装修领用原材料时，编制会计分录如下。

借：长期待摊费用　　585 000
　　贷：原材料　　500 000
　　　　应交税费——应交增值税（进项税额转出）　　85 000

2）辅助生产车间为该装修工程提供劳务时，编制会计分录如下。

借：长期待摊费用　　180 000
　　贷：生产成本——辅助生产成本　　180 000

3）确认工程人员职工薪酬时，编制会计分录如下。

借：长期待摊费用　　435 000
　　贷：应付职工薪酬　　435 000

4）2015 年 12 月摊销装修费用时，编制会计分录如下。

借：管理费用　　10 000
　　贷：长期待摊费用　　10 000

综合实例

天津滨海股份有限公司自行研究开发一项专利技术，与该项专利技术有关的资料如下。

1）2014 年 7 月 1 日，研发活动正式开始，研究阶段发生材料费用 400 万元，参与人员的工资及福利费 300 万元。2014 年 10 月 25 日，进入开发阶段，用银行存款支付开发费用 1 000 万元。其中，满足资本化条件的支出为 800 万元。2015 年 1 月 1 日，开发活动结束，并按法律程序申请取得专利权，发生注册费、聘请律师费160万元，于当月投入企业管理部门使用。假定该企业在年末将“研发支出——费用化支出”转入当期损益。

2）该项专利权法律规定有效期为10年，采用直线法摊销，没有净残值。

3）2015年10月1日，将该项专利权转让，实际取得价款为700万元，免交增值税，款项已存入银行。

要求：编制与上述经济业务有关的会计分录。

解答：

1）发生研究开发支出时，编制会计分录如下。

借：研发支出——费用化支出　　7 000 000
　　贷：原材料　　4 000 000
　　　　应付职工薪酬　　3 000 000

借：研发支出——费用化支出　　2 000 000
　　　　　　——资本化支出　　8 000 000
　　贷：银行存款　　10 000 000

期末将费用化支出转入当期损益中时，编制会计分录如下。

借：管理费用　　9 000 000
　　贷：研发支出——费用化支出　　9 000 000

2）2015年1月1日，最终形成专利权时，编制会计分录如下。

借：无形资产　　9 600 000
　　贷：研发支出——资本化支出　　8 000 000
　　　　银行存款　　1 600 000

3）自2015年1月1日起开始进行摊销，每月末摊销处理时，编制会计分录如下。

借：管理费用　　80 000
　　贷：累计摊销　　80 000

4）转让专利权时，编制会计分录如下。

借：银行存款　　7 000 000
　　累计摊销　　720 000
　　营业外支出　　1 880 000
　　贷：无形资产　　9 600 000

项目七
投资性房地产的核算

学习目标

- 了解投资性房地产的概念。
- 掌握投资性房地产的范围。
- 掌握成本模式计量的投资性房地产的核算。
- 掌握公允价值模式计量的投资性房地产的核算。
- 掌握投资性房地产后续计量模式变更的核算。

房地产是土地和房屋及其权属的总称。在我国，土地归国家或集体所有，企业只能取得土地使用权。因此，房地产中的土地是指土地使用权，房屋是指土地上的房屋等建筑物及构筑物。随着我国社会主义市场经济的发展和完善，房地产市场日益活跃，企业持有房地产，除了自身管理、生产经营活动场所和对外销售外，还出现了利用房地产赚取租金或增值收益的活动，甚至是个别企业的主营业务。用于出租或增值的房地产就是投资性房地产，它在用途、状态、目的等方面与企业自用的厂房、办公楼等作为生产经营场所的房地产和房地产企业用于销售的房地产是不同的。

任务一　投资性房地产的确认

知识储备

一、投资性房地产的概念

投资性房地产是指企业为赚取租金或资本增值，或两者兼有而持有的房地产。投资性房地产应当能够单独计量和出售。

二、投资性房地产的特征

（一）投资性房地产是一种经营性活动

投资性房地产的主要形式是出租建筑物、出租土地使用权。这实质上属于一种让渡资产使用权的行为。房地产租金就是让渡资产使用权取得的使用费用，是企业为完成其经营目标所从事的经营性活动，以及与之相关的其他活动形成的经济利益总流入。

投资性房地产的另一种形式是持有并准备增值后转让的土地使用权。虽然其增值收益通常与市场供求、经济发展等因素有关，但目的是增值后转让以赚取增值收益，也是企业为完成经营目标所从事的经营活动，以及与之相关的其他活动形成的经济利益总流入。

（二）投资性房地产在用途、状态、目的等方面区别于作为生产经营场所的房地产和用于销售的房地产

企业自用的房地产是为了生产经营所需，因此应作为固定资产或无形资产核算。房地产开发企业的房地产作为存货持有，是企业的主营业务，而投资性房地产持有的目的是赚取租金或资本增值。

（三）投资性房地产有两种后续计量模式

企业通常应当采用成本模式对投资性房地产进行后续计量，只有在满足特定条件的情况下，即有确凿证据表明其所有投资性房地产的公允价值能够持续可靠取得的，也可以采用公允价值模式进行后续计量。但是，同一企业只能采用一种模式对所有投资性房地产进行后续计量，不得同时采用两种计量模式。

三、投资性房地产的确认条件

将某个项目确认为投资性房地产，首先应当符合投资性房地产的概念，然后要同时满足投资性房地产的 2 个确认条件：与该资产相关的经济利益很可能流入企业；该投资性房地产的成本能够可靠地计量。

四、投资性房地产的范围

投资性房地产主要包括已出租的土地使用权、持有并准备增值后转让的土地使用权和已出租的建筑物。

（一）已出租的土地使用权

已出租的土地使用权是指企业通过出让或转让方式取得，并以经营租赁方式出租的土地使用权。企业取得的土地使用权通常包括在一级市场上以交纳土地出让金的方式取得的土地使用权，也包括在二级市场上接受其他单位转让的土地使用权。对于以经营租赁方式租入土地使用权再转租给其他单位的，不能确认为投资性房地产。企业计划用于出租但尚未出租的土地使用权，不属于此类。

实例 7-1 2015 年 1 月 10 日，天津滨海股份有限公司与乙企业签订了一项经营租赁合同，合同约定乙企业将其持有使用权的一块土地出租给天津滨海股份有限公司，以赚取租金，为期 10 年。天津滨海股份有限公司又将这块土地转租给丙企业，以赚取租金差价，为期

3 年。

假设不违反国家有关规定。本例中，对于天津滨海股份有限公司而言，这项土地使用权不能予以确认，不属于其投资性房地产；对于乙企业而言，自租赁期开始日起，这项土地使用权属于其投资性房地产。

（二）持有并准备增值后转让的土地使用权

持有并准备增值后转让的土地使用权是指企业通过出让或转让方式取得并准备增值后转让的土地使用权。这类土地使用权很可能给企业带来增值收益，符合投资性房地产的定义。例如，企业发生转产或厂址搬迁，部分土地使用权停止自用，管理层决定继续持有这部分土地使用权，待其增值后转让以赚取增值收益。

按照国家有关规定认定的“闲置土地”，不属于持有并准备增值后转让的土地使用权，也就不属于投资性房地产。在我国实务中，持有并准备增值后转让的土地使用权这种情况较少。

（三）已出租的建筑物

已出租的建筑物是指企业拥有产权并以经营租赁方式出租的房屋等建筑物，包括自行建造或开发活动完成后用于出租的建筑物。企业在判断和确认已出租的建筑物时，应注意以下几点。

① 用于出租的建筑物是指企业拥有产权的建筑物。

② 企业以经营方式租入再转租的建筑物不属于投资性房地产。

实例 7-2 2015 年 1 月 15 日，天津滨海股份有限公司与乙企业签订了一项经营租赁合同，合同约定乙企业将其持有产权的两间门面房出租给天津滨海股份有限公司，为期 5 年。天津滨海股份有限公司一开始将这两间门面房用于自行经营餐馆。两年后，由于连续亏损，天津滨海股份有限公司将餐馆转租给丙公司，以赚取租金差价。

对于天津滨海股份有限公司而言，这两间门面房产权不能予以确认，也不属于其投资性房地产；对于乙企业而言，则属于其投资性房地产。

③ 已出租的建筑物是企业已经与其他企业签订了租赁协议，约定以经营租赁方式出租的建筑物。自协议约定的租赁期开始日起，经营租出的建筑物才属于已出租的建筑物。企业计划用于出租但尚未出租的建筑物，不属于此类。

实例 7-3 2015 年 1 月 30 日，天津滨海股份有限公司在当地房地产交易中心通过竞拍取得一块土地的使用权。天津滨海股份有限公司按照合同约定对这块土地进行了开发，并在这块土地上建造了一栋商铺，拟用于整体出租，但尚未找到合适的承租人。

这栋商铺不属于投资性房地产。直到天津滨海股份有限公司与承租人签订经营租赁合同，自租赁期开始日起，这栋商铺才能转换为投资性房地产；同时，相应的土地使用权（无形资产）也应当转换为投资性房地产。

④ 企业将建筑物出租，按租赁协议向承租人提供的相关辅助服务在整个协议中不重大的，如企业将办公楼出租并向承租人提供保安、维修等辅助服务，应当将该建筑物确认为投资性房地产。企业计划用于出租但尚未出租的建筑物，不属于此类。

实例 7-4 2015 年 1 月 10 日，天津滨海股份有限公司在中关村购买了一栋写字楼，共 12 层。其中 5 层经营出租给乙公司，6 层经营出租给丙公司，底层经营出租给某家大型超市。天津滨海股份有限公司同时为整栋楼提供保安、清洁、维修等日常辅助服务。

天津滨海股份有限公司将写字楼出租，同时提供的辅助服务不重大。对于天津滨海股份有限公司而言，这栋写字楼属于投资性房地产。

五、不属于投资性房地产的项目

（一）自用房地产

自用房地产即为生产商品、提供劳务或者经营管理而持有的房地产，包括自用建筑物（固定资产）和自用土地使用权（无形资产）。例如，企业生产经营用的厂房和办公楼属于固定资产，企业生产经营用的土地使用权属于无形资产。

自用房地产的特征在于服务于企业自身的生产经营的价值会随着房地产的使用而逐渐转移到企业的产品或服务中去，通过销售商品或提供服务为企业带来经济利益，在产生现金流量的过程中与企业持有的其他资产密切相关。例如，企业出租给本企业职工居住的宿舍，虽然也收取租金，但间接为企业自身的生产经营服务，因此具有自用房地产的性质。又如，企业拥有并自行经营的旅馆饭店，其经营者在向顾客提供住宿服务的同时，还提供餐饮、娱乐等其他服务，经营目的主要是通过向客户提供服务取得服务收入。因此，企业自行经营的旅馆饭店是企业的经营场所，应当属于自用房地产。

（二）作为存货的房地产

作为存货的房地产通常是指房地产开发企业在正常经营过程中销售的或为销售而正在开发的商品房和土地。这部分房地产属于房地产开发企业的存货，其生产、销售构成企业的主营业务活动，产生的现金流量也与企业的其他资产密切相关。因此，具有存货性质的房地产不属于投资性房地产。

某项房地产部分用于赚取租金或资本增值，部分用于自用（即用于生产商品、提供劳务或经营管理），能够单独计量和出售的、用于赚取租金或资本增值的部分，应当确认为投资性房地产；不能够单独计量和出售的、用于赚取租金或资本增值的部分，不确认为投资性房地产。该项房地产自用的部分，以及不能够单独计量和出售的、用于赚取租金或资本增值的部分，应当确认为固定资产或无形资产。

实例 7-5 天津滨海股份有限公司为房地产开发商，于 2015 年 1 月 20 日建造了一栋商住两用楼盘，一层出租给一家大型超市，已签订经营租赁合同，其余楼层均为普通住宅，正在公开销售中。

天津滨海股份有限公司开发的楼盘中，如果一层商铺能够单独计量和出售，应当确认为投资性房地产，其余楼层为存货，即库存商品。

任务二 采用成本模式计量的投资性房地产的核算

知识储备

根据投资性房地产准则的规定，投资性房地产应当按照成本进行初始确认和计量。在后续计量时，通常应当采用成本模式进行计量，在满足特定条件的情况下也可以采用公允价值模式对投资性房地产进行后续计量。但是，同一企业只能采用一种模式对所有投资性房地产进行后续计量，不得同时采用两种计量模式。

自学会计科目

成本模式的会计处理比较简单，主要涉及“投资性房地产”“投资性房地产累计折旧（摊销）”“投资性房地产减值准备”等科目，可比照“固定资产”“无形资产”“累计折旧”“累计摊销”“固定资产减值准备”“无形资产减值准备”等相关科目进行处理。

核算任务

一、成本模式下投资性房地产初始计量的核算

投资性房地产一般通过外购或自行建造取得，或者由自用的房地产或作为存货的房地产转换为投资性房地产，取得方式不同，初始计量的会计处理也不同。

（一）外购的投资性房地产

对于企业外购的房地产，只有在购入房地产的同时开始对外出租（自租赁期开始日起，下同）或用于资本增值，才能称为外购的投资性房地产。外购投资性房地产应当按照取得时的实际成本进行初始计量，成本包括购买价款、相关税费和可直接归属于该资产的其他支出。

企业购入的房地产自用一段时间之后再改为出租或用于资本增值的，应当先将外购的房地产确认为固定资产或无形资产，自租赁期开始日或用于资本增值之日起，再从固定资产或无形资产转换为投资性房地产。企业购入的房地产，部分用于出租（或资本增值）、部分留为自用，用于出租（或资本增值）的部分应当予以单独确认的，应按照不同部分的公允价值占公允价值总额的比例将成本在不同部分之间进行合理分配。

外购投资性房地产达到预定可使用状态时，按照其实际成本，借记“投资性房地产”科目，贷记“银行存款”等科目。

实例 7-6 2015 年 1 月，天津滨海股份有限公司计划购入一栋商用用楼用于对外出租。2015 年 1 月 10 日，天津滨海股份有限公司与乙企业签订了经营租赁合同，约定将商用楼自购买日起出租给乙企业，为期 3 年。2015 年 3 月 1 日，天津滨海股份有限公司实际购入商用楼，支付价款共计 1 000 万元，另支付了相关税费 10 万元（假设不考虑其他因素，天津滨海股份有限公司采用成本模式进行后续计量，单位为万元）。

天津滨海股份有限公司应编制会计分录如下。

借：投资性房地产——商用楼	1 010	
贷：银行存款		1 010

只有在商用楼购入并开始经营出租时，所购入的商用楼才能作为投资性房地产进行核算。在 3 月 1 日购入之前，已经签订了租赁合同，所以当日购入时可以记入“投资性房地产”科目。如果签订合同的时间不是 1 月 10 日，而是 3 月 1 日之后，应先记入“固定资产”科目。

（二）自行建造的投资性房地产

企业自行建造（或开发，下同）的房地产，只有在自行建造或开发活动完成（即达到预定可使用状态）的同时开始对外出租或用于资本增值，才能将自行建造的房地产确认为投资性房地产。自行建造投资性房地产的成本，由建造该项房地产达到预定可使用状态前发生的必要支出构成，包括土地开发费、建造成本、应予以资本化的借款费用、支付的其他费用和分摊的间接费用等。建造过程中发生的非正常性损失直接计入当期损益，不计入建造成本。

企业自行建造房地产达到预定可使用状态后一段时间才对外出租或用于资本增值的，应当先将自行建造的房地产确认为固定资产、无形资产或存货，自租赁期开始日或用于资本增值之日起，从固定资产、无形资产或存货转换为投资性房地产。

自行建造的投资性房地产达到预定可使用状态时，按照其实际成本，借记“投资性房地产”科目，贷记“银行存款”“在建工程”等科目。

实例 7-7　2015 年 1 月，天津滨海股份有限公司从其他单位购入一块土地的使用权，并在这块土地上开始自行建造 3 栋厂房。2015 年 6 月，天津滨海股份有限公司预计厂房即将完工，与乙公司签订了经营租赁合同，将其中的一栋厂房租赁给乙公司使用。租赁合同约定，该厂房于完工（达到预定可使用状态）时开始起租。2015 年 12 月 30 日，3 栋厂房同时完工（达到预定可使用状态）。该块土地使用权的成本为 900 万元，3 栋厂房的造价均为 1 200 万元，能够单独出售。

天津滨海股份有限公司应作如下账务处理。

1）购入土地使用权时，编制会计分录如下。

借：无形资产——土地使用权　　900
　　贷：银行存款　　900

2）自行建造厂房时，支付能计入其成本的相关支出，编制会计分录如下（忽略支出过程，只考虑总支出成本）。

借：在建工程——厂房　　3 600
　　贷：银行存款　　3 600

3）厂房完工时租赁期开始，其中一栋厂房转换为投资性房地产，土地使用权中的对应部分同时转换为投资性房地产，成本为 300 900×1/3 万元，其余两栋暂时自用。编制会计分录如下。

借：投资性房地产——厂房　　1 200
　　贷：在建工程　　1 200
借：投资性房地产——土地使用权　　300
　　贷：无形资产——土地使用权　　300
借：固定资产——厂房　　2 400
　　贷：在建工程　　2 400

自行建造的 3 栋厂房只有一栋在完工的同时开始租赁，所以在达到可预定的使用状态前可以记入“投资性房地产”科目，其余两栋为自用记入“固定资产”科目，在签订经营租赁合同之后，可转入“投资性房地产”科目。

二、成本模式下投资性房地产转换的核算

（一）作为存货的房地产转为出租

企业将作为存货的房地产转换为采用成本模式计量的投资性房地产，应当按该项存货在转换日的账面价值借记“投资性房地产”科目，原已计提跌价准备的借记“存货跌价准备”科目，按其账面余额，贷记“开发产品”等科目。

实例 7-8 甲房地产开发公司于 2015 年 1 月 1 日将已开发完成的商品房（写字楼）出租给乙企业，租期 5 年。该写字楼的账面余额为 6 000 万元。

编制会计分录如下。

借：投资性房地产——写字楼	6 000	
贷：开发产品		6 000

（二）自用房地产转换为投资性房地产

企业购入房地产自用一段时间之后再改为出租或用于资本增值的，应当先将外购的房地产确认为固定资产或无形资产，自租赁期开始日或用于资本增值之日开始，才能从固定资产或无形资产转换为投资性房地产。

企业将自用土地使用权或建筑物转换为以成本模式计量的投资性房地产时，应当按照固定资产、无形资产的账面价值转为投资性房地产的账面价值。

实例 7-9 天津滨海股份有限公司将自用的一栋办公楼从 2015 年 1 月 1 日起出租给乙公司，租期两年。租赁期开始日，该办公楼的原价为 3 000 万元，已提折旧 500 万元，未计提减值准备。

天津滨海股份有限公司在 205 年 1 月 1 日将自用的一栋办公楼转为出租时应编制会计分录如下。

借：投资性房地产——办公楼	30 000 000	
累计折旧	5 000 000	
贷：固定资产——办公楼		30 000 000
投资性房地产累计折旧		5 000 000

本例中对记入“投资性房地产累计折旧”科目的项，如果是土地所有权，应记入“投资性房地产累计摊销”科目。

（三）出租转为自用

企业将原本用于赚取租金或资本增值的房地产转为自用时，在采用成本模式下，应将投资性房地产的账面价值转为固定资产、无形资产的账面价值。

实例 7-10 2015 年 12 月 31 日，天津滨海股份有限公司将出租在外的厂房收回，开始用于本企业生产商品。该项房地产在转换前采用成本模式计量，在收回日该投资性房地产的账面原值为 1 000 万元，已计提累计折旧 800 万元。

天津滨海股份有限公司收目时编制会计分录如下。

借：固定资产	10 000 000	
投资性房地产累计折旧	8 000 000	

贷：投资性房地产 10 000 000

累计折旧 8 000 000

三、成本模式下投资性房地产后续计量的核算

在成本模式下，应当比照固定资产或无形资产的有关规定，按期（月）计提折旧或进行摊销，借记“其他业务成本”等科目，贷记“投资性房地产累计折旧（摊销）”科目。

取得的租金收入，借记“银行存款”等科目，贷记“其他业务收入”等科目。

投资性房地产存在减值迹象的，应当适用资产减值的有关规定。经减值测试后确定发生减值的，应当计提减值准备，借记“资产减值损失”科目，贷记“投资性房地产减值准备”科目。

实例 7-11 2015 年 1 月 1 日，天津滨海股份有限公司将一栋自用办公楼出租给乙企业使用，确认为投资性房地产，采用成本模式进行后续计量。该栋办公楼的原值为 2 400 万元，按照直线法计提折旧，使用寿命为 20 年，已使用 5 年，预计净残值为 0。按照经营租赁合同约定，乙企业每月支付天津滨海股份有限公司租金 14 万元。当年 12 月，这栋办公楼发生减值迹象，经减值测试，可收回金额为 1 480 万元，此时办公楼的账面价值为 1 680 万元，以前未计提减值准备。

天津滨海股份有限公司应作如下账务处理。

1）2015 年 1 月 1 日，将自用办公楼转为投资性房地产，编制会计分录如下。

借：投资性房地产——办公楼 24 000 000

累计折旧 6 000 000

贷：固定资产——办公楼 2 400 000

投资性房地产累计折旧 6 000 000

2）转入投资性房地产后，应按期计提折旧，编制会计分录如下。

每月计提折旧 =2 400÷20÷12=10（万元）

借：其他业务成本 100 000

贷：投资性房地产累计折旧 100 000

3）确认租金收入，编制会计分录如下。

借：银行存款 140 000

贷：其他业务收入 140 000

4）期末计提减值准备，编制会计分录如下。

借：资产减值损失——计提的投资性房地产减值准备 2 000 000

贷：投资性房地产减值准备 2 000 000

四、成本模式下投资性房地产处置的核算

当投资性房地产被处置，或者永久退出使用且预计不能从其处置中取得经济利益时，应当终止确认该项投资性房地产。

企业出售、转让、报废投资性房地产，或者发生投资性房地产毁损时，应当将处置收入扣除其账面价值和相关税费后的金额计入当期损益。

出售投资性房地产时，应按实际收到的金额，借记“银行存款”等科目，贷记“其他业务收入”科目。按该项投资性房地产的累计折旧或累计摊销借记“投资性房地产累计折旧（摊

销）”科目，按该项投资性房地产的账面余额贷记“投资性房地产”，按其差额借记“其他业务成本”科目。已计提减值准备的，还应同时结转减值准备。

实例 7-12 天津滨海股份有限公司对投资性房地产采用成本模式计量，于 2015 年 12 月 31 日出售出租的办公楼。该办公楼的账面原值为 1 800 万元，已提折旧 800 万元。出售收入（含税）1 665 万元收存银行，增值税税率 11%（单位以万元计算）。

天津滨海股份有限公司出售时应作如下账务处理。

1）获取收入时，编制的会计分录如下。

借：银行存款	1 665	
贷：其他业务收入		1 500
应交税费——应交增值税（销项税额）		165

2）转出投资性房地产的账面价值时，编制会计分录如下。

借：其他业务成本	10 000 000	
投资性房地产累计折旧	8 000 000	
贷：投资性房地产	18 000 000	

成本法下投资性房地产转换的核算要点：对应结转，不产生损益。对应结转是指无论是投资性房地产转换为自用房地产，还是自用土地使用权或建筑物转换为投资性房地产，都应将相应的科目对应结转。

科目对应关系如下。

“固定资产”或“无形资产”：“投资性房地产”。

“累计折旧”或“累计摊销”：“投资性房地产累计折旧（摊销）”。

“固定资产减值准备”或“无形资产减值准备”：“投资性房地产减值准备”。

不产生损益是指对应科目金额对应结转，不会产生差额。作为存货的房地产转为采用成本模式计量的房地产时，按照本书处理。

任务三　采用公允价值模式计量的投资性房地产的核算

知识储备

企业只有存在确凿证据表明投资性房地产的公允价值能够持续可靠取得，才可以采用公允价值模式对投资性房地产进行后续计量。企业一旦选择采用公允价值计量模式，就应当对其所有投资性房地产均采用公允价值模式进行后续计量。

采用公允价值模式进行后续计量的投资性房地产，应当同时满足下列条件。

① 投资性房地产所在地有活跃的房地产交易市场。

② 企业能够从活跃的房地产交易市场上取得同类或类似房地产的市场价格及其他相关信息，从而对投资性房地产的公允价值作出合理的估计。

自学会计科目

在公允价值模式计量下，企业应当在“**投资性房地产**”科目下设置“**成本**”和“**公允价值变动**”两个明细科目，并且应当设置“**公允价值变动损益**”和“**其他综合收益**”科目核算期末投资性房地产公允价值变动的影响。

核算任务

一、公允价值模式下投资性房地产初始计量的核算

外购投资性房地产或自行建造的投资性房地产达到预定可使用状态时，按照实际成本，借记“投资性房地产——成本”科目，贷记“银行存款”“在建工程”等科目。

二、公允价值模式下投资性房地产转换的核算

（一）存货转为投资性房地产

将作为存货的房地产转换为以公允价值计价的投资性房地产时，如果转换当日的公允价值小于原账面价值，应当将差额计入当期损益，记入“公允价值变动损益”科目；如果转换当日的公允价值大于原账面价值，应当将其差额记入“其他综合收益”科目。已计提跌价准备的，还应同时结转跌价准备。

实例 7–13 天津滨海股份有限公司是从事房地产开发业务的企业。2015 年 1 月 1 日，天津滨海股份有限公司与乙企业签订了租赁协议，将其开发的一栋写字楼整体出租给乙企业使用，租赁期开始日为 2015 年 7 月 1 日，租赁期为 1 年。2015 年 7 月 1 日，该写字楼的账面余额为 7 000 万元，未计提存货跌价准备，转换后采用公允价值模式计量，当日公允价值为 6 500 万元。

2015 年 7 月 1 日，存货转为投资性房地产，天津滨海股份有限公司应编制会计分录如下。

借：投资性房地产——写字楼（成本）	65 000 000	
公允价值变动损益	5 000 000	
贷：开发产品		70 000 000

（二）自用的建筑物等转换为投资性房地产

将自用房地产转换为以公允价值计价的投资性房地产时，借记“投资性房地产——成本”科目，按已计提的累计折旧等借记“累计折旧”等科目，按其账面余额贷记“固定资产”等科目。如果转换当日的公允价值小于原账面价值，应当将差额记入“公允价值变动损益”科目；如果转换当日的公允价值大于原账面价值，应当将其差额记入“其他综合收益”科目。已计提减值准备的，还应同时结转减值准备。

实例 7–14 天津滨海股份有限公司打算搬迁至新建办公楼。由于原办公楼处于商业繁华地段，因此天津滨海股份有限公司准备将其出租，以赚取租金收入。2014 年 4 月，天津滨海股份有限公司完成了搬迁工作，原办公楼停止自用。2014 年 12 月，天津滨海股份有限公

司与乙企业签订了租赁协议，将其原办公楼租赁给乙企业使用，租赁期开始日为2015年1月1日，租赁期限为3年。天津滨海股份有限公司应当于租赁期开始日（2015年1月1日），将自用房地产转换为投资性房地产。由于该办公楼处于商业区，房地产交易活跃，因此该企业能够从市场上取得同类或类似房地产的市场价格及其他相关信息。假设天津滨海股份有限公司对出租的办公值楼采用公允价值模式计量。在2015年1月1日，该办公楼的公允价值为3 100万元，原值为4 000万元，已提折旧1 500万元。

天津滨海股份有限公司2015年1月1日应编制会计分录如下。

借：投资性房地产——办公楼（成本）　　31 000 000
　　累计折旧　　15 000 000
　　贷：固定资产　　40 000 000
　　　　其他综合收益　　6 000 000

（三）投资性房地产转为自用

将投资性房地产转为自用时，应按其在转换日的公允价值借记“固定资产”等科目，按其账面余额贷记“投资性房地产（成本、公允价值变动）”科目，按其差额贷记或借记“公允价值变动损益”科目。

三、公允价值模式下投资性房地产后续计量的核算

（一）以资产负债表日投资性房地产的公允价值为基础调整账面价值

资产负债表日，投资性房地产的公允价值高于原账面价值的差额，借记“投资性房地产——公允价值变动”科目，贷记“公允价值变动损益”科目，公允价值低于原账面价值的差额，做相反的会计分录。

实例 7-15 天津滨海股份有限公司为从事房地产经营开发的企业。2014年1月，天津滨海股份有限公司与乙公司签订租赁协议，约定将天津滨海股份有限公司开发的一栋精装修的写字楼于开发完成的同时开始租赁给乙公司使用，租赁期为10年。2014年5月1日，该写字楼开发完成并开始起租，写字楼的造价为8 000万元。由于该栋写字楼地处商业繁华区，所在城区有活跃的房地产交易市场，而且能够从房地产交易市场上取得同类房地产的市场报价，天津滨海股份有限公司决定采用公允价值模式对该项出租的房地产进行后续计量。2014年12月31日，该写字楼的公允价值为8 500万元。2015年12月31日，该写字楼的公允价值为9 300万元。

天津滨海股份有限公司应作如下会计处理。

1）2014年5月1日，天津滨海股份有限公司开发完成写字楼并出租时，编制会计分录如下。

借：投资性房地产——写字楼（成本）　　80 000 000
　　贷：开发产品　　80 000 000

2）2014年12月31日，以公允价值为基础调整账面价值，公允价值与原账面价值之间的差额计入当期损益时，编制会计分录如下。

借：投资性房地产——写字楼（公允价值变动）　　5 000 000
　　贷：公允价值变动损益　　5 000 000

3）2015 年 12 月 31 日，公允价值又发生变动时，编制会计分录如下。

借：投资性房地产——写字楼（公允价值变动）　8 000 000

　　贷：公允价值变动损益　8 000 000

（二）不对投资性房地产计提折旧或摊销

与采用成本模式计量的区别是采用公允价值模式计量的投资性房地产不再计提折旧，不再进行摊销，也不需要计提减值准备。

（三）取得租金收入

与采用成本模式计量的投资性房地产相同，取得租金收入借记“银行存款”等科目，贷记“其他业务收入”等科目。

四、公允价值模式下投资性房地产处置的核算

处置投资性房地产时，应按实际收到的金额，借记“银行存款”等科目，贷记“其他业务收入”科目。

按该项投资性房地产的账面余额，借记“其他业务成本”科目，贷记“投资性房地产——成本”科目，贷记或借记“投资性房地产——公允价值变动”科目；同时，按该项投资性房地产的公允价值变动，借记或贷记“公允价值变动损益”科目，贷记或借记“其他业务成本”科目。

按该项投资性房地产在转换日计入其他综合收益的金额，借记“其他综合收益”科目，贷记“其他业务成本”科目。

实例 7-16　承实例 7-13，假设 2014 年 7 月 1 日该写字楼的公允价值为 6 500 万元。2014 年 12 月 31 日，该项投资性房地产的公允价值为 6 800 万元。2015 年 7 月租赁期届满，天津滨海股份有限公司收回该项投资性房地产，并于 2015 年 9 月以 7 200 万元出售，出售款项已收讫。

天津滨海股份有限公司应作如下会计处理。

1）2014 年 7 月 1 日，存货转为投资性房地产，编制会计分录如下。

借：投资性房地产——写字楼（成本）　65 000 000

　　公允价值变动损益　5 000 000

　　贷：开发产品　70 000 000

2）2014 年 12 月 31 日，编制会计分录如下。

借：投资性房地产——写字楼（公允价值变动）　3 000 000

　　贷：公允价值变动损益　3 000 000

3）2015 年 9 月，出售投资性房地产，编制会计分录如下。

借：银行存款　72 000 000

　　贷：其他业务收入　72 000 000

借：其他业务成本　68 000 000

　　贷：投资性房地产——写字楼（成本）　65 000 000

　　　　　　　　　——写字楼（公允价值变动）　3 000 000

4）同时，将投资性房地产累计公允价值变动转入其他业务成本，编制会计分录如下。

公允价值变动减值 500 万元 − 公允价值变动增值 300 万元 = 公允价值变动减值 200 万元

编制会计分录如下。

借：其他业务成本　2 000 000
　贷：公允价值变动损益　2 000 000

实例 7-17　承实例 7-16 相关资料，假设转换后采用公允价值模式计量，2014 年 7 月 1 日该写字楼的公允价值为 7 200 万元。2014 年 12 月 31 日，该项投资性房地产的公允价值为 7 300 万元。2015 年 7 月租赁期届满，天津滨海股份有限公司收回该项投资性房地产，并于 2015 年 9 月以 8 000 万元出售，出售款项已收讫。

天津滨海股份有限公司应作如下会计处理。

1）2014 年 7 月 1 日，存货转为投资性房地产，编制会计分录如下。

借：投资性房地产——写字楼（成本）　72 000 000
　贷：开发产品　70 000 000
　　其他综合收益　2 000 000

2）2014 年 12 月 31 日，编制会计分录如下。

借：投资性房地产——写字楼（公允价值变动）　1 000 000
　贷：公允价值变动损益　1 000 000

3）2015 年 9 月，出售时，编制会计分录如下。

借：银行存款　80 000 000
　贷：其他业务收入　80 000 000

借：其他业务成本　73 000 000
　贷：投资性房地产——写字楼（成本）　72 000 000
　　　　——写字楼（公允价值变动）　1 000 000

4）同时，将投资性房地产累计公允价值变动转入其他业务成本时，编制会计分录如下。

借：公允价值变动损益　1 000 000
　贷：其他业务成本　1 000 000

5）同时，将转换时原计入资本公积的部分转入其他业务成本时，编制会计分录如下。

借：其他综合收益　2 000 000
　贷：其他业务成本　2 000 000

特别注意，将存货转为投资性房地产时，转换日公允价值高于账面价值的，应将差额贷记“其他综合收益”科目，转换日公允价值低于账面价值的，应将差额借记当期损益“公允价值变动损益”科目。

任务四　投资性房地产后续计量模式变更的核算

知识储备

已采用公允价值模式计量的投资性房地产，不得从公允价值模式转为成本模式。企业对投资性房地产的计量模式一经确定，不得随意变更。成本模式转为公允价值模式的，应当作为会计政策变更处理，将计量模式变更时公允价值与账面价值的差额，调整期初留存收益（未分配利润）。

核算任务

企业变更投资性房地产计量模式时，应当按照计量模式变更日投资性房地产的公允价值，借记“投资性房地产——成本”科目，按照已计提的折旧或摊销，借记“投资性房地产累计折旧（摊销）”科目，原已计提减值准备的，借记“投资性房地产减值准备”科目，按照账面余额，贷记“投资性房地产”科目，按公允价值与账面价值的差额，贷记或借记“利润分配——未分配利润”“盈余公积”等科目。

实例 7-18 天津滨海股份有限公司将其一栋写字楼租赁给乙公司使用，并一直采用成本模式进行后续计量。2015 年 1 月 1 日，天津滨海股份有限公司认为，出租给乙公司使用的写字楼，其所在地的房地产交易市场比较成熟，具备了采用公允价值模式计量的条件，决定对该项投资性房地产从成本模式转换为公允价值模式计量。

该写字楼的原值为 7 000 万元，已计提折旧 3 000 万元，账面价值为 4 000 万元。2015 年 1 月 1 日，该写字楼的公允价值为 8 000 万元。假设天津滨海股份有限公司按净利润的 10% 计提盈余公积。

天津滨海股份有限公司应编制会计如下。

盈余公积 =［8 000-（7 000-3 000）］×10%=400（万元）

借：投资性房地产——写字楼（成本）	80 000 000	
投资性房地产累计折旧	30 000 000	
贷：投资性房地产——写字楼		70 000 000
利润分配——未分配利润		36 000 000
盈余公积		4 000 000

综合实例

天津滨海股份有限公司对投资性房地产采用公允价值模式计量。天津滨海股份有限公司于 2012 年 1 月 1 日以银行存款 7 000 万元购入一幢建筑物用于对外出租，租期为 3 年，每年 12 月 31 日收取租金 333 万元，增值税税率为 11%。2012 年 12 月 31 日，此幢建筑物的公允价值为 7 300 万元，2013 年 12 月 31 日，此幢建筑物的公允价值为 7 500 万元，2014 年 12 月 31 日此幢建筑物的公允价值为 7 600 万元，2015 年 1 月 10 日将此幢建筑物对外出售，收到 8 658 万元（含税）存入银行，增值税税率为 11%。

要求：编制天津滨海股份有限公司上述经济业务的会计分录。（假定按年确认公允价值变动损益和确认租金收入）

解答：

1）2012 年 1 月 1 日，编制会计分录如下。

借：投资性房地产——成本	70 000 000	
贷：银行存款		70 000 000

2）2012 年 12 月 31 日，编制会计分录如下。

借：银行存款	3 330 000	
贷：其他业务收入		3 000 000
应交税费——应交增值税（销项税额）		330 000
借：投资性房地产——公允价值变动	3 000 000	
贷：公允价值变动损益		3 000 000

3）2013 年 12 月 31 日，编制会计分录如下。

借：银行存款	3 330 000	
贷：其他业务收入		3 000 000
应交税费——应交增值税（销项税额）		330 000
借：投资性房地产——公允价值变动	2 000 000	
贷：公允价值变动损益		2 000 000

4）2014 年 12 月 31 日，编制会计分录如下。

借：银行存款	3 330 000	
贷：其他业务收入		3 000 000
应交税费——应交增值税（销项税额）		330 000
借：投资性房地产——公允价值变动	1 000 000	
贷：公允价值变动损益		1 000 000

5）2015 年 1 月 10 日，编制会计分录如下。

借：银行存款	86 580 000	
贷：其他业务收入		78 000 000
应交税费——应交增值税（销项税额）		8 580 000
借：其他业务成本	76 000 000	
贷：投资性房地产——成本		70 000 000
——公允价值变动		6 000 000
借：公允价值变动损益	6 000 000	
贷：其他业务成本		6 000 000

项目八
负债的核算

学习目标

- ◆ 掌握负债的概念和分类方法。
- ◆ 掌握流动负债和非流动负债的区别。
- ◆ 掌握并理解各项流动负债的科目设置和核算方法。
- ◆ 掌握并理解各项非流动负债的科目设置和核算方法。

负债是指企业过去的交易或事项形成的，预期会导致经济利益流出企业的现时义务。负债有多种分类方法，最常用的一种是按照偿付期限进行分类。按偿付期限的长短，负债可分为流动负债和非流动负债。

流动负债是指在一年内或超过一年的一个营业周期内需要清偿的债务，主要包括短期借款、应付账款、预收账款、应付票据、应交税费、应付职工薪酬、应付股利、应付利息和其他应付款等。

非流动负债是指流动负债以外的负债，主要包括长期借款、应付债券和长期应付款等。与流动负债相比，非流动负债具有金额较大、偿还期限较长、可以分期偿还等特点。

任务一　短期借款的核算

知识储备

短期借款是指企业从银行或其他金融机构等借入的期限在一年以内（含一年）的各种借款。企业借入短期借款，一般用来维持正常的生产经营活动或用来抵偿其他债务。

自学会计科目

“短期借款”科目。为了核算短期借款的借入、使用及归还情况，企业应设置“短期借款”

科目。本科目贷方登记企业借入的各种短期借款，借方登记企业按期归还的各种短期借款；期末贷方余额反映企业尚未到期归还的各种短期借款数额。本科目应按债权人设置明细账，并按借款种类进行明细分类核算，以反映各种短期借款的情况。

核算任务

一、短期借款取得的核算

企业从银行或其他金融机构取得短期借款时，借记“银行存款”科目，贷记“短期借款”科目。

二、短期借款利息的核算

短期借款利息的处理包括利息费用的确认与支付 2 个环节。短期借款利息属于筹资费用，应记入“财务费用”科目。实务中有以下 2 种核算方法。

① 预提法。如果短期借款的利息是按期（通常是一季度）支付或者到期还本付息且数额较大的，可采用月末预提的方式进行核算。每个月末，按照计算确定的利息费用，借记“财务费用”科目，贷记“应付利息”科目；实际支付利息时，借记“应付利息”科目，贷记“银行存款”科目。

② 直接摊销法。在短期借款数量不多、各月负担的利息费用数额不大的情况下，也可采用直接摊销法。可在实际支付时，将利息费用计入当期损益，借记“财务费用”科目，贷记“银行存款”科目。

三、归还短期借款本金的核算

企业短期借款到期偿还本金时，借记“短期借款”科目，贷记“银行存款”科目。

实例 8-1 2015 年 1 月 1 日，天津滨海股份有限公司从银行取得短期借款 100 000 元，年利率为 6%，6 个月后偿还本金，利息按季度支付。

天津滨海股份有限公司应作如下会计处理。

1）1 月 1 日取得短期借款时，编制会计分录如下。

借：银行存款　　100 000
　　贷：短期借款　　100 000

2）1 月、2 月末预提借款利息时，编制会计分录如下。

借：财务费用　　500
　　贷：应付利息　　500

3）3 月份实际支付利息时，编制会计分录如下。

借：应付利息　　1 000
　　财务费用　　500
　　贷：银行存款　　1 500

4）4 月、5 月末预提借款利息同 2）。

5）6 月偿还本金并支付本季度的利息，编制会计分录如下。

借：应付利息　　1 000
　　财务费用　　500

短期借款　　100 000
贷：银行存款　　101 500

实例 8-2　承实例 8-1，若息金额较小，可以采用直接摊销法。

天津滨海股份有限应作如下处理。

1）1 月 1 日取得短期借款时，编制会计分录如下。

借：银行存款　　100 000
贷：短期借款　　100 000

2）6 月还本付息，编制会计分录如下。

借：短期借款　　100 000
财务费用　　3 000
贷：银行存款　　103 000

任务二　应付账款的核算

知识储备

应付账款是指企业因购买材料、商品或接受劳务供应等经营活动应支付的款项。这是由于购销双方在购销活动中因取得物资与支付货款在时间上不一致而形成的负债。一般来说，应付账款应在与所购买物资所有权相关的主要风险和报酬已经转移，或者所购买的劳务已经接受时确认。

自学会计科目

“应付账款”科目。为区别因商品交易或接受劳务供应而发生的应付款项与由于其他原因而形成的应付款项，企业应设置“应付账款”科目，专用于核算应付账款的发生、偿还、转销等情况。本科目贷方登记因商品交易或接受劳务供应而增加的应付账款，借方登记企业以各种方式清偿的应付账款或已冲销的无法支付的应付账款；一般余额在贷方，表示尚未清偿的应付账款余额。如果出现借方余额，则表示多付的货款，此时已转换为预付项目，变成了债权。本科目应按债权人设置明细账，进行明细分类核算，以反映所欠不同债权人的债务情况。

核算任务

一、发生应付账款的核算

企业购买材料、商品或接受劳务所产生的应付账款，应按应付金额入账。按照有关凭证记载的实际价款或暂估价值，借记“原材料”“库存商品”“在途物资”等科目，按照可以抵扣的增值税税额，借记“应交税费——应交增值税（进项税额）”科目，贷记“应付账款”科目。

对于应付账款附有现金折扣条件的情况，应采用总价法处理，即按照扣除现金折扣之前的发票金额入账，如果在折扣期内付款而享受到现金折扣，再去冲减财务费用。

企业接受供应单位提供劳务而发生的应付未付款项，根据供应单位的发票账单，借记“生产成本”“管理费用”等科目，贷记“应付账款”科目。

二、偿还应付账款

企业偿还应付账款或开出商业汇票抵付应付账款时，借记“应付账款”科目，贷记“银行存款”“应付票据”等科目。

三、转销应付账款

应付账款由于债权单位撤销或其他原因无法支付的，应按账面余额计入营业外收入，借记“应付账款”科目，贷记“营业外收入”科目。

实例 8-3 2015 年 1 月 6 日，天津滨海股份有限公司购得某种规格元钢 100 吨，取得的增值税专用发票上注明的价款为 800 000 元，增值税税额为 136 000 元。货款及增值税税款于 2015 年 1 月 8 日用银行存款付清。所购元钢由供货方送货上门。

天津滨海股份有限公司应作如下处理。

1）2015 年 1 月 6 日购入货物时，编制会计分录如下。

借：原材料　　800 000
　　应交税费——应交增值税（进项税额）　　136 000
　　贷：应付账款　　936 000

2）2015 年 1 月 8 日付清货款时，编制会计分录如下。

借：应付账款　　936 000
　　贷：银行存款　　936 000

3）如果信用期满公司存款不足无法支付款项，经协商改为票据结算，则编制会计分录如下。

借：应付账款　　936 000
　　贷：应付票据　　936 000

4）如果供货方已撤销，天津滨海股份有限公司无法支付这笔款项，则编制会计分录如下。

借：应付账款　　936 000
　　贷：营业外收入　　936 000

实例 8-4 承实例 8-3，假定供货方给予天津滨海股份有限公司购货的现金折扣条件为“2/10，n /30”。

天津滨海股份有限公司就作如下处理。

1）2015 年 1 月 6 日购货时的会计分录同实例 8-3 的 1）。

2）如果天津滨海股份有限公司在 10 日之内付款，可以少付 16 000 元，则编制会计分录如下。

借：应付账款　　936 000
　　贷：银行存款　　920 000
　　　　财务费用　　16 000

3）如果天津滨海股份有限公司超过折扣期付款，则编制会计分录如下。

借：应付账款　　936 000
　　贷：银行存款　　936 000

任务三　应付票据的核算

知识储备

应付票据是指企业因购买材料、商品和接受劳务供应等而开出、承兑的商业汇票。应付票据是一种商业凭证，是付款人允诺在一定时期内支付一定金额给收款人或持票人的书面证明。目前，我国商业汇票的付款期限最长不超过6个月，因而将应付票据归于流动负债进行管理和核算。应付票据与应付账款虽都属于流动负债，但两者的性质不同。应付票据是一种承诺未来付款的期票，是延期付款的书面证明，应付账款则是尚未结清的债务。

应付票据按承兑人的不同可分为商业承兑汇票与银行承兑汇票。商业承兑汇票的承兑人为付款人，承兑人承诺在未来一定时期内支付该项债务，并将其作为企业的一项负债予以记录。如果企业采用银行承兑汇票，首先应持票及商品交易合同向开户银行申请承兑，经银行审查同意并交付承兑手续费后，企业方可持银行已承兑的票据进行商品交易。对付款人而言，经由银行承兑的汇票并不意味着企业的这项负债消失，只是为收款方按期收回债权提供了可靠的信用保证。在票据到期前，付款企业应将票款足额交存开户银行。如果到期时企业无力承付，银行除无条件向收款人承兑款项外，还将向付款企业强制执行扣款，并按日罚息。

自学会计科目

“应付票据”科目。为了核算票据的签发和偿付等情况，企业应设置“应付票据”科目。企业因购买材料、商品和接受劳务供应等开出、承兑汇票时，按票面金额记入本科目的贷方。期末对带息票据计息时，按照利息金额记入本科目的贷方。企业承付、支付票款及利息时，按照支付金额记入本科目的借方。本科目余额在贷方，表示企业尚未到期支付的票据的面值和利息。

核算任务

一、应付票据发生的核算

企业因购买材料、商品和接受劳务供应等开出、承兑的商业汇票，应按其票面金额作为应付票据的入账金额，借记“材料采购”“库存商品”“应付账款”“应交税费——应交增值税（进项税额）”等科目，贷记“应付票据”科目。

企业支付银行承兑汇票的手续费应计入当期财务费用，借记“财务费用”科目，贷记“银行存款”科目。

二、应付票据期末计息的核算

带息票据应于期末计提利息，计入财务费用，借记“财务费用”科目，贷记“应付票据”科目。

三、应付票据到期偿还本息的核算

应付票据到期偿还本息时，应按应付票据科目的贷方余额借记“应付票据”科目，按应计未计的利息借记“财务费用”科目，按实际支付的金额贷记“银行存款”科目。

四、应付票据到期无力偿付的核算

到期无力偿付的商业承兑汇票票款，按应付票据的账面余额，借记“应付票据”科目，贷记“应付账款”科目。到期不能偿付的带息票据，转入“应付账款”科目后，期末不再计提利息。

到期无力偿付的银行承兑汇票票款，按应付票据的账面余额，借记“应付票据”科目，贷记“短期借款”科目。

实例 8-5 2015 年 11 月 1 日，天津滨海股份有限公司购入一批原材料，取得的增值税专用发票上注明的价款为 100 000 元，增值税税额为 17 000 元。天津滨海股份有限公司向供货单位签发一张为期限 5 个月、年利率为 6% 的商业承兑汇票，原材料已验收入库。

天津滨海股份有限公司作如下处理。

1）2015 年 11 月 1 日购入原材料，签发汇票时，编制会计分录如下。

借：原材料　　100 000
　　应交税费——应交增值税（进项税额）　　17 000
　　贷：应付票据　　117 000

2）2015 年年末计提利息时，编制会计分录如下。

借：财务费用　　1 170
　　贷：应付票据　　1 170

3）2016 年 4 月 1 日到期偿付时，编制会计分录如下。

借：应付票据　　118 170
　　财务费用　　1 755
　　贷：银行存款　　119 925

4）如果 2016 年 4 月 1 日到期时企业无力偿付，则编制会计分录如下。

借：应付票据　　118 170
　　财务费用　　1 755
　　贷：应付账款　　119 925

实例 8-6 2015 年 1 月 1 日，天津滨海股份有限公司购入一批原材料，价值 50 000 元。增值税税额为 8 500 元。原材料已验收入库。天津滨海股份有限公司于当日开出一张面值为 58 500 元、期限为 5 个月的不带息银行承兑汇票，并支付银行手续费 50 元。

天津滨海股份有限公司应如下处理。

1）购入原材料签发汇票时，编制会计分录如下。

借：原材料　　50 000
　　应交税费——应交增值税（进项税额）　　8 500
　　贷：应付票据　　58 500

2）支付银行手续费时，编制会计分录如下。

借：财务费用　　50

　　贷：银行存款　　　　50

3）2015 年 6 月 1 日到期偿付时，编制会计分录如下。

借：应付票据　　　　58 500

　　贷：银行存款　　　　58 500

4）若 2015 年 6 月 1 日到期时企业无力偿付，编制会计分录如下。

借：应付票据　　　　58 500

　　贷：短期借款　　　　58 500

任务四　应付职工薪酬的核算

知识储备

一、职工薪酬的含义

职工薪酬是指企业为获得职工提供的服务或解除劳动关系而给予的各种形式的报酬或补偿。职工薪酬包括短期薪酬、离职后福利、辞退福利和其他长期职工福利。企业提供给职工配偶、子女、受赡养人、已故员工遗属及其他受益人等的福利，也属于职工薪酬。这里所称的职工，主要包括 3 类人员：一是与企业订立劳动合同的所有人员，含全职、兼职和临时职工；二是虽未与企业订立劳动合同但由企业正式任命的人员，如独立董事；三是未与企业订立劳动合同或未由其正式任命，但向企业提供服务与职工提供服务类似的人员，包括通过企业与劳务中介公司签订用工合同而向企业提供服务的人员。

二、职工薪酬的内容

（一）短期薪酬

短期薪酬是指企业在职工提供相关服务的年度报告期间结束后 12 个月内需要全部予以支付的职工薪酬，因解除与职工的劳动关系给予的补偿除外。

短期薪酬具体包括以下内容。

1. 职工工资、奖金、津贴和补贴

职工工资、奖金、津贴和补贴是指按照构成工资总额的计时工资、计件工资、支付给职工的超额劳动报酬和增收节支的劳动报酬，为了补偿职工特殊或额外的劳动消耗和因其他特殊原因支付给职工的津贴，以及为了保证职工工资水平不受物价影响支付给职工的物价补贴等。其中，企业按照短期奖金计划向职工发放的奖金属于短期薪酬，按照长期奖金计划向职工发放的奖金属于其他长期职工福利。

2. 职工福利费

职工福利费是指企业向职工提供的生活困难补助、丧葬补助费、抚恤费、职工异地安家费、防暑降温费等职工福利支出。

3. 医疗保险费、工伤保险费和生育保险费等社会保险费

医疗保险费、工伤保险费和生育保险费等社会保险费是指企业按照国家规定的基准和比例计算，向社会保险经办机构缴纳的医疗保险费、工伤保险费和生育保险费等。

4. 住房公积金

住房公积金是指企业按照国家规定的基准和比例计算，向住房公积金管理机构缴存的住房公积金。

5. 工会经费和职工教育经费

工会经费和职工教育经费是指企业为了改善职工文化生活、为职工学习先进技术和提高文化水平和业务素质，用于开展工会活动和职工教育及职业技能培训等相关支出。

6. 短期带薪缺勤

短期带薪缺勤是指职工虽然缺勤但企业仍向其支付报酬的安排，包括年休假、病假、婚假、产假、丧假、探亲假等；长期带薪缺勤属于其他长期职工福利。

7. 短期利润分享计划

短期利润分享计划是指因职工提供服务而与职工达成的基于利润或其他经营成果提供薪酬的协议。

8. 其他短期薪酬

其他短期薪酬是指除上述薪酬以外的其他为获得职工提供的服务而给予的短期薪酬。

（二）离职后福利

离职后福利是指企业为获得职工提供的服务而在职工退休或与企业解除劳动关系后，提供的各种形式的报酬和福利，短期薪酬和辞退福利除外。企业应当将离职后福利计划分类为设定提存计划和设定受益计划。离职后福利计划是指企业与职工就离职后福利达成的协议，或者企业为向职工提供离职后福利制定的规章或办法等。其中，设定提存计划是指向独立的基金交存固定费用后，企业不再承担进一步支付义务的离职后福利计划；设定受益计划是指除设定提存计划以外的离职后福利计划。

（三）辞退福利

辞退福利是指企业在职工劳动合同到期之前解除与职工的劳动关系，或者为鼓励职工自愿接受裁减而给予职工的补偿。

（四）其他长期职工福利

其他长期职工福利是指除短期薪酬、离职后福利、辞退福利之外所有的职工薪酬，包括长期带薪缺勤、长期残疾福利、长期利润分享计划和长期奖金计划等。

自学会计科目

“应付职工薪酬”科目。企业应当通过“应付职工薪酬”科目，核算应付职工薪酬的计提、结算和使用等情况。本科目贷方登记已分配计入有关成本费用项目的职工薪酬的数额，借方登记实际发放职工薪酬的数额，包括扣还的款项等。该科目期末贷方余额，反映企业应付未付的职工薪酬。

“应付职工薪酬”科目应当按照“工资、奖金、津贴和补贴”“职工福利费”“非货币性

福利”“社会保险费”“住房公积金”“工会经费和职工教育经费”“带薪缺勤”“利润分享计划”“设定提存计划”“设定受益计划义务”“辞退福利”等职工薪酬项目设置明细科目，进行明细核算。

核算任务

一、短期薪酬的核算

企业应当在职工为其提供服务的会计期间，将实际发生的短期薪酬确认为负债，并计入当期损益，其他会计准则要求或允许计入资产成本的除外。

（一）货币性职工薪酬

1. 工资、奖金、津贴和补贴

对于工资、奖金、津贴和补贴等货币性职工薪酬，企业可分别按以下情况处理。

① 生产部门人员的工资、奖金、津贴和补贴，借记“生产成本”“制造费用”“劳务成本”等科目，贷记“应付职工薪酬——工资、奖金、津贴和补贴”科目。

② 管理部门人员的工资、奖金、津贴和补贴，借记“管理费用”科目，贷记“应付职工薪酬——工资、奖金、津贴和补贴”科目。

③ 销售人员的工资、奖金、津贴和补贴，借记“销售费用”科目，贷记“应付职工薪酬——工资、奖金、津贴和补贴”科目。

④ 在建工程、研发人员的工资、奖金、津贴和补贴，借记“在建工程”“研发支出”科目，贷记“应付职工薪酬——工资、奖金、津贴和补贴”科目。

在实务中，企业一般根据每个月工资结算表中“实发金额”栏的合计数通过开户银行向职工发放，借记“应付职工薪酬——工资、奖金、津贴和补贴”科目，贷记“银行存款”科目。企业从应付职工薪酬中扣还的各种款项（代垫的家属药费、个人所得税等），借记“应付职工薪酬”科目，贷记“银行存款”“库存现金”“其他应收款”“应交税费——应交个人所得税”等科目。

实例 8-7 天津滨海股份有限公司2016年1月的工资结算汇总表如表8.1所示。请根据此表作出相应的会计处理。

表8.1 工资结算汇总表

2016年1月

编制单位：天津滨海股份有限公司　　　　元

项 目	应付职工薪酬					待扣款项（个税）	实发工资
	计时工资	计件工资	奖金	津贴	合计		
车间生产工人	10 000	8 000	5 000	2 000	25 000	1 000	24 000
车间管理人员	2 000		900	300	3 200	200	3 000
行政管理人员	8 000		3 500	1 000	12 500	800	11 700
销售部门人员	6 000		1 500	1 000	8 500	600	7 900
专项工程人员	1 000		500	100	1 600	100	1 500
合 计	27 000	8 000	11 400	4 400	50 800	2 700	48 100

天津滨海股份有限公司应作如下处理。

1）确认应付职工薪酬时，编制会计分录如下。

借：生产成本　25 000

　　制造费用　3 200

　　管理费用　12 500

　　销售费用　8 500

　　在建工程　1 600

　　贷：应付职工薪酬——工资、奖金、津贴和补贴　50 800

2）发放职工薪酬时，编制会计分录如下。

借：应付职工薪酬——工资、奖金、津贴和补贴　48 100

　　贷：银行存款　48 100

3）代扣个人所得税的处理，编制会计分录如下。

借：应付职工薪酬——工资、奖金、津贴和补贴　2 700

　　贷：应交税费——应交个人所得税　2 700

2. 职工福利费

企业发生的职工福利费应当在实际发生时根据实际发生额计入当期损益或相关资产成本，借记“管理费用”“生产成本”“制造费用”“销售费用”等科目，贷记“应付职工薪酬—职工福利费”科目。

实例 8-8　天津滨海股份有限公司下设一所职工食堂，每月根据在岗职工数量及岗位分布情况、相关历史经验数据等计算需要补贴食堂的金额，从而确定企业每期因职工食堂而需要承担的福利费金额。2015 年 1 月，企业在岗职工共计 100 人。其中，管理部门 20 人，生产车间 80 人。企业的历史经验数据表明，对于每个职工，企业每月需要补贴食堂 120 元。企业实际支付 12 000 元补贴给食堂。

天津滨海股份有限公司应作如下处理。

1）确认应付职工薪酬时，编制会计分录如下。

借：生产成本　9 600

　　管理费用　2 400

　　贷：应付职工薪酬——职工福利费　12 000

2）实际支付时，编制会计分录如下。

借：应付职工薪酬——职工福利费　12 000

　　贷：银行存款　12 000

3. 国家规定计提标准的职工薪酬

对于国家规定了计提基础和计提比例的医疗保险费、工伤保险费和生育保险费等社会保险费和住房公积金，以及按规定提取的工会经费和职工教育经费，企业应当在职工为其提供服务的会计期间，根据规定的计提基础和计提比例计算确定相应的职工薪酬金额，并确认相关负债，按照受益对象计入当期损益或相关资产成本，借记“管理费用”“生产成本”“制造费用”“销售费用”等科目，贷记“应付职工薪酬”科目。

实例 8-9　天津滨海股份有限公司 2015 年 2 月应发工资为 1 560 万元。其中，生产部门生产工人工资为 1 000 万元，生产部门管理人员工资为 200 万元，管理部门管理人员工

资为 360 万元。（假定不考虑其他因素及所得税的影响）

根据当地政府规定，天津滨海股份有限公司应当按照职工工资总额的 10% 和 8% 计提并缴存医疗保险费和住房公积金。天津滨海股份有限公司分别按照职工工资总额的 2% 和 1.5% 计提工会经费和职工教育经费。

天津滨海股份有限公司应作如下会计处理。天津滨海股份有限公司 2016 年 2 月的职工薪酬金额如下。

应当计入生产成本的职工薪酬 =1 000 + 1 000×（10% + 8% + 2% + 1.5%）=1 215（万元）

应当计入制造费用的职工薪酬 =200 + 200×（10% + 8% + 2% + 1.5%）=243（万元）

应当计入管理费用的职工薪酬 =360 + 360×（10% + 8% + 2% + 1.5%）=437.40（万元）

编制会计分录如下。

借：生产成本	12 150 000	
制造费用	2 430 000	
管理费用	4 374 000	
贷：应付职工薪酬——工资		15 600 000
——医疗保险费		1 560 000
——住房公积金		1 248 000
——工会经费		312 000
——职工教育经费		234 000

4. 短期带薪缺勤

企业根据其性质及职工享有的权利，将带薪缺勤分为累积带薪缺勤和非累积带薪缺勤。企业应当对累积带薪缺勤和非累积带薪缺勤分别进行会计处理。如果带薪缺勤属于长期带薪缺勤的，企业应当作为其他长期职工福利处理。

（1）累积带薪缺勤

累积带薪缺勤是指带薪缺勤权利可以结转下期的带薪缺勤，本期尚未用完的带薪缺勤权利可以在未来期间使用。企业应当在职工提供服务从而增加了其未来享有的带薪缺勤权利时，确认与累积带薪缺勤相关的职工薪酬，并以累积未行使权利而增加的预期支付金额计量。确认累积带薪缺勤时，借记“管理费用”等科目，贷记“应付职工薪酬——带薪缺勤——短期带薪缺勤——累积带薪缺勤”科目。

实例 8-10 天津滨海股份有限公司共有 1 000 名职工。从 2014 年 1 月 1 日起，该公司实行累积带薪缺勤制度。该制度规定，每个职工每年可享受 5 个工作日带薪年休假，未使用的年休假只能向后结转一个日历年度，超过一年未使用的权利作废；职工休年休假时，首先使用当年可享受的权利，不足部分再从上年结转的带薪年休假中扣除；职工离开公司时，对未使用的累积带薪年休假无权获得现金支付。

2014 年 12 月 31 日，每个职工当年平均未使用带薪年休假为 2 天。天津滨海股份有限公司预计 2015 年有 950 名职工将享受不超过 5 天的带薪年休假，剩余 50 名职工每人将平均享受 6 天半年休假。假定这 50 名职工全部为总部管理人员。该公司平均每名职工每个工作日工资为 500 元。

天津滨海股份有限公司职工 2014 年已休带薪年休假的，由于在休假期间照发工资，因此共相应的薪酬已经计入公司每月确认的薪酬金额中。与此同时，公司还需要预计职工 2014 年享有但尚未使用的、预期将在下一年度使用的累积带薪缺勤，并计入当期损益或相关资产成本。

天津滨海股份有限公司在2014年12月31日预计由于职工累积未使用的带薪年休假权利而导致预期将支付的工资负债即为75（50×1.5）天的年休假工资金额为37 500（75×500）元。

天津滨海股份有限公司应编制会计分录如下。

借：管理费用　　37 500

　　贷：应付职工薪酬——带薪缺勤——短期带薪缺勤——累积带薪缺勤　　37 500

（2）非累积带薪缺勤

非累积带薪缺勤是指带薪缺勤权利不能结转下期的带薪缺勤，本期尚未用完的带薪缺勤权利将予以取消，并且职工离开企业时也无权获得现金支付。我国企业职工休婚假、产假、丧假、探亲假、病假期间的工资通常属于非累积带薪缺勤。企业应当在职工实际发生缺勤的会计期间确认与非累积带薪缺勤相关的职工薪酬。

企业确认职工享有的与非累积带薪缺勤相关的职工薪酬，视同职工出勤确认的当期损益或相关资产成本。通常情况下，与非累积带薪缺勤相关的职工薪酬已经包括在企业每期向职工发放的工资等薪酬中，因此不必额外作相应账务处理。

5. 利润分享计划的会计处理

利润分享计划同时满足下列条件的，企业应当确认相关的应付职工薪酬：

（1）企业因过去事项导致现在具有支付职工薪酬的法定义务或推定义务；

（2）因利润分享计划所产生的应付职工薪酬义务金额能够可靠估计。

属于下列3种情形之一的，视为义务金额能够可靠估计：

① 在财务报告批准报出之前企业已确定应支付的薪酬金额；

② 该短期利润分享计划的正式条款中包括确定薪酬金额的方式；

③ 过去的惯例为企业确定推定义务金额提供了明显证据。

职工只有在企业工作一段特定期间才能分享利润的，企业在计量利润分享计划产生的应付职工薪酬时，应当反映职工因离职而无法享受利润分享计划福利的可能性。

如果企业在职工为其提供相关服务的年度报告期间结束后12个月内，不需要全部支付利润分享计划产生的应付职工薪酬，该利润分享计划应当适用其他长期职工福利的有关规定。

实例 8-11 天津滨海股份有限公司于2015年年初制订并实施了一项短期利润分享计划，以对公司管理层进行激励。该计划规定，公司全年的净利润指标为1 000万元，如果在公司管理层的努力下完成的净利润超过1 000万元，公司管理层将可以分享超过1 000万元净利润部分的10%作为额外报酬。假定至2015年12月31日，天津滨海股份有限公司全年实际完成净利润1 500万元。（假定不考虑离职等其他因素）。按照利润分享计划公司管理层可以分享利润50［（1 500–1 000）×10%］万元作为其额外的薪酬。

天津滨海股份有限公司2015年12月31日应编制会计分录如下。

借：管理费用　　500 000

　　贷：应付职工薪酬——利润分享计划　　500 000

（二）非货币性职工薪酬

企业将自产产品作为非货币性福利发放给职工的，应当根据受益对象，按照该产品的公允价值，计入相关资产成本或当期损益，同时确认应付职工薪酬，借记“管理费用”“生产成本”“制造费用”等科目，贷记“应付职工薪酬——非货币性福利”科目。同时确认主营业务收入，结转成本，涉及增值税销项税额的，还应进行相应处理。

实例 8-12　天津滨海股份有限公司为小家电生产企业，共有职工 200 名。其中，170 名为直接参加生产的职工，30 名为总部管理人员。2015 年 1 月，公司以其生产的成本为 900 元 / 台的电暖器作为春节福利发放给公司的每名职工。该型号的电暖器市场售价为 1 000 元，公司适用的增值税税率为 17%。

企业将自产的电暖器作为福利发放给职工，应视同销售计算增值税销项税额，同时确认收入，结转成本。

天津滨海股份有限公司应作如下处理。

1）确认应付职工薪酬时，编制会计分录如下。

借：生产成本　　198 900

　　管理费用　　35 100

　　贷：应付职工薪酬——非货币性福利　　234 000

2）发放非货币性福利时，确认主营业务收入，编制会计分录如下。

借：应付职工薪酬——非货币性福利　　234 000

　　贷：主营业务收入　　200 000

　　　　应交税费——应交增值税（销项税额）　　34 000

3）结转成本时，编制会计分录如下。

借：主营业务成本　　180 000

　　贷：库存商品　　180 000

企业将拥有的房屋等资产无偿提供给职工使用的，应当根据受益对象，将该住房每期应计提的折旧计入相关资产成本或当期损益，同时确认应付职工薪酬，借记“管理费用”“生产成本”“制造费用”等科目，贷记“应付职工薪酬——非货币性福利”科目。租赁住房等资产供职工无偿使用的，应当根据受益对象，将每期应付的租金计入相关资产成本或当期损益，并确认应付职工薪酬，借记“管理费用”“生产成本”“制造费用”等科目，贷记“应付职工薪酬——非货币性福利”科目。难以认定受益对象的非货币性福利，直接计入当期损益和应付职工薪酬。

实例 8-13　天津滨海股份有限公司为总部各部门经理级别以上职工提供汽车免费使用，同时为副总裁以上高级管理人员每人租赁一套住房。天津滨海股份有限公司总部共有部门经理级别以上职工 20 名，为每人提供一辆轿车使用，假定每辆轿车每月计提折旧 1 000 元；共有副总裁以上高级管理人员 5 名，为每人租赁 200 平方米公寓一套，月租金为 8 000 元 / 套。

天津滨海股份有限公司应作出如下处理。

1）确认提供汽车的非货币性福利时，编制会计分录如下。

借：管理费用　　20 000

　　贷：应付职工薪酬——非货币性福利　　20 000

借：应付职工薪酬——非货币性福利　　20 000

　　贷：累计折旧　　20 000

2）确认租赁住房的非货币性福利时，编制会计分录如下。

借：管理费用　　40 000

　　贷：应付职工薪酬——非货币性福利　　40 000

3）支付住房租金时，编制会计分录如下。

借：应付职工薪酬——非货币性福利　　40 000

贷：银行存款　　40 000

向职工提供企业支付了补贴的商品或服务，如果合同约定职工在取得住房等商品或服务后至少应提供服务的年限，企业应将出售商品或服务的价格与成本间的差额，作为长期待摊费用处理，在合同约定的服务年限内平均摊销，根据受益对象分别计入相关资产成本或当期损益。如果合同没有约定职工在取得住房等商品或服务后至少应提供服务的年限，企业应将出售商品或服务的价格与成本间的差额，作为对职工过去提供服务的一种补偿，直接计入向职工出售商品或服务当期的损益。

实例 8-14　2015 年年初天津滨海股份有限公司为稳定管理队伍，与 10 名中层管理人员签订了协议：以每套 50 万元的价格售给每名管理人员一套公寓；每名管理人员必须自协议签订之日起服务 10 年，如违约则由公司无偿收回公寓。此协议于 2016 年年初生效并当即执行。天津滨海股份有限公司在 2014 年 11 月以每套 80 万元的价格购入 10 套公寓，假定不考虑相关税费。

天津滨海股份有限公司应作如下处理。

1）2014 年 11 月购入公寓时，编制会计分录如下。

借：固定资产　　8 000 000

　　贷：银行存款　　8 000 000

2）2015 年年初执行协议时，编制会计分录如下。

借：银行存款　　5 000 000

　　长期待摊费用　　3 000 000

　　贷：固定资产　　8 000 000

3）2015 年分摊长期待摊费用时，编制会计分录如下。

借：管理费用　　300 000

　　贷：应付职工薪酬　　300 000

借：应付职工薪酬　　300 000

　　贷：长期待摊费用　　300 000

4）假如协议并未要求服务年限及其他附加条件，则 2015 年年初执行协议时，编制会计分录如下。

借：银行存款　　5 000 000

　　管理费用　　3 000 000

　　贷：固定资产　　8 000 000

二、离职后福利的核算

（一）设定提存计划的会计处理

企业应当在职工为其提供服务的会计期间，将根据设定提存计划计算的应缴存金额确认为负债，并计入当期损益或相关资产成本，借记“生产成本”“制造费用”“管理费用”等科目，贷记“应付职工薪酬——设定提存计划”科目。根据设定提存计划，预期不会在职工提供相关服务的年度报告期结束后 12 个月内支付全部应缴存金额的，应当参照规定的折现率，将全部应缴存金额以折现后的金额计量应付职工薪酬。

实例 8-15　承实例 8-9，天津滨海股份有限公司根据所在地政府的规定，按照职工工资总额的 12% 计提基本养老保险费，缴存当地社会保险经办机构。2015 年 2 月，天津滨海股份有限公司缴存的基本养老保险费，应计入生产成本的金额为 120 万元，应计入制造费用的金额为 24 万元，应计入管理费用的金额为 43.2 万元。

天津滨海股份有限公司 2015 年 2 月应编制会计分录如下。

借：生产成本	1 200 000	
制造费用	240 000	
管理费用	432 000	
贷：应付职工薪酬——设定提存计划		1 872 000

（二）设定受益计划的会计处理

1. 确定设定受益计划义务的现值和当期服务成本

企业应当根据预期累计福利单位法，采用无偏且相互一致的精算假设对有关人口统计变量和财务变量等作出估计，计量设定受益计划所产生的义务，并确定相关义务的归属期间。企业应当根据资产负债表日与设定受益计划义务期限和币种相匹配的国债或活跃市场上的高质量公司债券的市场收益率确定折现率，将设定受益计划所产生的义务予以折现，以确定设定受益计划义务的现值和当期服务成本。

2. 确定设定受益计划净负债或净资产

设定受益计划存在资产的，企业应当将设定受益计划义务的现值减去设定受益计划资产公允价值所形成的赤字或盈余确认为一项设定受益计划净负债或净资产。

设定受益计划存在盈余的，企业应当以设定受益计划的盈余和资产上限 2 项的孰低者计量设定受益计划净资产。其中，资产上限是指企业可从设定受益计划退款或减少未来向独立主体缴存提存金而获得的经济利益的现值。

3. 确定应当计入当期损益的金额

报告期末，企业应当在损益中确认的设定受益计划产生的职工薪酬成本包括服务成本、设定受益净负债或净资产的利息净额。除非其他相关会计准则要求或允许职工福利成本计入资产成本，企业应当将服务成本和设定受益净负债或净资产的利息净额计入当期损益。

4. 确定应当计入其他综合收益的金额

企业应当将重新计量设定受益计划净负债或净资产所产生的变动计入其他综合收益，并且在后续会计期间不允许转回至损益，但企业可以在权益范围内转移这些在其他综合收益中确认的金额。

重新计量设定受益计划净负债或净资产所产生的变动包括：精算利得或损失，即由于精算假设和经验调整导致之前所计量的设定受益计划义务现值的增加或减少；计划资产回报，扣除包括在设定受益净负债或净资产的利息净额中的金额；资产上限影响的变动，扣除包括在设定受益计划净负债或净资产的利息净额中的金额。

三、辞退福利的核算

企业向职工提供辞退福利的，应当在下列两者孰早日确认辞退福利产生的职工薪酬负债，并计入当期损益：

① 企业不能单方面撤回因解除劳动关系计划或裁减建议所提供的辞退福利时；

② 企业确认与涉及支付辞退福利的重组相关的成本或费用时。

确认辞退福利时，借记“管理费用”科目，贷记“应付职工薪酬——辞退福利”科目。

企业应当按照辞退计划条款的规定，合理预计并确认辞退福利产生的应付职工薪酬。辞退福利预期在其确认的年度报告期结束后 12 个月内完全支付的，应当适用短期薪酬的相关规定；辞退福利预期在其确认的年度报告期结束后 12 个月内不能完全支付的，应当适用关于其他长期职工福利的有关规定。

四、其他长期职工福利的核算

企业向职工提供的其他长期职工福利，符合设定提存计划条件的，应当设定提存计划相同的原则进行处理。此外，企业应当适用关于设定受益计划的有关规定，确认和计量其他长期职工福利净负债或净资产。在报告期末，企业应当将其他长期职工福利产生的职工薪酬成本确认为下列组成部分：服务成本；其他长期职工福利净负债或净资产的利息净额；重新计量其他长期职工福利净负债或净资产所产生的变动。

为简化相关会计处理，上述项目的总净额应计入当期损益或相关资产成本。

长期残疾福利水平取决于职工提供服务期间长短的，企业应当在职工提供服务的期间确认应付长期残疾福利义务，计量时应当考虑长期残疾福利支付的可能性和预期支付的期限。长期残疾福利与职工提供服务期间长短无关的，企业应当在导致职工长期残疾的事件发生的当期确认应付长期残疾福利义务。

任务五　应交税费的核算

知识储备

应交税费是指企业依法缴纳的增值税、消费税、企业所得税、资源税、土地增值税、城市维护建设税、教育费附加、房产税、土地使用税、车船税、矿产资源补偿费、印花税和耕地占用费等。

自学会计科目

“应交税费”科目。企业应通过“应交税费”科目，总括反映各种税费的缴纳情况，并按照应交税费项目进行明细核算。本科目贷方登记应缴纳的各种税费等，借方登记实际缴纳的税费；期末余额一般在贷方，反映企业尚未缴纳的税费，期末余额如果在借方，则反映企业多缴或尚未抵扣的税费。企业缴纳的印花税、耕地占用税等不需要预计应交数的税金，不通过“应交税费”科目核算。

核算任务

一、应交增值税的核算

增值税是对我国境内销售服务、无形资产或不动产，以及进口货物的单位和个人，以其实现的增值额为征税对象征收的一种流转税。为严格增值税的征收管理和适当简化经营规模较小纳税人的税款征收，通常将增值税纳税人按其经营规模及会计核算健全与否划分为一般纳税人和小规模纳税人。

（一）一般纳税人应交增值税的核算

为了核算企业应交增值税的发生、抵扣、缴纳、退税及转出等情况，应在“应交税费”科目下设置“应交增值税”明细科目，并在“应交增值税”明细科目内设置“进项税额”“已交税费”“减免税款”“出口抵减内销产品应纳税额”“营改增抵减的销项税额”“转出未交增值税”“销项税额”“出口退税”“进项税额转出”“转出多交增值税”等明细。上述各明细所反映的经济内容为如下所述。

①“进项税额”记录企业购入货物或接受应税劳务而支付的、准予从销项税额中抵扣的增值税税额。

②“已交税费”记录企业已缴纳的增值税税额。

③“减免税款”记录企业按规定享受直接减免的增值税税款或按规定抵减的增值税应纳税额。

④“出口抵减内销产品应纳税额”记录企业按规定的退税率计算的零税率应税服务的当期免抵税额。

⑤“营改增抵减的销项税额”核算一般纳税人提供应税服务，试点期间按照营业税改征增值税有关规定允许从销售额中扣除其支付给非试点纳税人价款，按规定扣减销售额而减少的销项税额。

⑥“转出未交增值税”记录企业月终转出应交未交的增值税。

⑦“销项税额”记录企业销售货物或提供应税劳务而收取的增值税税额。

⑧“出口退税”记录企业出口货物、向海关办理报关手续后，凭出口报关单等有关凭证，向税务机关办理出口退税而收到退回的税款。

⑨“进项税额转出”记录企业因各种原因，不得从销项税额中抵扣而转出的进项税额。

⑩“转出多交增值税”记录企业月终转出多交的增值税。

1. 一般购销业务的账务处理

企业从国内采购物资或接受应税劳务等，根据增值税专用发票上记载的应计入采购成本或应计入加工、修理、修配等物资成本的金额，借记“固定资产”“材料采购”“在途物资”“原材料”“库存商品”或“生产成本”“制造费用”“委托加工物资”“管理费用”等科目；根据增值税专用发票上注明的可抵扣的增值税税额，借记“应交税费——应交增值税（进项税额）”科目；按照应付或实际支付的总额，贷记“应付账款”“应付票据”“银行存款”等科目。

企业销售物资或提供应税劳务，按照营业收入和应收取的增值税税额，借记“应收账款”“应收票据”“银行存款”等科目，按专用发票上注明的增值税税额，贷记“应交税费——应交增值税（销项税额）”科目；按照实现的营业收入，贷记“主营业务收入”“其他业务收入”等科目。

实例 *8-16* 天津滨海股份有限公司为增值税一般纳税企业，于 2015 年 1 月购入一批生产用原材料，增值税专用发票上注明的价款为 400 000 元，增值税税额为 68 000 元。材料已到达并验收入库，货款尚未支付。该公司当期销售产品一批，不含税售价为 700 000 元，应收取增值税税额为 119 000 元，货款尚未收到。

天津滨海股份有限公司应作如下会计处理。

1）购进货物时，编制会计分录如下。

借：原材料　　400 000

　　应交税费——应交增值税（进项税额）　　68 000

　　贷：应付账款　　468 000

2）销售产品时，编制会计分录如下。

借：应收账款　　819 000

　　贷：主营业务收入　　700 000

　　　　应交税费——应交增值税（销项税额）　　119 000

2. 购入免税产品的账务处理

企业购入免税农产品，可以按买价和规定的扣除率计算进项税额，借记“应交税费——应交增值税（进项税额）”科目；按买价扣除规定的进项税额后的余额，借记“材料采购”“原材料”“库存商品”等科目；按照应付或实际支付的价款，贷记“应付账款”“银行存款”科目。

实例 8-17 天津滨海股份有限公司收购一批免税农产品，支付的买价为 1 500 000 元，货物尚未到达，款项已经支付。假定企业采用实际成本法进行日常材料核算，该农产品准予抵扣的进项税额按买价的 10% 计算。

编制会计分录如下。

进项税额 =1 500 000×10%=150 000（元）

借：在途物资　　1 350 000

　　应交税费——应交增值税（进项税额）　　150 000

　　贷：银行存款　　1 500 000

3. 不予抵扣项目和进项税额转出的账务处理

不予抵扣的项目有：将购买的物资或接受的劳务用于集体福利或个人消费；将购买的物资或接受的劳务用于其他非应税项目；非正常损失的购进货物；非正常损失的在产品、产成品所耗用的购进货物或应税劳务，等等。

如果购进货物或接受劳务时即能认定进项税额不能抵扣，应连同价款一起计入购进货物或接受劳务成本中；如果不能立即认定，可先按增值税专用发票上注明的增值税税额，借记“应交税费——应交增值税（进项税额）”科目，待日后再作进项税额转出处理，借记“在建工程”“应付职工薪酬”“待处理财产损溢”等科目，贷记“应交税费——应交增值税（进项税额转出）”科目。

实例 8-18 天津滨海股份有限公司的库存材料因遭火灾发生毁损，其实际成本为 200 000 元，购进时支付增值税税款 34 000 元。

编制会计分录如下。

借：待处理财产损溢　　234 000

　　贷：原材料　　200 000

　　　　应交税费——应交增值税（进项税额转出）　　34 000

实例 8-19 天津滨海股份有限公司于 2016 年 1 月购入原材料一批，价款 10 000 元和增值税 1 700 元已通过银行存款支付。当月该公司所属的职工医院维修时领用该批原材料的一半。

天津滨海股份有限公司的相关会计处理如下。

1）购入原材料时，编制会计分录如下。

借：原材料　　10 000

　　应交税费——应交增值税（进项税额）　　1 700

　　贷：银行存款　　11 700

2）职工医院维修领用原材料的，编制会计分录如下。

借：应付职工薪酬——职工福利费　　5 850

　　贷：原材料　　5 000

　　　　应交税费——应交增值税（进项税额转出）　　850

4．视同销售的账务处理

企业有些交易和事项从会计角度看不属于销售行为，不能确认收入，但按照税法规定，应视同对外销售处理，计算应交增值税。视同销售行为包括：将自产、委托加工或购买的货物分配给股东或投资者；将自产、委托加工或购买的货物用于对外投资；将自产、委托加工或购买的货物无偿赠送他人；将自产、委托加工的货物用于集体福利或个人消费；将自产、委托加工的货物用于非应税项目等。在这些情况下，企业应借记“在建工程”“长期股权投资”“营业外支出”等科目，贷记“应交税费——应交增值税（销项税额）”科目。

实例 8-20　天津滨海股份有限公司将自产的产品用于自行建造厂房。产品成本为200 000元，计税价格为250 000元，增值税税率为17%。

编制会计分录如下。

用于建造厂房的产品的销项税额=250 000×17%=42 500（元）

借：在建工程　　242 500

　　贷：库存商品　　200 000

　　　　应交税费——应交增值税（销项税额）　　42 500

5．出口退税的账务处理

企业出口产品按规定退税的，按应收的出口退税额，借记“其他应收款”科目，贷记“应交税费——应交增值税（出口退税）”科目。

6．缴纳增值税的账务处理

企业缴纳增值税时，借记“应交税费——应交增值税（已交税费）”科目，贷记“银行存款”科目。“应交税费——应交增值税”科目的贷方余额，表示企业应缴纳的增值税。

实例 8-21　天津滨海股份有限公司以银行存款缴纳本月增值税税款150 000元。

编制会计分录如下。

借：应交税费——应交增值税（已交税费）　　150 000

　　贷：银行存款　　150 000

（二）增值税小规模纳税人的核算

小规模纳税人是指年销售额在规定标准以下，且会计核算不健全，不能按规定报送有关税务资料的纳税人。小规模纳税企业销售货物或提供应税劳务，在一般情况下不能开具增值税专用发票，只能开具普通发票，并且须要按营业额的3%计算缴纳增值税，不享有进项税额抵扣的权利，其购进货物或接受应税劳务支付的增值税直接计入有关货物或劳务的成本。因此，小规模纳税企业只须在“应交税费”科目下设置“应交增值税”明细科目，不须要在“应交增值税”明细科目下设置专栏。“应交税费——应交增值税”科目贷方登记应缴纳的增值税，借方登记已缴纳的增值税；期末贷方余额为尚未缴纳的增值税，借方余额为多缴纳的增值税。

小规模纳税人购进货物和接受应税劳务时支付的增值税，直接计入有关货物和劳务的成本，借记“材料采购”“在途物资”“原材料”等科目，贷记“银行存款”“应付账款”“应付票据”等科目。

小规模纳税人销售货物或提供应税劳务，按照营业收入和应收取的增值税税额，借记“应收账款”“应收票据”“银行存款”等科目；按营业收入与征收率的乘积，贷记“应交税费——应交增值税”科目；按照实现的营业收入，贷记“主营业务收入”“其他业务收入”等科目。

小规模纳税人缴纳增值税时，借记“应交税费——应交增值税”科目，贷记“银行存款”科目。

实例 8-22 A公司为增值税小规模纳税企业，于2015年1月购入一批材料，取得的增值税专用发票上注明的价款为100 000元，增值税税额为17 000元。材料已验收入库，货款用转账支票付讫。该企业本月销售一批产品，含税价格为154 500元，款项已收。该小规模纳税企业增值税征收率为3%。

A公司应作如下会计处理。

1）购入材料时，编制会计分录如下。

借：原材料　　117 000
　　贷：银行存款　　117 000

2）销售产品时，编制会计分录如下。

应纳税销售额＝含税销售额 ÷（1+征收率）=154 500÷（1+3%）=150 000（元）

应纳增值税税额 =150 000×3%=4 500（元）

借：银行存款　　154 500
　　贷：主营业务收入　　150 000
　　　　应交税费——应交增值税　　4 500

3）交纳增值税时，编制会计分录如下。

借：应交税费——应交增值税　　4 500
　　贷：银行存款　　4 500

（三）营业税改征增值税试点企业应交增值税的账务处理

经国务院批准，自2012年1月1日起，在我国部分地区部分行业开展深化增值税制度改革试点，逐步将营业税改征增值税。试点行业为交通运输业、邮电通信业、部分现代服务业等生产性服务业。营业税改征增值税试点有关企业会计处理有关内容如下。

1. 一般纳税人差额征税的会计处理

增值税差额征税是指营业税改征增值税试点地区的纳税人，提供营业税改征增值税应税服务，以取得的全部价款和价外费用扣除支付给规定范围纳税人、规定项目价款后不含税余额缴纳增值税。

企业接受应税服务时，按规定允许扣减销售额而减少的销项税额，借记“应交税费——应交增值税（营改增抵减的销项税额）”科目；按实际支付或应付的金额与上述增值税税额的差额，借记“主营业务成本”等科目；按实际支付或应付的金额，贷记“银行存款”“应付账款”等科目。对于期末一次性进行账务处理的企业，期末按规定当期允许扣减销售额而减少的销项税额，借记“应交税费——应交增值税（营改增抵减的销项税额）”科目，贷记“主营业务成本”等科目。

实例 8-23　B 运输公司为营业税改征增值税试点的增值税一般纳税人，适用的增值税税率为 11%。2015 年 8 月提供国内货物运输服务，取得价税款合计 3 330 000 元，款项存入银行。支付非试点联运企业运费 555 000 元并取得交通运输业专用发票。假定不考虑其他因素。

B 公司应作出如下会计处理。

1）接受联运企业应税服务时，编制会计分录如下。

借：主营业务成本　　500 000
　　应交税费——应交增值税（营改增抵减的销项税额）　　55 000
　　贷：银行存款　　555 000

营业税改征增值税抵减的销项税额 =［555 000÷（1+11%）］×11%=55 000（元）

2）确认提供货物运输服务应交增值税时，编制会计分录如下。

借：银行存款　　3 330 000
　　贷：主营业务收入　　3 000 000
　　　　应交税费——应交增值税（销项税额）　　330 000

2. 小规模纳税人差额征税的账务处理

小规模纳税人提供应税服务，试点期间按照营业税改征增值税有关规定允许从销售额中扣除其支付给非试点纳税人价款的，按规定扣减销售额而减少的应交增值税应直接冲减“应交税费——应交增值税”科目。

企业接受应税服务时，按规定允许扣减销售额而减少的应交增值税，借记“应交税费——应交增值税”科目；按实际支付或应付的金额与上述增值税税额的差额，借记“主营业务成本”等科目；按实际支付或应付的金额，贷记“银行存款”，“应付账款”等科目。对于期末一次性进行账务处理的企业，期末按规定当期允许扣减销售额而减少的销项税额，借记“应交税费——应交增值税”科目，贷记“主营业务成本”等科目。

二、应交消费税的核算

消费税是指在我国境内生产、委托加工和进口应税消费品的单位和个人，按其流转额缴纳的一种税。消费税有从价定率和从量定额 2 种征收方法，实行消费税的主要目的在于调节产品结构、引导消费方向。

为了核算应交消费税的发生、缴纳情况，企业应在“应交税费”科目下设置“应交消费税”明细科目。该科目贷方登记应缴纳的消费税，借方登记已缴纳的消费税；期末贷方余额为尚未缴纳的消费税，借方余额为多交纳的消费税。

（一）销售应税消费品

企业销售应税消费品，按应缴纳的消费税额借记“营业税金及附加”科目，贷记“应交税费——应交消费税”科目。

实例 8-24　天津滨海股份有限公司销售生产的一批化妆品，价款为 10 000 元（不含增值税），适用的消费税税率为 30%。

天津滨海股份有限公司应编制会计分录如下。

借：营业税金及附加　　3 000
　　贷：应交税费——应交消费税　　3 000

（二）自产自用应税消费品

企业将自产的应税消费品用于在建工程等非生产机构时，按照规定应缴纳的消费税，借记“在建工程”等科目，贷记“应交税费——应交消费税”科目。

实例 8-25　天津滨海股份有限公司在建工程领用价值 50 000 元的自产柴油，按照规定应纳增值税 10 200 元，应纳消费税 6 000 元。

编制会计分录如下。

借：在建工程　　66 200
　　贷：库存商品　　50 000
　　　　应交税费——应交增值税（销项税额）　　10 200
　　　　　　　　——应交消费税　　6 000

（三）委托加工应税消费品

企业委托加工的应税消费品，一般由受托方代扣代缴消费税（除受托加工或翻新改制金银首饰外）。受托方按照应缴税款金额，借记“应收账款”“银行存款”等科目，贷记“应交税费——应交消费税”科目。

如果委托加工的应税消费品收回后直接用于销售，则在销售时不再缴纳消费税，应将受托方代扣代缴的消费税计入委托加工应税消费品的成本，借记“委托加工物资”等科目，贷记“应付账款”“银行存款”等科目；如果委托加工的应税消费品收回后用于连续生产应税消费品，则应按受托方代扣代缴的消费税借记“应交税费——应交消费税”科目，贷记“应付账款”“银行存款”等科目。

实例 8-26　天津滨海股份有限公司委托另一企业加工一批消费税应税材料（非金属首饰），材料实际成本为 500 000 元，加工费为 40 000 元。材料已加工完毕验收入库。加工费用银行存款支付。适用的增值税税率为 17%，消费税税率为 10%。

天津滨海股份有限公司的账务处理如下。

增值税税额 =40 000×17%=6 800（元）

消费税税额 =（500 000+40 000）÷（1-10%）×10%=60 000（元）

1）如果收回后直接用于销售，则对发出材料、支付加工费和消费税、收回委托加工物资编制会计分录如下。

借：委托加工物资　　500 000
　　贷：原材料　　500 000
借：委托加工物资　　100 000
　　应交税费——应交增值税（进项税额）　　6 800
　　贷：银行存款　　106 800
借：原材料　　600 000
　　贷：委托加工物资　　600 000

2）如果收回后用于连续生产应税消费品，则对发出材料、支付加工费和消费税、收回委托加工物资编制会计分录如下。

借：委托加工物资　　500 000

贷：原材料　　500 000

借：委托加工物资　　40 000

应交税费——应交增值税（进项税额）　　6 800

——应交消费税　　60 000

贷：银行存款　　106 800

借：原材料　　540 000

贷：委托加工物资　　540 000

三、其他应交税费的核算

其他应交税费是指除上述应交税费以外的应交税费，包括应交资源税、应交城市维护建设税、应交教育费附加、应交土地增值税、应交所得税、应交房产税、应交土地使用税、应交车船税、应交矿产资源补偿费和应交个人所得税等。企业应当在“应交税费”科目下分别设置相应的明细科目进行核算，贷方登记应缴纳的有关税费，借方登记已缴纳的有关税费，期末贷方余额表示尚未缴纳的有关税费。

（一）应交资源税

资源税是国家对在我国境内开采矿产品或者生产盐的单位和个人征收的一种税。资源税按照应税产品的课税数量和规定的单位税额计算。

对外销售应税产品应缴纳的资源税，按照计算的资源税金额，借记“营业税金及附加”科目，贷记“应交税费——应交资源税”科目；自产自用应税产品应缴纳的资源税，按照计算的资源税金额，借记“生产成本”“制造费用”等科目，贷记“应交税费——应交资源税”科目。

实例 8-27　天津滨海股份有限公司本期对外销售资源税应税矿产品 3 600 吨，将自产资源税应税矿产品 800 吨用于产品生产。按照税法规定每吨矿产品应交资源税 5 元。

天津滨海股份有限公司应作如下会计处理。

1）计算对外销售应税矿产品应交资源税时，编制会计分录如下。

借：营业税金及附加　　18 000

贷：应交税费——应交资源税　　18 000

2）计算自产自用应税矿产品应交资源税时，编制会计分录如下。

借：生产成本　　4 000

贷：应交税费——应交资源税　　4 000

3）缴纳资源税时，编制会计分录如下。

借：应交税费——应交资源税　　22 000

贷：银行存款　　22 000

（二）应交城市维护建设税和应交教育费附加

城市维护建设税是以增值税和消费税为计税依据征收的一种税。其目的在于加强城市维护建设，扩大和稳定城市维护建设资金的来源。根据纳税人所在地不同，税率 1%~7% 不等。

教育费附加是国家为了发展我国的教育事业和提高人民的文化素质而向企业征收的附加费用。教育费附加也是以增值税、营业税和消费税为计税依据的，税率一般为 3%。

企业按照应交的城市维护建设税金额或应交教育费附加的金额，借记“营业税金及附加”等科目，贷记“应交税费——应交城市维护建设税”或“应交税费——应交教育费附加”科目。

实例 8-28 天津滨海股份有限公司本期实际应交增值税 360 000 元、消费税 240 000 元和营业税 150 000 元，适用的城市维护建设税税率为 7%，教育费附加税率为 3%。

天津滨海股份有限应作如下会计处理。

1）计算城市维护建设税和教育费附加时，编制会计分录如下。

借：营业税金及附加　75 000
　　贷：应交税费——应交城市维护建设税　52 500
　　　　应交税费——应交教育费附加　22 500

2）缴纳城市维护建设税和教育费附加时，编制会计分录如下。

借：应交税费——应交城市维护建设税　52 500
　　应交税费——应交教育费附加　22 500
　　贷：银行存款　75 000

（三）应交土地增值税

土地增值税是指在我国境内有偿转让国有土地使用权及地上建筑物和其他附着物产权的单位和个人，就其土地增值额征收的一种税。

企业应交的土地增值税视情况记入不同科目：企业转让的土地使用权连同地上建筑物及其附着物一并在“固定资产”等科目核算的，转让时应交的土地增值税，借记“固定资产清理”科目，贷记“应交税费——应交土地增值税”科目；土地使用权在“无形资产”科目核算的，按实际收到的金额借记“银行存款”“累计摊销”“无形资产减值准备”科目，按应交的土地增值税贷记“应交税费——应交土地增值税”科目，同时冲销土地使用权的账面价值，贷记“无形资产”科目，按其差额，借记“营业外支出”科目或贷记“营业外收入”科目；房地产开发经营企业销售房地产应缴纳的土地增值税，借记“营业税金及附加”科目，贷记“应交税费——应交土地增值税”科目，缴纳土地增值税时，借记“应交税费——应交土地增值税”科目，贷记“银行存款”科目。

实例 8-29 天津滨海股份有限公司对外转让一栋厂房，根据税法规定应交土地增值税 25 000 元。

天津滨海股份有限公司应作出如下会计处理。

1）计算应交土地增值税时，编制会计分录如下。

借：固定资产清理　25 000
　　贷：应交税费——应交土地增值税　25 000

2）缴纳土地增值税时，编制会计分录如下。

借：应交税费——应交土地增值税　25 000
　　贷：银行存款　25 000

（四）应交个人所得税

企业按照税法规定计算的代扣代缴的职工个人所得税，借记“应付职工薪酬”科目，贷记“应交税费——应交个人所得税”科目。企业缴纳个人所得税时，借记“应交税费——应交个人所得税”科目，贷记“银行存款”科目。

实例 8-30　天津滨海股份有限公司结算本月应付职工工资总额为 300 000 元，按税法规定代扣代缴的职工个人所得税共计 3 000 元，实发工资为 297 000 元。

天津滨海股份有限公司应作出如下会计处理。

1）代扣个人所得税时，编制会计分录如下。

借：应付职工薪酬——工资　　3 000
　　贷：应交税费——应交个人所得税　　3 000

2）缴纳个人所得税时，编制会计分录如下。

借：应交税费——应交个人所得税　　3 000
　　贷：银行存款　　3 000

（五）应交房产税、土地使用税、车船使用税和矿产资源补偿费

企业按照应交的房产税、土地使用税、车船使用税和矿产资源补偿费的金额，借记“管理费用”科目，贷记“应交税费——应交房产税（或应交土地使用税、应交车船使用税、应交矿产资源补偿费）”科目。

实例 8-31　天津滨海股份有限公司本期应缴纳房产税 160 000 元、车船税 38 000 元和土地使用税 45 000 元。

天津滨海股份有限公司应作如下处理。

1）计算应缴纳上述税费时，编制会计分录如下。

借：管理费用　　243 000
　　贷：应交税费——应交房产税　　160 000
　　　　　　　　——应交车船使用税　　38 000
　　　　　　　　——应交土地使用税　　45 000

2）实际缴纳上述税费时，编制会计分录如下。

借：应交税费——应交房产税　　160 000
　　　　　　——应交车船使用税　　38 000
　　　　　　——应交土地使用税　　45 000
　　贷：银行存款　　243 000

四、印花税的核算

印花税是指书立、领受购销合同为征收对象的税款。企业缴纳的印花税是由纳税人根据规定自行计算应纳税额，以购买并一次贴足印花税票的方式缴纳税款。即在一般情况下，企业须要预先购买印花税票，待发生应税行为时，再根据凭证的性质和规定的比例税率或者按件计算应纳税额，将已购买的印花税票粘贴在应纳税凭证上，并在每枚税票的骑缝处盖戳注销或划销，办理完税手续。企业缴纳的印花税不须要通过“应交税费”科目核算，而是于购买印花税票时，直接借记“管理费用”科目，贷记“银行存款”科目。

任务六　其他流动负债的核算

知识储备

其他流动负债包括预收账款、应付利息、应付股利和其他应付款等。

① 预收账款是指企业按合同约定向购货单位或个人预先收取的部分或全部货款。企业在向客户提供商品或劳务前预先收取的款项，因商品或劳务的销售合同尚未执行，不能作为企业的收入入账，只能确认为企业的一项负债。企业必须在收款后向客户发送商品或提供劳务，如果不能按期交货或提供劳务，应如数退还预收货款并承担相应的责任。

② 应付利息核算企业按照合同约定应支付的利息，包括分期付息到期还本的长期借款、企业债券等应支付的利息。

③ 应付股利是指企业根据股东大会或类似机构审议批准的利润方案确定分配给投资者的现金股利或利润。

④ 其他应付款是指企业除应付票据、应付账款、应付职工薪酬、应交税费和应付股利等经营活动以外的其他各项应付、暂收的款项，如应付租入包装物租金、存入保证金等。

自学会计科目

“预收账款”科目。为了核算各项预收款项的取得、偿付等情况，企业应设置“预收账款”科目。本科目贷方登记向购货单位或个人预收的货款及其补付的货款，借方登记企业向购货方发货后冲销的预收账款数额和退回多收的货款；余额一般在贷方，反映企业向购货单位预先收取但尚未发货的货款。期末如果为借方余额，则反映企业应由购货单位补付的货款。本科目应按购货单位设置明细账。

“应付利息”科目。本科目按照债权人设置明细科目进行明细核算，期末贷方余额反映企业按照合同约定应支付但尚未支付的利息。

“应付股利”科目。企业通过“应付股利”科目，核算企业确定或宣告支付但尚未实际支付的现金股利或利润。本科目贷方登记应支付的现金股利或利润，借方登记实际支付的现金股利或利润；期末贷方余额反映企业应付未付的现金股利或利润。

“其他应付款”科目。企业应通过“其他应付款”科目核算其他应付款的增减变动及结存情况。本科目贷方登记发生的各种应付、暂收款项，借方登记偿还或转销的各种应付、暂收款项；期末贷方余额反映企业应付未付的其他应付款项。

核算任务

一、预收账款的核算

企业向购货单位预收货款时，借记“银行存款”科目，贷记“预收账款”科目。销售实现时，按实现的收入和应交的增值税销项税额，借记“预收账款”科目；按实现的营业收入，贷记“主营业务收入”科目；按增值税专用发票上注明的增值税税额，贷记“应交税费——应交增值税（销项税额）”等科目。企业收到购货单位补付的款项时，借记“银行存款”科目，贷记“预收账款”科目，退回其多付的货款时做相反的会计分录。对于预收账款业务较少的企业，也可将预收账款并入“应收账款”科目进行核算。

实例 8-32 天津滨海股份有限公司2015年1月21日收到A公司预付货款120 000元，已存入银行。2015年2月3日，产品生产完工，按合同约定向A公司发出一批产品，开出的增值税专用发票上注明的货款为150 000元，增值税税额为25 500元，不足部分A公司当即签发一张银行承兑汇票。

天津滨海股份有限公司应作出如下会计处理。

1）预收货款时，编制会计分录如下。

	借方	贷方
借：银行存款	120 000	
贷：预收账款——A公司		120 000

2）发出产品时，编制会计分录如下。

	借方	贷方
借：预收账款——A公司	175 500	
贷：主营业务收入		150 000
应交税费——应交增值税（销项税额）		25 500
借：应收票据	55 000	
贷：预收账款——A公司		55 000

如果企业预收账款业务不多，也可不设“预收账款”科目，一并在“应收账款”科目中核算。

1）预收货款时，编制会计分录如下。

	借方	贷方
借：银行存款	120 000	
贷：应收账款——A公司		120 000

2）产品发出时，编制会计分录如下。

	借方	贷方
借：应收账款——A公司	175 500	
贷：主营业务收入		150 000
应交税费——应交增值税（销项税额）		25 500
借：应收票据	55 000	
贷：应收账款——A公司		55 000

二、应付利息的核算

企业采用合同约定的名义利率计算确定利息费用时，应按合同约定的名义利率计算确定的应付利息的金额，借记“财务费用”科目，贷记“应付利息”科目。实际支付利息时，借记“应付利息”科目，贷记“银行存款”科目。

三、应付股利的核算

企业确认应付给投资者的现金股利或利润时，借记“利润分配——应付现金股利或利润”科目，贷记“应付股利”科目；向投资者实际支付现金股利或利润时，借记“应付股利”科目，贷记“银行存款”科目。此外需要说明的是，企业董事会或类似机构通过的利润分配方案中拟分配的现金股利或利润，不须要进行账务处理，但应在附注中披露。企业分配的股票股利，不通过“应付股利”科目核算。

实例 8-33 B有限责任公司有甲、乙2个股东，分别占注册资本的30%和70%。2014年度实现净利润6 000 000元，经股东会批准，决定2015年分配现金股利4 000 000元。股利已用银行存款支付。

B有限责任公司应作出如下会计处理。

1）确认应付投资者利润时，编制会计分录如下。

借：利润分配——应付股利　　4 000 000
　　贷：应付股利——甲　　1 200 000
　　　　　　　　——乙　　2 800 000

2）支付投资者利润时，编制会计分录如下。

借：应付股利——甲　　1 200 000
　　　　　　——乙　　2 800 000
　　贷：银行存款　　4 000 000

四、其他应付款的核算

企业发生其他各种应付、暂收款项时，借记“管理费用”等科目，贷记“其他应付款”科目。支付或退回其他各种应付、暂收款项时，借记“其他应付款”科目，贷记“银行存款”科目。

实例 8-34 天津滨海股份有限公司自2015年1月1日起，以经营租赁方式租入一批管理用办公设备，租金每月8 000元，且按季支付。2015年3月31日，天津滨海股份有限公司用银行存款支付应付租金24 000元。

天津滨海股份有限公司应作出如下会计处理。

1）1月31日计提应付经营租入固定资产租金时，编制会计分录如下。

借：管理费用　　8 000
　　贷：其他应付款　　8 000

2）2月底计提应付经营租入固定资产租金的会计处理同上。

3）3月31日支付租金时，编制会计分录如下。

借：其他应付款　　16 000
　　管理费用　　8 000
　　贷：银行存款　　24 000

任务七　非流动负债的核算

知识储备

非流动负债是指流动负债以外的负债，主要包括长期借款、应付债券、长期应付款等。

① 长期借款是指企业向银行或其他金融机构借入的期限在一年以上（不含一年）的各种借款。

② 应付债券是指企业为筹集长期资金而发行的债券。债券是企业为筹集长期使用资金而发行的一种书面凭证。企业通过发行债券取得资金是以将来履行归还购买债券者的本金和利息

义务作为保证的。企业债券发行价格的高低一般取决于债券票面金额、票面利率、发行当时的市场利率以及债券期限的长短等因素。债券发行有面值发行、溢价发行和折价发行。企业债券按其面值出售的，称为面值发行；以低于其面值的价格发行的，称为折价发行；以高于其面值的价格发行的，称为溢价发行。

③ 长期应付款是指企业除长期借款和应付债券以外的其他各种长期应付款项，包括应付融资租入固定资产的租赁费，以分期付款方式购入固定资产发生的应付款项，采用补偿贸易方式引进国外设备发生的应付款项等。

自学会计科目

“长期借款”科目。企业应通过“长期借款”科目，核算长期借款的借入、归还等情况。该科目分别设“本金”“利息调整”等明细科目。该科目的贷方登记长期借款本息的增加额，借方登记本息的减少额，贷方余额表示企业尚未偿还的长期借款。

“应付债券”科目。企业应设置“应付债券”科目，并在该科目下设置“面值”“利息调整”“应计利息”等明细科目，核算应付债券发行、计提利息、还本付息等情况。该科目贷方登记应付债券的本金和利息，借方登记归还的债券本金和利息，期末贷方余额表示企业尚未偿还的长期债券。

“长期应付款”科目。企业应设置“长期应付款”科目核算长期应付款的发生和偿还情况。该科目贷方登记企业发生的长期应付款，借方登记偿还的长期应付款，期末贷方余额表示尚未偿还的长期应付款。

核算任务

一、长期借款的核算

（一）取得长期借款

企业借入长期借款，应按实际收到的金额，借记“银行存款”科目，贷记“长期借款——本金”科目，如果存在差额，还应借记“长期借款——利息调整”科目。

（二）长期借款的利息

长期借款利息费用应当在资产负债表日按照实际利率法计算确定，实际利率与合同利率差异较小的，也可以采用合同利率计算确定利息费用。长期借款按合同利率计算确定的应付未付利息，如果属于分期付息的，记入“应付利息”科目；如果属于到期一次还本付息的，记入“长期借款——应计利息”科目。

长期借款计算确定的利息费用，应当按以下原则计入有关成本、费用。

属于筹建期间的，计入管理费用。

属于生产经营期间的，如果长期借款用于购建固定资产的，在固定资产尚未达到预定可使用状态前，所发生的应当资本化的利息支出数，计入在建工程成本；固定资产达到预定可使用状态后发生的利息支出，以及按规定不予资本化的利息支出，计入财务费用。账务处理为借记“在建工程”“制造费用”“财务费用”“研发支出”等科目，贷记“应付利息”或“长期借款——应计利息”科目。

（三）归还长期借款

企业归还长期借款，按归还的借款本金，借记“长期借款——本金”科目，贷记“银行存款”科目；按归还的利息，借记“应付利息”或“长期借款——应计利息”科目，贷记“银行存款”科目。

实例 8-35 2015 年 1 月 1 日，天津滨海股份有限公司从银行借入资金 3 000 000 元，借款期为 3 年，年利率为 6.9%（每年年末付息），到期一次还本付息，所借款项已存入银行。该公司用这笔借款于当日购买了一台不需安装的设备，价款为 2 400 000 元，增值税税额为 408 000 元，另支付保险等费用 32 000 元，设备已于当日投入使用。

天津滨海股份有限公司应作出如下处理。

1）2015 年 1 月 1 日，取得长期借款时，编制会计分录如下。

借：银行存款	3 000 000	
贷：长期借款——本金		3 000 000

2）支付设备款及保险费时，编制会计分录如下。

借：固定资产	2 432 000	
应交税费——应交增值税（进项税额）	408 000	
贷：银行存款		2 840 000

3）2015 年 1 月 31 日，计提利息时，编制会计分录如下。

借：财务费用	17 250	
贷：长期借款——应计利息		17 250

借款期间每月预提利息的会计分录同上。

4）到期偿还该笔银行借款本息时，编制会计分录如下。

借：财务费用	17 250	
长期借款——本金	3 000 000	
——应计利息	603 750	
贷：银行存款		3 621 000

二、应付债券的核算

（一）发行债券

企业发行债券时，按照实际收到的金额，借记“银行存款”等科目；按照债券的票面金额，贷记“应付债券——面值”科目；存在差额的，还应借记或贷记“应付债券——利息调整”科目。

（二）债券的利息

对于分期付息、一次还本的债券，企业应按应付债券的摊余成本和实际利率计算确定债券的利息费用；比照长期借款利息费用处理原则，借记“在建工程”“制造费用”“财务费用”“研发支出”等科目；按面值与票面利率计算的应付未付利息，贷记“应付利息”科目；按其差额，借记或贷记“应付债券——利息调整”科目。

对于一次还本付息的债券，应按应付债券的摊余成本和实际利率计算确定债券的利息费用，借记“在建工程”“制造费用”“财务费用”“研发支出”等科目；按面值与票面利率计算的应付未付利息，贷记“应付债券——应计利息”科目；按其差额，借记或贷记“应付债券——利息调整”科目。

（三）债券的偿还

采用一次还本、分期付息方式的，在每期支付利息时，借记“应付利息”科目，贷记“银行存款”科目。债券到期偿还本金并支付最后一期利息时，借记“应付债券——面值”“在建工程”“制造费用”“财务费用”等科目，贷记“银行存款”科目；按借贷双方之间的差额，借记或贷记“应付债券——利息调整”科目。

采用一次还本付息方式的，企业应于债券到期支付债券本息时，借记“应付债券——面值”“应付债券——应计利息”科目，贷记“银行存款”科目。

实例 *8-36*　2012 年 7 月 1 日，天津滨海股份有限公司发行 3 年期、分期付息、一次还本的债券，年利率为 8%（假定与市场利率相同），发行面值总额为 40 000 000 元。该债券按面值发行，每半年计息一次。

发行债券时，天津滨海股份有限公司应编制会计分录如下。

借：银行存款　　40 000 000

　　贷：应付债券——面值　　40 000 000

实例 *8-37*　承实例 8-37，天津滨海股份有限公司发行债券所筹资金用于建造固定资产，至 2012 年 12 月 31 日时尚未完工。

天津滨海股份有限公司计提债券利息的会计分录如下。

借：在建工程　　1 600 000

　　贷：应付利息　　1 600 000

实例 *8-38*　承实例 8-37 和实例 8-38，2015 年 7 月 1 日，天津滨海股份有限公司偿还债券本金和最后半年的利息。

天津滨海股份有限公司应编制会计分录如下。

借：应付债券——面值　　40 000 000

　　应付利息　　1 600 000

　　贷：银行存款　　41 600 000

实例 *8-39*　承实例 8-37、实例 8-38 和实例 8-39，如果该债券为到期一次还本付息债券，其他条件不变。

天津滨海股份有限公司应作出如下处理。

1）发行债券时，编制会计分录如下。

借：银行存款　　40 000 000

　　贷：应付债券——面值　　40 000 000

2）计提利息时，编制会计分录如下。

借：在建工程　　1 600 000

　　贷：应付债券——应计利息　　1 600 000

3）到期还本付息时，编制会计分录如下。

借：应付债券——面值　　40 000 000

应付债券——应计利息　　9 600 000

贷：银行存款　　49 600 000

综合实例

天津滨海股份有限公司2014年发生的长期借款和仓库建造业务如下。

1）1月1日，为建造一幢仓库从银行取得长期借款800万元，期限为3年，合同年利率6%（合同利率等于实际利率），不计复利，每年年末计提并支付利息一次，到期一次还本。

2）1月1日，开始建造仓库，当日用该借款购买工程物资500万元（不考虑增值税），全部用于工程建设，同时支付工程款300万元。

3）12月31日，仓库工程完工并验收合格，达到预定可使用状态。仓库达到预定可使用状态前发生的借款利息全部予以资本化。该仓库预计使用年限为20年，预计净残值为8万元，采用年限平均法计提折旧。假定未发生其他建造支出。

要求：

1. 编制取得长期借款的会计分录。
2. 编制2014年12月31日计提长期借款利息的会计分录。
3. 计算仓库完工交付使用时的入账价值，并编制结转仓库成本的会计分录。
4. 计算仓库2015年应计提的折旧额，并编制计提仓库2015年折旧的会计分录。
5. 编制2015年12月31日计提长期借款利息的会计分录。

解答：

1.取得长期借款时，编制的会计分录如下。

借：银行存款　　8 000 000

贷：长期借款　　8 000 000

2.2014年12月31日计提长期借款利息时，编制的会计分录如下。

借：在建工程　　480 000

贷：应付利息　　480 000

3.仓库完工交付使用时的入账价值=500＋300＋48=848（万元）

结转仓库成本时，编制的会计分录如下。

借：固定资产　　8 480 000

贷：在建工程　　8 480 000

4.仓库2015年应计提的折旧额=（848−8）÷20=42（万元）

计提仓库2015年折旧额时，编制的会计分录如下。

借：管理费用　　420 000

贷：累计折旧　　420 000

5.2015年12月31日计提长期借款利息时，编制的会计分录如下。

借：财务费用　　480 000

贷：应付利息　　480 000

项目九
所有者权益的核算

学习目标

◆ 理解所有者权益的含义及组成内容。
◆ 熟悉实收资本、资本公积和留存收益的概念和内容。
◆ 掌握实收资本、资本公积和留存收益的账务处理。

所有者权益是企业资产扣除负债后，由所有者享有的剩余权益，其金额为资产总额减去负债总额后的余额。在股份有限公司，所有者权益又称为股东权益。

所有者权益具有以下特征。

① 除非发生减资、清算和分派现金股利，企业不需要偿还所有者权益。

② 企业清算时，只有在清偿所有负债后，所有者权益才返还给所有者。

③ 所有者凭借所有者权益能够参与企业利润的分配。

任务一　实收资本的核算

知识储备

实收资本是指企业按照章程规定或合同、协议约定，接受投资者投入企业的资本。实收资本的构成比例或股东的股份比例，是确定所有者在企业所有者权益中份额的基础，也是企业进行利润或股利分配的主要依据。

《中华人民共和国公司法》（以下简称《公司法》）第二十七规定："股东可以用货币出资，也可以用实物、知识产权、土地使用权等可以用货币估价并可以依法转让的非货币财产作价出资；但是法律、行政法规规定不得作为出资的财产除外。"企业应当对作为出资的非货币财产评估作价，核实财产，不得高估或低估作价。法律、行政法规对评估作价有规定的，从其规定。全体股东的货币出资金额不得低于有限责任公司注册资本的30%。不论以何种方式出资，投资者如果在投资过程中违反投资合同或协议约定，不按规定如期缴足出资额，则企业可以依法追究投资者的违约责任。

自学会计科目

由于企业组织形式不同，所有者投入资本的会计核算方法也有所不同。除股份制企业应设置“股本”科目外，其余企业均设置“实收资本”科目进行核算。

“实收资本”科目。本科目贷方登记实收资本的增加额，借方登记实收资本的减少额；期末贷方余额反映企业实收资本的实有数。该科目应按投资者设置明细科目。

“股本”科目。股份制企业设置“股本”科目，用于核算公司在核定的股份总额范围内实际发行股票的数额。本科目贷方登记公司按核定的股份总额范围内实际发行的股票票面总额，借方登记公司按照法定程序经批准减少的股本数额，贷方余额反映公司期末股本的实有数。

核算任务

一、实收资本取得的核算

（一）接受货币投资

投资者以现金资产作为投入的资本时，应以实际收到或存入开户银行的金额作为实收资本入账，借记“库存现金”“银行存款”等科目，贷记“实收资本”等科目。

实例 9-1 2015 年 1 月 28 日，甲、乙、丙共同投资设立 A 有限责任公司，注册资本为 200 万元，甲、乙、丙持股比例分别为 60%、25% 和 15%。按照章程规定，甲、乙、丙投入资本分别为 1 200 000 元、500 000 元和 300 000 元。A 公司已如期收到各投资者一次缴足的款项。

A 有限责任公司在进行会计处理时，编制会计分录如下。

借：银行存款	2 000 000	
贷：实收资本——甲		1 200 000
——乙		500 000
——丙		300 000

（二）接受非现金投资

1. 接受投入固定资产

企业接受投资者作价投入的房屋、建筑物、机器设备等固定资产，应按投资合同或协议约定价值确定固定资产价值（但投资合同或协议约定价值不公允的除外）和在注册资本中应享有的份额。

实例 9-2 A 有限责任公司于设立时收到乙公司投入的一台不需安装的设备。合同约定该机器设备的价值为 2 000 000 元，增值税进项税额为 340 000 元（由投资方支付税费，并提供或开具增值税专用发票）。经约定，A 有限责任公司接受乙公司的投入资本为 2 340 000 元，合同约定的固定资产价值与公允价值相符，不考虑其他因素。

A 有限责任公司编制会计分录如下。

借：固定资产　　2 000 000
　　应交税费——应交增值税（进项税额）　　340 000
　　贷：实收资本——乙公司　　2 340 000

2. 接受投入材料物资

企业接受投资者作价投入的材料物资，应按投资合同或协议约定价值确定材料物资价值（但投资合同或协议约定价值不公允的除外）和在注册资本中应享有的份额。

实例 9–3　A 有限责任公司于设立时收到乙公司投入的一批原材料。该批原材料投资合同或协议约定价值（不含可抵扣的增值税进项税额部分）为 100 000 元，增值税进项税额为 17 000 元（由投资方支付税费，并提供或开具增值税专用发票）。假设合同约定的价值与公允价值相符，不考虑其他因素。

A 有限责任公司在进行会计处理时，编制会计分录如下。

借：原材料　　100 000
　　应交税费——应交增值税（进项税额）　　17 000
　　贷：实收资本——乙公司　　117 000

3. 接受投入无形资产

企业接受投资者作价投入的无形资产，应按投资合同或协议约定价值确定无形资产价值（但投资合同或协议约定价值不公允的除外）和在注册资本中应享有的份额。

实例 9–4　A 有限责任公司成立时收到乙公司作为资本投入的一项非专利技术。该项非专利技术经评估确认价值为 80 000 元。假设合同约定的价值与公允价值相符，不考虑其他因素。

A 有限责任公司在进行会计处理时，编制会计分录如下。

借：无形资产　　80 000
　　贷：实收资本——乙公司　　80 000

二、股本取得的核算

股份有限公司发行股票时，既可以按面值发行股票，也可以溢价发行（我国目前不允许折价发行）。股份有限公司在核定的股本总额及核定的股份总额的范围内发行股票时，应在实际收到现金资产时进行会计处理。

当公司发行股票收到现金等资产时，应按照实际收到的金额，借记“现金”“银行存款”等科目；按股票面值和核定的股份总数的乘积计算的金额，贷记“股本”科目；按其差额，贷记“资本公积——股本溢价”科目。

实例 9–5　天津滨海股份有限公司发行股票 10 000 000 股，每股面值 1 元，每股发行价 5 元，不考虑发行过程中的税费等。

编制会计分录如下。

借：银行存款　　50 000 000
　　贷：股本　　10 000 000
　　　　资本公积——股本溢价　　40 000 000

三、实收资本（或股本）增减变动核算的核算

在一般情况下，企业的实收资本的应相对固定不变，但在某些特定情况下，实收资本也可能发生增减变化。

（一）实收资本（或股本）增加的核算

一般企业增加资本的途径主要有投资者追加投资、资本公积转增资本和盈余公积转增资本。

1. 投资者追加投资

企业按规定增资扩股，接受原股东追加投资和新增加的投资者投资时，应按实际收到的款项或其他资产，借记“银行存款”“固定资产”“原材料”等科目；按增加的实收资本金额，贷记“实收资本”科目。其中，实际收到新增加的投资者投入企业的资产超过其在该企业注册资本中所占份额的部分，贷记“资本公积——资本溢价”科目。

实例 9-6 A公司是由甲、乙、丙3人共同出资的有限责任公司，原注册资本为4 000 000元，甲、乙丙分别出资500 000元、2 000 000元、1 500 000元。为了扩大经营规模，A公司注册资本扩大为5 000 000元，甲、乙、丙按照原出资比例分别追加投资125 000元、500 000元、375 000元，A公司如期收到他们的现金投资。

A公司编制会计分录如下。

借：银行存款	1 000 000	
贷：实收资本——甲		125 000
——乙		500 000
——丙		375 000

2. 资本公积转增资本

企业用资本公积转增资本时，应按照转增的实收资本金额，借记“资本公积”科目，贷记“实收资本”科目。

实例 9-7 承实例9-6，A公司为了扩大经营规模，经股东会决议，用资本公积1 000 000元转增资本。

A公司编制会计分录如下。

借：资本公积	1 000 000	
贷：实收资本——甲		125 000
——乙		500 000
——丙		375 000

3. 盈余公积转增资本

企业用盈余公积转增资本时，应按照转增的实收资本金额，借记“盈余公积”科目，贷记“实收资本”科目。

实例 9-8 承实例9-6，A公司为了扩大经营规模，经股东会决议，用盈余公积1 000 000元转增资本。

A公司编制会计分录如下。

借：盈余公积	1 000 000	
贷：实收资本——甲		125 000

——乙　　500 000

——丙　　375 000

（二）实收资本（或股本）减少的核算

按照《公司法》的规定，公司不得自行减少注册资本。企业由于生产规模缩小、资本过剩，或者由于发生重大亏损等原因，通过法定程序，经政府有关部门批准，股东会议决议，可宣告减少注册资本。

1. 非股份有限公司减资

资本的减少应符合下列条件。

① 企业减资，应事先通知所有债权人，债权人无异议方允许减资。

② 经股东会决议同意，并经有关部门批准。

③ 公司减资后的注册资本不得低于法定注册资本的最低限额。

企业实收资本减少的原因主要有 2 种：一是资本过剩；二是企业发生重大亏损短期内无力弥补，而需要减少实收资本。企业因资本过剩而减资，一般要发还投资款。一般企业发还投资款，按发还投资的数额，借记“实收资本”科目，贷记“银行存款”“库存现金”等科目。同时，企业应当将因减资而使股份发生变动的情况，在“实收资本”的有关明细科目及备查账簿中详细记录。

实例 9-9　A 有限责任公司经股东大会同意，决定减少注册资本 100 万元，按原投资比例发还股款。

A 有限责任公司应编制会计分录如下。

借：实收资本　　1 000 000

　　贷：银行存款　　1 000 000

2. 股份有限公司减资

股份有限公司通过收购本公司股票减资。公司收购的本公司已发行在外的股票，且尚未转让或注销，这种股票称为库存股票。库存股份无表决权和收益分配权，只有股东权益的减少，不作为资产项目，因此，在编制资产负债表时，应将其列为股东权益的减项。企业收购的尚未转让或注销的本公司股份通过“库存股”科目核算。“库存股”科目属于所有者权益类科目，借方登记企业库存股的增加，贷方登记企业库存股的减少，期末借方余额反映企业持有本公司股份的金额。

公司回购股份时，应按实际支付的金额，借记“库存股”科目，贷记“银行存款”等科目。

企业注销库存股，应按股票面值和注销股数计算的股票面值总额，借记“股本”科目；按注销库存股的账面金额，贷记“库存股”科目；按其差额，借记“资本公积——股本溢价”科目。如果股本溢价不足冲减的，应依次冲减盈余公积、未分配利润，借记“盈余公积”科目、“利润分配——未分配利润”科目。如果回购股票支付的价款低于面值总额，所注销库存股的账面余额与所冲减股本的差额作为增加资本公积（股本溢价）处理。

实例 9-10　2015 年 12 月 31 日，天津滨海股份有限公司的股本为 100 000 000 元（面值为 1 元），资本公积（股本溢价）为 30 000 000 元，盈余公积为 40 000 000 元。公司因经营结构调整需减少注册资本，报经股东大会批准回购并注销本公司普通股 20 000 000 股。假定公司按每股 2 元回购股票，不考虑其他因素。

天津滨海股份有限公司会计处理如下。

1）回购股票时，编制会计分录如下。

借：库存股	40 000 000	
贷：银行存款		40 000 000

2）注销本公司股票时，编制会计分录如下。

借：股本	20 000 000	
资本公积——股本溢价	20 000 000	
贷：库存股		40 000 000

实例 9-11 承实例 9-10，假定天津滨海股份有限公司按每股 3 元回购股票，其他条件不变。

天津滨海股份有限公司会计处理如下。

1）回购股票时，编制会计分录如下。

借：库存股	60 000 000	
贷：银行存款		60 000 000

2）注销本公司股票时，编制会计分录如下。

借：股本	20 000 000	
资本公积——股本溢价	20 000 000	
盈余公积	20 000 000	
贷：库存股		60 000 000

实例 9-12 承实例 9-10，假定天津滨海股份有限公司按每股 0.9 元回购股票，其他条件不变。

天津滨海股份有限公司会计处理如下。

1）回购股票时，编制会计分录如下。

借：库存股	18 000 000	
贷：银行存款		18 000 000

2）注销本公司股票时，编制会计分录如下。

借：股本	20 000 000	
贷：库存股		18 000 000
资本公积——股本溢价		2 000 000

任务二　资本公积的核算

知识储备

一、资本公积的概念

资本公积是指企业收到投资者出资超过其在注册资本或股本中所占份额的部分及其他资本

公积。资本公积包括资本溢价（或股本溢价）和其他资本公积等。

形成资本溢价（或股本溢价）的原因有溢价发行股票、投资者超额缴入资本等。

其他资本公积是指除净损益、其他综合收益和利润分配以外所有者权益的其他变动。例如，企业长期股权投资采用权益法核算时，因被投资单位除净损益、其他综合收益和利润分配以外所有者权益的其他变动，投资企业按应享有份额而增加或减少的资本公积。

二、资本公积与实收资本（或股本）、留存收益的区别

（一）资本公积与实收资本（或股本）的区别

1. 从来源和性质看

实收资本（或股本）是指投资者按照企业章程或合同、协议的约定，实际投入企业并依法进行注册的资本，它体现了企业所有者对企业的基本产权关系。资本公积是指投资者的出资额超出其在注册资本中所占份额的部分，以及直接计入所有者权益的利得和损失，它不直接表明所有者对企业的基本产权关系。

2. 从用途看

实收资本（或股本）的构成比例是确定所有者参与企业财务经营决策的基础，也是企业进行利润分配或股利分配的依据，同时还是企业清算时确定所有者对净资产的要求权的依据。资本公积主要是用来转增资本（或股本）。资本公积不体现各所有者的占有比例，也不能作为所有者参与企业财务经营决策或进行利润分配（或股利分配）的依据。

（二）资本公积与留存收益的区别

资本公积的来源不是企业实现的利润，而主要来自资本溢价（或股本溢价）等。留存收益是企业从历年实现的利润中提取或形成的留存于企业的内部积累，来源于企业生产经营活动实现的利润。

自学会计科目

“资本公积”科目。企业应设置“资本公积”科目，用来核算资本公积的增减变动及结余情况。该科目属于所有者权益类，贷方登记资本公积的增加，借方登记资本公积的减少，余额在贷方，反映企业实有的资本公积。在“资本公积”总账下，还应设置“资本（或股本）溢价”“其他资本公积”明细账，进行明细分类核算。“资本（或股本）溢价”科目反映企业的实际收到的资本（或股本）大于注册资本的金额，“其他资本公积”科目反映的企业除上述各项资本公积以外所形成的资本公积。

核算任务

一、资本溢价（或股本溢价）的核算

（一）非股份制企业的核算

资本溢价是指在有限责任公司中，投资者的出资额大于其在企业注册资本中所占份额的

差额。

在企业创立时，出资者认缴的出资额全部记入“实收资本”科目。在企业重组并有新的投资者加入时，为了维护原有投资者的权益，新加入的投资者出资额并不一定全部作为实收资本进行处理，原因如下。

① 在企业正常经营过程中投入的资金即使与企业创立时投入的资金在数量上一致，但其获利能力却不一致。企业初创时期，投资具有风险，在这个过程中资本利润率很低。而企业进入正常生产经营阶段后，在正常情况下，资本利润率要高于企业初创阶段。该高于初创阶段的资本利润率是由初创时必要的垫支资本带来的，企业创立者为此付出了代价。

② 原投资者原有投资不仅在质上发生了变化，而且在数量上也可能发生变化。企业在生产经营过程中实现的利润一部分留在企业，形成留存收益，而留存收益也属于投资者权益，只是未转入实收资本。新加入的投资者如与原投资者共享这部分留存收益，也要求其付出大于原有投资者的出资额，才能取得与原有投资者相同的投资比例。投资者投入的资本中按其投资比例计算的出资额部分，应记入“实收资本”科目，大于部分应记入“资本公积”科目。

实例 9-13 A 有限责任公司由甲、乙、丙 3 位股东各自出资 1 500 000 元设立，设立时的实收资本为 4 500 000 元。经过 3 年的经营，该公司的留存收益为 2 000 000 元。这时又有丁投资者有意加入该企业，并表示愿意出资 2 500 000 元仅占该企业股份的 25%。

A 有限责任公司编制会计分录如下。

借：银行存款　　2 500 000

　　贷：实收资本——丁　　1 500 000

　　　　资本公积——资本溢价　　1 000 000

（二）股份有限公司的核算

股份有限公司是以发行股票的方式筹集股本的，股票可按面值发行，也可溢价发行，目前，在我国不准折价发行。在按面值发行股票的情况下，企业发行股票取得的收入，应全部作为股本处理；在溢价发行股票的情况下，企业发行股票取得的收入，等于股票面值部分，作为股本处理，超出股票面值的溢价收入，应作为股本溢价处理。

发行股票相关的手续费、佣金等交易费用，如果是溢价发行股票的，应从溢价中扣减，冲减资本公积（股本溢价）；无溢价发行股票或溢价金额不足以抵扣的，应将不足抵扣的部分冲减盈余公积和未分配利润。

实例 9-14 天津滨海股份有限公司委托 A 证券公司代理发行普通股 2 000 000 股，每股面值为 1 元，按每股 2 元的价格发行。天津滨海股份有限公司与 A 公司约定，按发行收入的 0.3% 收取手续费，从发行收入中扣除，收到的股款已存入银行。

天津滨海股份有限公司应编制会计分录如下。

实际收到金额 =2 000 000×2×（1−0.3%）=3 988 000（元）

借：银行存款　　3 988 000

　　贷：股本　　2 000 000

　　　　资本公积——股本溢价　　1 988 000

二、其他资本公积的核算

本教材以因被投资单位除净损益、其他综合收益和利润分配以外的所有者权益的其他变动为例，介绍相关的其他资本公积的核算。

企业对被投资单位长期股权投资采用权益法核算的，在持股比例不变的情况下，对因被投资单位除净损益、其他综合收益和利润分配以外的所有者权益的其他变动，应按持股比例计算其应享有或应分担被投资单位所有者权益的增减数额。在处置长期股权投资时，应转销与该笔投资相关的其他资本公积。

实例 9-15　天津滨海股份有限公司于 2015 年 1 月 1 日对 B 公司进行投资，占 B 公司所有者权益的 30%。天津滨海股份有限公司对此项投资采用权益法进行核算。2015 年 12 月 31 日，B 公司除净损益、其他综合收益和利润分配以外的所有者权益增加了 500 000 元。假定除此以外，B 公司的所有者权益没有其他变化，B 公司资产的账面价值与公允价值一致。2016 年 7 月 1 日天津滨海股份有限公司将持有的 B 公司股份全部出售，不考虑其他因素。

天津滨海股份有限公司应作会计处理如下。

1）2014 年 12 月 31 日被投资单位所有者权益增加时，编制会计分录如下。

借：长期股权投资——其他权益变动　　150 000

　　贷：资本公积——其他资本公积　　150 000

2）2016 年 7 月 1 日售出所有股票时，编制会计分录如下。

借：资本公积——其他资本公积　　150 000

　　贷：投资收益　　150 000

三、资本公积转增资本的核算

经股东大会或类似机构决议，用资本公积转增资本时，应按照转增的资本金额冲减资本公积，借记“资本公积”科目，同时按照转增前的实收资本（或股本）的结构或比例，将转增的资本金额贷记“实收资本”或“股本”科目下各所有者的明细分类账。有关会计处理，参见实例 9-7 的有关内容。

任务三　留存收益的核算

知识储备

留存收益是指企业从历年实现的净利润中提取或形成的留存于企业内部的积累资金，即经营所得净利润留存企业的部分。留存收益包括盈余公积和未分配利润两部分。

一、盈余公积

（一）盈余公积的含义

盈余公积是指企业按照规定从净利润中提取的各种积累资金。

盈余公积可分为 2 种：一是法定盈余公积，公司制企业的法定盈余公积按照税后利润的 10% 提取，法定盈余公积累计额已达注册资本的 50% 时可不再提取；二是任意盈余公积，任意盈余公积是公司制企业按照股东大会的决议提取的。法定盈余公积和任意盈余公积的区别就在于其各自计提的依据不同：前者以国家的法律或行政规章为依据提取，后者则由企业自行决定提取。

（二）盈余公积的作用

企业提取的盈余公积主要用于以下几个方面。

① 弥补亏损。企业发生亏损时，应由企业自行弥补。弥补亏损的渠道有 3 条：一是用以后年度税前利润弥补，按照现行制度规定，企业发生亏损时可以用以后连续 5 年内实现的税前利润弥补；二是用以后年度税后利润弥补；企业发生的亏损经过 5 年未弥补足额的，未弥补亏损应用所得税后的利润弥补；三是以盈余公积弥补亏损，企业以提取的盈余公积弥补亏损时，应当由公司董事会提议，并经股东大会批准。

② 转增资本。企业将盈余公积转增资本时，必须经股东大会决议批准。在实际将盈余公积转增资本时，转增后留存的盈余公积数额不得少于注册资本 25%。

二、未分配利润

未分配利润是企业留待以后年度分配的利润，是企业实现的净利润经过弥补亏损、提取盈余公积和向投资者分配利润后留存于企业的历年结存利润，是所有者权益的组成部分。相对于所有者权益的其他部分来说，企业对于未分配利润的使用有较大的自主权。未分配利润有两层含义：一是留待以后年度分配的利润；二是未指定用途的利润。每一会计期末的未分配利润，在数量上等于期初未分配利润，加上本期实现的净利润，减去本期利润分配后的余额。

自学会计科目

“盈余公积”科目。为了总括反映企业盈余公积的取得及运用，在会计核算时，设置“盈余公积”科目，核算企业提取的盈余公积及其运用，贷方反映提取的各项盈余公积，借方反映按规定转出或使用的盈余公积；期末余额在贷方，反映盈余公积的余额。在“盈余公积”科目下，企业应分别设置“法定盈余公积”“任意盈余公积”等明细科目，进行明细核算。

“利润分配——未分配利润”科目。为了反映未分配利润的分配情况，在“利润分配”科目下，设置“未分配利润”明细科目进行核算。“未分配利润”明细科目的贷方反映从本年利润中转入的企业实现的净利润，以及用盈余公积弥补的亏损，借方反映从本年利润中转入的企业实现的净亏损。期末贷方余额反映企业尚未分配、留待以后分配的利润，期末借方余额反映尚未弥补的亏损。

核算任务

一、盈余公积的核算

（一）提取盈余公积

企业当期实现税后净利润，应按规定提取盈余公积时，借记“利润分配——提取法定盈余公积”“提取任意盈余公积”科目，贷记“盈余公积——法定盈余公积”“任意盈余公积”科目。

实例 9-16　天津滨海股份有限公司的注册资本为 10 000 000 元，累计法定盈余公积为 4 000 000 元，2015 年度净利润为 8 000 000 元，该公司本年度无规定的扣除项目，则应提取的法定盈余公积为 800 000（8 000 000 × 10%）元。

提取盈余公积时，编制会计分录如下。

借：利润分配——提取法定盈余公积　　800 000

　　贷：盈余公积——法定盈余公积　　800 000

（二）盈余公积弥补亏损

根据有关法规和企业会计制度的规定，企业发生亏损，可以用发生亏损后 5 年内实现的税前利润弥补，当发生的亏损在 5 年内以税前利润仍不能弥补的，则需要用盈余公积或以后年度实现的税后利润弥补。但是，用盈余公积弥补亏损应当由董事会提议，经股东大会或类似机构批准。企业用盈余公积弥补亏损时，应借记“盈余公积”科目，贷记“利润分配——盈余公积补亏”科目。

实例 9-17　天津滨海股份有限公司 2015 年度发生经营亏损，经批准以 150 000 元盈余公积弥补。

编制会计分录如下。

借：盈余公积　　150 000

　　贷：利润分配——盈余公积补亏　　150 000

（三）盈余公积转增资本（或股本）

当企业提取的盈余公积累积数额比较大时，可以将盈余公积转增资本（股本），但是必须经股东大会或类似机构批准，办理增资手续，并按所有者（股东）的原出资比例增加资本。盈余公积转增资本（股本）后，留存的盈余公积不得少于注册资本的 25%。一般企业经批准用盈余公积转增资本时，应按照实际用于转增的盈余公积金额，借记“盈余公积”科目，贷记“股本”科目。

实例 9-18　天津滨海股份有限公司 2015 年度经股东大会决议，在本期将盈余公积中 1 000 000 元转增资本。

编制会计分录如下。

借：盈余公积——法定盈余公积　　1 000 000

　　贷：股本　　1 000 000

（四）盈余公积分配现金股利或利润

实例 9-19　天津滨海股份有限公司 2015 年发生亏损 1 000 000 元，经股东大会决议，动用以往年度积累的盈余公积弥补亏损，并为了维护公司股票的信誉，最大限度地发放现金股利。经股东大会决议，按股票面值的 2% 以任意盈余公积金分配现金股利。假设企业发行在外的普通股为 1 000 万股，每股面值 2 元。

用盈余公积弥补亏损时，编制会计分录如下。

用于发放股利的盈余公积 =1 000×2×2%=40（万元）

借：盈余公积——任意盈余公积　　400 000

　　贷：应付股利　　400 000

实例 9-20 天津滨海股份有限公司2015年发生亏损，经股东大会决议，动用以往年度积累的盈余公积弥补亏损，并为了维护公司股票的信誉最大限度地发放现金股利。经股东大会决议，将盈余公积400 000元用于发放股票股利，共派送100 000股，每股面值2元，股票市价为4元。

编制会计分录如下。

借：盈余公积——任意盈余公积　　400 000
　贷：股本　　200 000
　　资本公积——股本溢价　　200 000

二、未分配利润的核算

年度终了，企业将全部实现的净利润，自“本年利润”科目转入“利润分配——未分配利润”，若为盈利，应借记“本年利润”科目，贷记“利润分配——未分配利润”科目；若为亏损，则做相反合计分录。同时，将“利润分配”科目下的其他明细科目（“提取法定盈余公积”、“提取任意盈余公积”“应付现金股利或利润”“盈余公积补亏”等）的余额转入“未分配利润”明细科目。结转后，“利润分配——未分配利润”如为贷方余额，表示累积未分配的利润数额；如为借方余额，则表示累积未弥补的亏损数额。

实例 9-21 天津滨海股份有限公司2015年年初未分配利润为1 000 000元，本年实现净利润2 000 000元，按10%提取法定盈余公积，根据股东大会决议，按5%提取任意盈余公积，支付普通股现金股利800 000元。

1）结转本年实现的净利润，编制会计分录如下。

借：本年利润　　2 000 000
　贷：利润分配——未分配利润　　2 000 000

2）按照规定分配当年实现的净利润，编制会计分录如下。

借：利润分配——提取法定盈余公积　　200 000
　　　　——提取任意盈余公积　　100 000
　　　　——应付现金股利　　800 000
　贷：盈余公积——法定盈余公积　　200 000
　　　　——任意盈余公积　　100 000
　　应付股利　　800 000

3）结转利润分配各明细项目，编制会计分录如下。

借：利润分配——未分配利润　　1 100 000
　贷：利润分配——提取法定盈余公积　　200 000
　　　　——提取任意盈余公积　　100 000
　　　　——应付现金股利　　800 000

经上述账务处理后，天津滨海股份有限公司年末“利润分配——未分配利润”科目的期末贷方余额为1 900 000（1 000 000＋2 000 000-1 100 000）元。

综合案例

天津滨海股份有限公司2015年度的有关资料如下。

1）年初未分配利润为贷方500万元，本年利润总额为1 200万元，适用的企业所得税税率为 25%。假定不存在纳税调整因素。

2）按税后利润的 10% 提取法定盈余公积。

3）提取任意盈余公积 100 万元。

4）向投资者宣告分配现金股利 500 万元。

要求：

1. 计算天津滨海股份有限公司本期所得税费用，并编制确认所得税费用、结转所得税费用的会计分录。

2. 编制将本年利润结转入“利润分配——未分配利润”科目的会计分录。

3. 编制天津滨海股份有限公司提取法定盈余公积的会计分录。

4. 编制天津滨海股份有限公司提取任意盈余公积的会计分录。

5. 编制天津滨海股份有限公司向投资者宣告分配现金股利的会计分录。

6. 计算年末未分配利润。

解答：

1. 天津滨海股份有限公司的应交所得税 =1 200×25%=300（万元）。

确认所得税费用时，编制会计分录如下。

借：所得税费用　　3 000 000

　　贷：应交税费——应交所得税　　3 000 000

将所得税费用转入“本年利润”科目时，编制会计分录如下。

借：本年利润　　3 000 000

　　贷：所得税费用　　3 000 000

2. 将“本年利润”年末余额转入“利润分配——未分配利润”科目时，编制会计分录如下。

借：本年利润　　9 000 000

　　贷：利润分配——未分配利润　　9 000 000

3. 天津滨海股份有限公司提取法定盈余公积金时，编制会计分录如下。

借：利润分配——提取法定盈余公积　　900 000

　　贷：盈余公积——法定盈余公积　　900 000

4. 天津滨海股份有限公司提取任意盈余公积时，编制会计分录如下。

借：利润分配——提取任意盈余公积　　1 000 000

　　贷：盈余公积——任意盈余公积　　1 000 000

5. 天津滨海股份有限公司向投资者宣告分配现金股利时，编制会计分录如下。

借：利润分配——应付现金股利　　5 000 000

　　贷：应付股利　　5 000 000

6. 年末未分配利润 =500+900−90−100−500=710（万元）。

项目十 收入的核算

学习目标

- ◆ 了解收入的概念及分类。
- ◆ 理解销售商品收入、劳务收入、让渡资产使用权收入的确认。
- ◆ 掌握销售商品收入、劳务收入、让渡资产使用权收入的会计核算。

收入是指企业在日常活动中形成的、会导致所有者权益增加的、与所有者投入资本无关的经济利益的总流入。基于管理者不同的目的和要求，收入可以从多个角度加以分类。

按照日常活动性质和内容，收入可划分为销售商品收入、劳务收入和让渡资产使用权收入。

按照经营业务的主次，收入可划分为主营业务收入和其他业务收入。

主营业务收入是指企业为完成其经营目标所从事的经常性活动实现的收入。主营业务收入一般占企业总收入中有较大比例，对企业的经济效益产生的影响较大。不同行业企业的主营业务收入所包括的内容不同。例如，工业企业的主营业务收入主要包括销售商品、自制半成品、代制品、代修品，提供工业性劳务等实现的收入；商业企业的主营业务收入主要包括销售商品实现的收入；咨询公司的主营业务收入主要包括提供咨询服务实现的收入；安装公司的主营业务收入主要包括提供安装服务实现的收入。

其他业务收入是指企业为完成其经营目标所从事的与经常性活动相关的活动实现的收入。其他业务收入属于企业日常活动中次要交易实现的收入，一般占企业总收入的比重较小。不同行业企业的其他业务收入所包括的内容不同。例如，工业企业的其他业务收入主要包括对外销售材料，对外出租包装物、商品或固定资产，对外转让无形资产使用权，提供非工业性劳务等实现的收入。

任务一　销售商品收入的核算

知识储备

销售商品收入是指企业通过销售商品实现的收入。这里的商品包括企业为销售而生产的产品和为转售而购进的商品。企业销售的其他存货（如原材料、包装物）等也视同商品。

熟悉销售商品收入的确认条件，是掌握销售商品收入核算的一个关键点。销售商品收入应在同时满足下列5个条件时，才能予以确认。

1. 企业已将商品所有权上的主要风险和报酬转移给购货方

企业已将商品所有权上的主要风险和报酬转移给购货方，是指与商品所有权有关的主要风险和报酬同时转移，是确认销售商品收入的重要条件。

判断企业是否已将商品所有权上的主要风险和报酬转移给购货方，应当关注交易的实质，并结合所有权凭证的转移进行判断。与商品所有权有关的风险，是指商品可能发生减值或毁损等形成的损失；与商品所有权有关的报酬，是指商品价值增值或通过使用商品等形成的经济利益。如果与商品所有权有关的任何损失均不需要销货方承担，与商品所有权有关的任何经济利益也不归销货方所有，就意味着商品所有权上的主要风险和报酬转移给了购货方。

通常情况下，转移商品所有权凭证并交付实物后，商品所有权上的所有风险和报酬随之转移，如大多数商品零售、预收款销售商品等。

实例 *10-1* 2015年1月1日，天津滨海股份有限公司向甲公司销售A产品1 000件。A产品的生产成本为12 000元，合同约定的销售价款为15 000元，增值税税额为2 550元。天津滨海股份有限公司开出发票账单并按合同约定的品种和质量发出A产品，甲公司收到A产品并已验收入库。合同约定甲公司应于30日内付款。

此项交易中，天津滨海股份有限公司已按照合同约定的品种、质量发出产品，甲公司也已将该产品验收入库，表明产品所有权上的风险和报酬已转移给甲公司。虽然此时甲公司尚未付款，但并无证据表明甲公司会不按约定支付货款，产品的实际成本也已经确定。按照收入确认的条件，该项销售已经成立。天津滨海股份有限公司应按照合同约定的销售价格15 000元确认销售收入的实现。

某些情况下，转移商品所有权凭证但未交付实物，商品所有权上的主要风险和报酬随之转移，企业只保留商品所有权上的次要风险和报酬，如以交款提货方式销售商品。

实例 *10-2* 若实例10-1中，天津滨海股份有限公司在向甲公司销售A产品时承诺，如果售出的商品在3个月内因质量问题不符合要求，甲公司可以要求退货。根据以往的经验，天津滨海股份有限公司估计退货的比例为销售额的1%。

此项交易中，对于已售出的A产品，天津滨海股份有限公司承诺因质量问题可以退货，这说明天津滨海股份有限公司仍保留一定的风险。估计退货的比例仅为销售额的1%，表明天津滨海股份有限公司仅保留了次要风险，因此可以认为商品所有权上的主要风险和报酬已经转移给客户，应当确认收入的实现。

有时，已交付实物但未转移商品所有权凭证，商品所有权上的主要风险和报酬未随之转移，如采用支付手续费方式委托代销商品。

在某些情况下，转移商品所有权凭证并交付实物后，商品所有权上的主要风险和报酬并未随之转移。此时，需要财会人员运用职业判断能力，依据实质重于形式原则加以职业判断。常见的情形有：企业销售的商品在质量、品种、规格等方面不符合合同或协议要求，又未根据正常的保证条款予以弥补，因而仍负有责任；企业销售商品的收入是否能够取得，取决于购买方是否已将商品销售出去，如采用支付手续费方式委托代销商品、售后回购等；企业尚未完成售出商品的安装或检验工作，且安装或检验工作是销售合同或协议的重要组成部分；销售合同或协议中规定了买方由于特定原因有权退货的条款，且企业又不能确定退货的可能性。

实例 10-3 天津滨海股份有限公司试制成功一新产品。为推广销售该新产品，承诺凡购买该新产品的客户均有一个月的试用期。在试用期内如果对产品使用效果不满意，天津滨海股份有限公司无条件给予退货。乙公司从天津滨海股份有限公司购入该新产品 10 箱，以转账支票方式付款 3 510 元，其中，价款为 3 000 元，增值税税额为 510 元。

此项交易中，天津滨海股份有限公司虽然已将产品售出，并已收到货款。但是由于是新产品，因此天津滨海股份有限公司无法估计退货的可能性。这表明产品所有权上的主要风险和报酬并未随实物的交付而发生转移，不能确认收入。

2. 企业既没有保留通常与所有权相联系的继续管理权，也没有对已售出的商品实施有效控制

通常情况下，企业售出商品后不再保留与商品所有权相联系的继续管理权，也不再对售出商品实施有效控制，商品所有权上的主要风险和报酬已经转移给购货方，通常应在发出商品时确认收入。如果企业在商品销售后保留了与商品所有权相联系的继续管理权，或能够继续对其实施有效控制，说明商品所有权上的主要风险和报酬没有转移，销售交易不能成立，不应确认收入，如售后回购业务。

实例 10-4 天津滨海股份有限公司采用售后回购方式将一台大型机器设备销售给丙公司，机器设备并未发出，款项已经收到。双方约定，丙公司将于 5 个月后以某一固定价格将所售机器设备购回。

此项交易中天津滨海股份有限公司能够继续对该机器设备实施有效控制，与机器设备所有权有关的风险和报酬没有转移给丙公司。因此，天津滨海股份有限公司不能确认与销售该机器设备有关的收入。

3. 收入的金额能够可靠地计量

收入的金额能够可靠地计量，是指收入的金额能够合理地估计。收入金额能否合理地估计是确认收入的基本前提，如果收入的金额不能够合理估计，就无法确认收入。企业在销售商品时，商品销售价格通常已经确定。但是，由于销售商品过程中某些不确定因素的影响，也有可能存在商品销售价格发生变动的情况。在这种情况下，新的商品销售价格未确定前通常不应确认销售商品收入。

4. 相关的经济利益很可能流入企业

在销售商品的交易中，经济利益主要表现为销售商品的价款。相关的经济利益很可能流入企业，是指销售商品价款收回的可能性大于不能收回的可能性，即销售商品价款收回的可能性超过 50%。企业在销售商品时，如果估计销售价款很可能收回，即使收入确认的其他条件均已满足，也不应当确认收入。

企业在判断销售商品价款收回可能性时，要运用定性分析方法。应结合以前和买方交往的

直接经验、政府有关政策、企业当前财务状况及其他方面取得信息等因素进行综合判断。例如，企业根据以前与买方交往的直接经验判断买方信誉较差，或销售时得知买方在另一项交易中发生了巨额亏损、资金周转十分困难等情形，就可能会出现与销售商品相关的经济利益不能流入企业的情况，不应确认收入。

5. 相关的已发生或将发生的成本能够可靠地计量

相关的已发生或将发生的成本能够可靠地计量，是指与销售商品有关的已发生或将发生的成本能够合理地估计。

通常情况下，销售商品相关的已发生或将发生的成本能够合理地估计，如库存商品的成本、商品运输费用等。如果库存商品是本企业生产的，其生产成本能够可靠计量；如果是外购的，购买成本能够可靠计量。有时，销售商品相关的已发生或将发生的成本不能够合理地估计，此时企业不应确认收入，若已收到价款，应将已收到的价款确认为负债。

实例 10-5 天津滨海股份有限公司与乙公司签订销售合同，合同约定天津滨海股份有限公司研发生产并向乙公司销售一台大型加工设备。天津滨海股份有限公司限于自身某一技术研发能力不足，将该大型设备的一个主要部件委托丙公司生产加工。天津滨海股份有限公司与丙公司签订的协议约定，丙公司生产该主要部件发生的成本经天津滨海股份有限公司认定后，按成本利润率 10% 计算确定天津滨海股份有限公司委托丙公司加工的价款。假定丙公司负责的部件生产任务已完成并交付天津滨海股份有限公司，天津滨海股份有限公司完成全部部件生产和组装，设备已经运抵乙公司，乙公司验收合格后及时支付了货款。但是，丙公司尚未将由其负责的部件相关的成本资料交付天津滨海股份有限公司认定。

此项交易中，从销售环节看，天津滨海股份有限公司已将大型设备交付乙公司，且通过验收和收到货款。但是，天津滨海股份有限公司为该大型设备发生的相关成本因丙公司相关资料未送达确认而不能可靠计量，也不能合理估计。因此，天津滨海股份有限公司收到货款时不应确认为收入。

若天津滨海股份有限公司基于以往经验能够合理地估计出该大型设备的成本，尽管因丙公司相关资料未送达确认而不能可靠计量，但能合理估计该设备的成本，天津滨海股份有限公司仍应认为满足本确认条件，确认收入的实现。

自学会计科目

销售商品收入的会计处理主要涉及一般销售商品业务、已经发出商品但不符合收入确认条件的销售业务、销售折让、销售退回、采用预收款方式销售商品、采用支付手续费方式委托代销商品等情况。

企业应设置“主营业务收入”“主营业务成本”“营业税金及附加”“发出商品”“委托代销商品”和“受托代销商品”等科目。

①**“主营业务收入”科目**，用于核算企业确认的销售商品、提供劳务等主营业务的收入。本科目按主营业务的种类进行明细核算。期末应将本科目的余额转入“本年利润”科目，结转后本科目应无余额。

②**“主营业务成本”科目**，用于核算企业销售商品、提供劳务等经常性活动所发生的成本。企业一般在确认销售商品、提供劳务等主营业务收入时，或在月末，将已销售商品、已提供劳务的成本结转入主营业务成本。本科目按主营业务的种类进行明细核算。期末，应将本科目的余额转入“本年利润”科目，结转后本科目应无余额。

③ **“营业税金及附加”科目**，用于核算企业经营活动中发生的营业税、消费税、城市维护建设税、资源税、教育费附加等相关税费，但不包括增值税。与投资性房地产相关的房产税、土地使用税也在本科目核算。期末，应将本科目的余额转入“本年利润”科目，结转后本科目应无余额。

④ **“发出商品”科目**，用于核算企业未满足收入确认条件但已发出商品的实际成本。本科目可按购货单位、商品类别和品种进行明细核算。对于未满足收入确认条件的发出商品，应按发出商品的实际成本，自“库存商品”科目转入本科目，退回编制相反会计分录。发出商品满足收入确认条件时，应结转销售成本，借记“主营业务成本”科目，贷记该科目。期末借方余额，反映企业发出商品的实际成本。

⑤ **“委托代销商品”和“受托代销商品”科目**。企业采用支付手续费方式委托其他单位代销商品时，可以通过“发出商品”科目进行核算，也可以单独设置“委托代销商品”科目核算。而对于受托企业来说，应设置“受托代销商品”科目，核算企业不承担风险的受托代理业务形成的资产。

核算任务

一、一般销售商品业务

销售商品的会计处理时，首先要考虑是否符合收入确认的5项条件。符合的应及时确认收入并结转相关销售成本。通常情况下，交款提货销售商品的，在开出发票账单收到货款时确认收入；采用托收承付方式的，在办妥托收手续时确认收入。

确认销售商品收入时，企业应按已收或应收的合同或协议价款，加上应收取的增值税税额，借记“银行存款”“应收账款”“应收票据”等科目；按确定的收入金额，贷记“主营业务收入”“其他业务收入”等科目；按应收取的增值税税额，贷记“应交税费——应交增值税（销项税额）”科目；同时，应在资产负债表日，按应缴纳的消费税、资源税、城市维护建设税、教育费附加等税费金额，借记“营业税金及附加”科目，贷记“应交税费——应交消费税（应交资源税、应交城市维护建设税等）”科目。

实例 10-6 天津滨海股份有限公司采用托收承付结算方式销售给丁公司一批A产品，开出的增值税专用发票上注明的售价为60 000元，增值税税额为10 200元。产品已经发出，开出增值税专用发票并已向银行办妥托收手续。该批产品的成本为48 000元。

天津滨海股份有限公司编制会计分录如下。

1）发出产品并向银行办妥托收手续确认销售收入时，编制会计分录如下。

借：应收账款　　70 200
　　贷：主营业务收入　　60 000
　　　　应交税费——应交增值税（销项税额）　　10 200

2）结转已售产品成本，编制会计分录如下。

借：主营业务成本　　48 000
　　贷：库存商品　　48 000

如果销售商品时，为购货方垫付的运杂费等其他费用，应当一并作为企业的应收款项予以确认，代垫款项不能作为收入确认。

实例 10-7　天津滨海股份有限公司向丁公司销售一批商品，开出的增值税专用票上注明的售价为 400 000 元，增值税税额为 68 000 元。甲公司收到丁公司签发的不带息银行承兑汇票一张，票面金额为 468 000 元，期限为 2 个月。该批商品已经发出，天津滨海股份有限公司用银行存款代垫运杂费 2 000 元。该批商品的成本为 320 000 元。

天津滨海股份有限公司作会计处理如下。

1）发出产品并向银行办妥托收手续确认销售收入时，编制会计分录如下。

借：应收票据　　468 000
　　应收账款　　2 000
　　贷：主营业务收入　　400 000
　　　　应交税费——应交增值税（销项税额）　　68 000
　　　　银行存款　　2 000

2）结转已售产品成本时，编制会计分录如下。

借：主营业务成本　　320 000
　　贷：库存商品　　320 000

二、销售商品涉及现金折扣、商业折扣的处理

企业出于市场、收账等经营需要，销售商品时也会发生现金折扣、商业折扣、销售折让等问题，应当区分不同情况进行处理。总的来说，确定销售商品收入的金额时，不应考虑预计可能发生的现金折扣、销售折让，但应按扣除商业折扣后的净额计量。

商业折扣是指企业为促进商品销售而在商品标价上给予的价格扣除，即通常所说的打折。商业折扣是在价格谈判环节即已确定，不构成最终成交价格部分，因此企业销售商品涉及商业折扣的，应当按照扣除商业折扣后的金额确定销售商品收入金额。根据税法规定，企业销售商品采取折扣销售（即会计中的商业折扣），如果销售额和折扣额在同一张发票上分别注明的，可以按折扣后的销售额征收增值税和计算所得额，如果将折扣额另开发票，不论其在财务上如何处理，均不得从销售额中减除。

现金折扣是指债权人为鼓励债务人在规定的期限内付款而向债务人提供的债务扣除。其实质是企业设定的一项收账政策。从发生时间上看，现金折扣是在销售实现以后的收账期内，因购货方在折扣期内付款而给予的优惠，企业在确认销售商品收入时不能确定现金折扣金额。因此，企业销售商品涉及现金折扣的，应当按照扣除现金折扣前的金额（即成交总价）确定销售商品收入金额。如果将来发生现金折扣则作为理财费用，在实际发生时计入财务费用。

计算现金折扣时，还应注意销售方式是按照不包含增值税的价款提供现金折扣，还是按照包含增值税的价款提供现金折扣。在此两种情况下购买方享有的折扣金额不同。

实例 10-8　天津滨海股份有限公司根据经营需要设定了公司货款收账政策，长期客户现金折扣条件为“2/10，1/20，n/30”。普通客户现金折扣条件为“1/15，n/30”，并且约定，计算现金折扣时不考虑增值税税额部分。公司于 2015 年 1 月 10 日向长期客户——乙公司销售一批商品，开出的增值税专用发票上注明的销售价格为 100 000 元，增值税税额为 17 000 元。

天津滨海股份有限公司应作如下会计处理。

1）1 月 10 日销售实现时，按销售总价确认收入，编制会计分录如下。

借：应收账款　　117 000
　　贷：主营业务收入　　100 000

　　　应交税费——应交增值税（销项税额）　　17 000

2）如果乙公司在1月18日付清货款，则按销售总价100 000元的2%享受现金折扣2 000（100 000×2%）元，而实际付款115 000（117 000-2 000）元，编制会计分录如下。

借：银行存款　　115 000
　　财务费用　　2 000
　　贷：应收账款　　117 000

3）如果乙公司在1月28日付清货款，则按销售总价100 000元的1%享受现金折扣1 000（100 000×1%）元，实际付款116 000（117 000-1 000）元，编制会计分录如下。

借：银行存款　　116 000
　　财务费用　　1 000
　　贷：应收账款　　117 000

4）如果乙公司在2月5日才付清货款，则不能享受现金折扣优惠，按总价金额收取货款，编制会计分录如下。

借：银行存款　　117 000
　　贷：应收账款　　117 000

三、销售商品涉及销售折让的处理

销售折让是指企业因售出商品的质量不合格等原因而在售价上给予的减让。企业将商品销售给买方后，如买方发现商品在质量、规格等方面不符合要求，可能要求卖方在价格上给予一定的减让。

对于销售折让，企业应分别不同情况进行处理。销售折让如果发生在销售收入确认之前，则应在确认销售收入时直接按扣除销售折让后的金额确认；已确认收入的售出商品发生销售折让的，通常应当在发生时冲减当期销售商品收入；已确认收入的销售折让属于资产负债表日后事项的，应当按照有关资产负债表日后事项的相关规定进行处理；如按规定允许扣减增值税税额的，还应冲减已确认的应交增值税销项税额。

实例 *10-9* 2015年1月2日，天津滨海股份有限公司销售一批刚面市的C产品给丙公司。该批产品的生产成本为80 000元，售价为100 000元，增值税税额为17 000元。天津滨海股份有限公司开出增值税专用发票并交予丙公司，销售款项尚未收到。1月10日货到后，丙公司发现商品质量不能完全达到约定条件，但可以使用，于是要求在价格上给予5%的折让，否则就要求退货。经协商后天津滨海股份有限公司同意给予折让，双方按规定并办妥了相关手续，开具了增值税专用发票（红字）。假定天津滨海股份有限公司已确认该批商品的销售收入，发生的销售折让允许扣减当期增值税销项税额。

天津滨海股份有限公司应作如下会计处理。

1）销售实现时，确认销售收入，编制会计分录如下。

借：应收账款　　117 000
　　贷：主营业务收入　　100 000
　　　　应交税费——应交增值税（销项税额）　　17 000

2）结转已销产品成本时，编制会计分录如下。

借：主营业务成本　　80 000
　　贷：库存商品　　80 000

3）1月10日，发生销售折让时，销售折让额=100 000×5%=5 000（元），编制会计分录如下。

借：主营业务收入　5 000
　应交税费——应交增值税（销项税额）　850
　贷：应收账款　5 850

4）实际收到款项时，编制会计分录如下。

借：银行存款　111 150
　贷：应收账款　111 150

假定天津滨海股份有限公司发生折让前，因该项销售在货款回收上存在不确定性，未确认该批商品的销售收入。但按规定，纳税义务在商品发出时已经发生。发生销售折让后丙公司承诺近期付款。

天津滨海股份有限公司作如下会计处理。

1）发出商品时，因不符合收入确认条件，确认增值税纳税义务，计入应收账款，商品成本结转发出商品，编制会计分录如下。

借：发出商品　80 000
　应收账款　17 000
　贷：库存商品　80 000
　　应交税费——应交增值税（销项税额）　17 000

2）丙公司提出销售折让并承诺付款，天津滨海股份有限公司确认销售收入，按照折让后金额确认销售收入，同时按规定冲减增值税税额，编制会计分录如下。

借：应收账款　94 150
　应交税费——应交增值税（销项税额）　850
　贷：主营业务收入　95 000

3）结转已销商品成本时，编制会计分录如下。

借：主营业务成本　80 000
　贷：发出商品　80 000

4）实际收到款项时，编制会计分录如下。

借：银行存款　111 150
　贷：应收账款　111 150

四、销售退回的会计处理

销售退回是指企业售出的商品由于质量、品种不符合要求等原因而发生的退货。对于销售退回，企业应分别不同情况进行会计处理。

对于未确认收入的售出商品发生销售退回的，企业应按已记入“发出商品”科目的商品成本金额，借记“库存商品”科目，贷记“发出商品”科目。采用计划成本或售价核算的，应按计划成本或售价记入“库存商品”科目，同时计算产品成本差异或商品进销差价。

对于已确认收入的售出商品发生退回的，企业一般应在发生时冲减当期销售商品收入，同时冲减当期销售商品成本。如果该项销售退回已发生现金折扣的，则应同时调整相关财务费用的金额；如果该项销售退回允许扣减增值税税额的，则应同时调整“应交税费——应交增值税（销项税额）”科目的相应金额。

实例 10-10 天津滨海股份有限公司在2015年1月18日向乙公司销售一批商品，开出的增值税专用发票上注明的销售价格为50 000元，增值税税额为8 500元，该批商品成本为40 000元。为及早收回货款，天津滨海股份有限公司和乙公司约定的现金折扣条件为“2/10，1/20，n/30”。乙公司在2015年1月27日支付货款。2015年4月5日，该批商品因质量问题被乙公司退回，天津滨海股份有限公司当日支付有关款项。假定计算现金折扣时不考虑增值税，销售退回不属于资产负债表日后事项。

天津滨海股份有限公司应作如下会计处理。

1）2015年1月18日销售实现时，按销售总价确认收入，编制会计分录如下。

借：应收账款　　58 500
　　贷：主营业务收入　　50 000
　　　　应交税费——应交增值税（销项税额）　　8 500

2）同时，结转已售商品成本，编制会计分录如下。

借：主营业务成本　　40 000
　　贷：库存商品　　40 000

3）在2015年1月27日收到货款时，乙公司按销售总价50 000元2%享受现金折扣1 000（50 000×2%）元，实际收款57 500（58 500−1 000）元，编制会计分录如下。

借：银行存款　　57 500
　　财务费用　　1 000
　　贷：应收账款　　58 500

4）2015年4月5日发生销售退回时，编制会计分录如下。

借：主营业务收入　　50 000
　　应交税费——应交增值税（销项税额）　　8 500
　　贷：银行存款　　57 500
　　　　财务费用　　1 000

5）同时，冲回已结转的成本，编制会计分录如下。

借：库存商品　　40 000
　　贷：主营业务成本　　40 000

已确认收入的售出商品发生的销售退回属于资产负债表日后事项的，应当按照有关资产负债表日后事项的相关规定进行会计处理。

五、代销商品

代销商品是指委托方委托受托方代售商品的方式。视与受托方佣金的结算方式不同，有两种方式：视同买断方式和收取手续费方式。

（一）视同买断方式

视同买断方式是由委托方和受托方签订协议，委托方按协议收取所代销的货款，实际售价可由受托方自定，实际售价与协议价之间的差额归受托方所有。如果委托方和受托方之间的协议明确标明，受托方在取得代销产品后，无论是否能够卖出、是否获利，均与委托方无关，那么委托方和受托方之间的代销商品交易，与委托方直接销售商品给受托方没有实质区别。在符合销售商品收入确认条件时，委托方应确认相关销售商品收入。如果委托方与受托方之间的协议明确标明，将来受托方没有将商品售出时可以将商品退回给委托方，或受托方因代销商品出现亏损时可以要求委托方补偿，那么委托方在交付商品时不确认收入，受托方也不作购进商品处理。受托方将商品销售后，应按实际销售价格确认为销售收入，并向委托方开具代销清单。委托方收到代销清单时，再确认本企业的销售收入。

实例 10–11 天津滨海股份有限公司委托甲公司销售某批商品 200 件，协议价为 100 元 / 件，该商品成本为 60 元 / 件，增值税税率为 17%。假定商品已经发出，根据代销协议，甲公司不能将没有代销出去的商品退回天津滨海股份有限公司。天津滨海有限公司将该批商品交付甲公司时发生增值税纳税义务，金额为 3 400 元。甲公司对外销售，该批商品的售价为 120 元 / 件，并收到款项存入银行。

根据上述资料，天津滨海股份有限公司的账务处理如下。

1）天津滨海股份有限公司将该批商品交付甲公司时，编制会计分录如下。

借：应收账款　　23 400
　　贷：主营业务收入　　20 000
　　　　应交税费——应交增值税（销项税额）　　3 400
借：主营业务成本　　12 000
　　贷：库存商品　　12 000

2）收到甲公司汇来货款 23 400 元时，编制会计分录如下。

借：银行存款　　23 400
　　贷：应收账款　　23 400

甲公司的账务处理如下。

1）收到该批商品时，编制会计分录如下。

借：库存商品　　20 000
　　应交税费——应交增值税（进项税额）　　3 400
　　贷：应付账款　　23 400

2）对外销售该批商品时，编制会计分录如下。

借：银行存款　　28 080
　　贷：主营业务收入　　24 000
　　　　应交税费——应交增值税（销项税额）　　4 080
借：主营业务成本　　20 000
　　贷：库存商品　　20 000

3）按合同协议价将款项付给天津滨海股份有限公司时，编制会计分录如下。

借：应付账款　　23 400
　　贷：银行存款　　23 400

（二）收取手续费方式

收取手续费方式是指受托方根据所代销的商品数量向委托方收取手续费，对受托方来说，实际上是一种劳务收入。受托方应按照委托方规定的价格销售，不得自行改变售价。委托方在发出商品时，商品所有权上的主要风险和报酬并未转移给受托方，委托方不应确认销售商品收入。在收到受托方开出的代销清单时确认销售商品收入，同时将应支付的代销手续费计入销售费用；受托方应在代销商品销售后，按合同或协议约定的方法计算确定代销手续费，确认劳务收入。

受托方可通过“受托代销商品”“受托代销商品款”等科目，对受托代销商品进行核算。

收到受托代销的商品，按约定的价格，借记“受托代销商品”科目，贷记“受托代销商品款”科目。售出受托代销商品后，按实际收到或应收的金额，借记“银行存款”“应收账款”等科目，贷记“应付账款”科目，同时，借记“受托代销商品款”科目，贷记“受托代销商品”科目。确认代销手续费收入时，借记“应付账款”科目，贷记“其他业务收入”等科目。结清代销商品款时，借记“应付账款”科目，贷记“银行存款”科目。

实例 10-12 天津滨海股份有限公司委托甲公司销售商品 200 件，商品已经发出，每件成本为 60 元。合同约定甲公司应按每件 100 元对外销售，天津滨海股份有限公司按售价的 10% 向甲公司支付手续费。甲公司对外实际销售 100 件，开出的增值税专用发票上注明的销售价格为 10 000 元，增值税税额为 1 700 元，款项已经收到。天津滨海股份有限公司收到甲公司开具的代销清单时，向甲公司开具一张相同金额的增值税专用发票。假定天津滨海股份有限公司发出商品时纳税义务尚未发生。

天津滨海股份有限公司应作如下会计处理。

1）发出商品时，编制会计分录如下。

借：委托代销商品　　12 000
　贷：库存商品　　12 000

2）收到代销清单时，编制会计分录如下。

借：应收账款　　11 700
　贷：主营业务收入　　10 000
　　应交税费——应交增值税（销项税额）　　1 700

3）结转成本时，编制会计分录如下。

借：主营业务成本　　6 000
　贷：委托代销商品　　6 000

4）确认手续费时，编制会计分录如下。

借：销售费用　　1 000
　贷：应收账款　　1 000

代销手续费金额 =10 000×10%=1 000（元）

5）收到甲公司支付的货款时，编制会计分录如下。

借：银行存款　　10 700
　贷：应收账款　　10 700

甲公司应作如下会计处理。

1）收到商品时，编制会计分录如下。

借：受托代销商品　　20 000
　贷：受托代销商品款　　20 000

2）对外销售时，编制会计分录如下。

借：银行存款　　11 700
　贷：应付账款　　10 000
　　应交税费——应交增值税（销项税额）　　1 700

借：受托代销商品款　　10 000
　贷：受托代销商品　　10 000

3）收到增值税专用发票时，编制会计分录如下。

借：应交税费——应交增值税（进项税额）　　1 700

贷：应付账款　　1 700

4）支付货款并计算代销手续费时，编制会计分录如下。

借：应付账款　　11 700

　　贷：银行存款　　10 700

　　　　其他业务收入　　1 000

六、预收货款方式销售商品

预收贷款方式销售商品是指购买方在商品尚未收到前按合同或协议约定分期付款，销售方在收到最后一笔款项时才交货的销售方式。在这种方式下，表明商品所有权上的主要风险和报酬只有在收到最后一笔款项时才转移给购货方，企业应在发出商品时确认收入，在此之前预收的货款应确认为一项负债。

实例 10-13 天津滨海股份有限公司采用预收款方式向丁公司销售一批商品。该批商品的实际成本为 600 000 元。协议约定，该批商品的销售价格为 800 000 元，增值税税额为 136 000 元。丁公司应在协议签订时按销售价格的 60% 预付货款，余款在收货并验收合格后支付。

天津滨海股份有限公司应作如下会计处理。

1）收到丁公司预付 60% 货款时，编制会计分录如下。

借：银行存款　　480 000

　　贷：预收账款　　480 000

2）发出货物并收到剩余货款及增值税税款时，确认销售实现，编制会计分录如下。

借：预收账款　　480 000

　　银行存款　　456 000

　　贷：主营业务收入　　800 000

　　　　应交税费——应交增值税（销项税额）　　136 000

3）结转已销商品的成本，编制会计分录如下。

借：主营业务成本　　600 000

　　贷：库存商品　　600 000

七、售后回购

售后回购是指销售商品的同时，销售方同意日后再将同样或类似的商品购回的销售方式。在大多数情况下，售后回购交易属于融资交易，企业不应确认销售商品收入，收到的款项应确认为负债。回购价格大于原售价的，差额应在回购期间按期计提利息，计入财务费用。有确凿证据表明售后回购交易满足销售商品收入确认条件的，销售的商品按售价确认收入，回购的商品作为购进商品处理。

实例 10-14 2015 年 5 月 1 日，天津滨海股份有限公司向甲公司销售一批商品，开出的增值税专用发票注明的销售价格为 1 000 000 元，增值税税额为 170 000 元。该批商品的成本为 800 000 元。商品已经发出，款项已经收到。销售协议约定，天津滨海股份有限公司应于 9 月 30 日将所售商品购回，回购价为 1 100 000 元（不含增值税税额）。假定不考虑其他因素。

天津滨海股份有限公司应作会计处理如下。

1）5 月 1 日，发出商品时，编制会计分录如下。

借：银行存款　1 170 000

　　贷：库存商品　800 000

　　　　应交税费——应交增值税（销项税额）　170 000

　　　　其他应付款　200 000

2）回购价格大于原售价的差额，应在回购期间按期确认为利息，计入财务费用。每月应计提利息费用 20 000 元（差额 100 000÷5），编制会计分录如下。

借：财务费用　20 000

　　贷：其他应付款　20 000

3）9 月 30 日，回购商品时，收到的增值税专用发票上注明的价款为 1 100 000 元，增值税税额为 187 000 元。假定商品已验收入库，款项已经支付，编制会计分录如下。

借：库存商品　1 100 000

　　应交税费——应交增值税（进项税额）　187 000

　　贷：银行存款　1 287 000

借：其他应付款　280 000

　　财务费用　20 000

　　贷：库存商品　300 000

八、附有销售退回条件的销售业务

如果企业在销售商品时，合同条款中附有销售退回条件，即购买方依照有关条款有权退货的销售。在这种销售方式下，企业应当根据以往经验合理估计退货的可能性。如果能够合理估计退货可能性且确认与退货相关负债，通常应在发出商品时确认收入；如果企业不能合理估计退货可能性，则应在售出商品退货期满时再确认收入，销售商品当时作发出商品处理。

九、以旧换新的销售业务

以旧换新销售是指企业在销售商品的同时，回收与所售商品相同或同类的旧商品。在这种销售方式下，销售的商品应按照销售商品收入确认条件确认收入，回收的旧商品作为购进商品处理。

实例 10-15　天津滨海股份有限公司响应我国政府有关部门倡导的汽车、家电以旧换新、搞活流通扩大消费、促进再生资源回收利用的相关政策，积极开展家电以旧换新业务。2015 年 3 月份，共销售 MN 型号彩色电视机 100 台，每台不含增值税销售价格为 2 000 元，每台销售成本为 900 元，同时回收 100 台 MN 型号旧彩色电视机作为原材料，每台不含增值税回收价格为 200 元，款项均已收付。

天津滨海股份有限公司作出如下账务处理。

1）销售 100 台 MN 型号彩色电视机时，编制会计分录如下。

借：库存现金　234 000

　　贷：主营业务收入　200 000

　　　　应交税费——应交增值税（销项税额）　34 000

借：主营业务成本　90 000

　　贷：库存商品　90 000

2）回收 100 台 MN 型号彩色电视机时，编制会计分录如下。

借：原材料　20 000
　　应交税费——应交增值税（进项税额）　3 400
　　贷：库存现金　23 400

十、销售商品不符合收入确认条件的会计处理

如果企业售出商品不符合销售商品收入确认的 5 项条件中的任何一项，均不应确认收入。为了单独反映已经发出但尚未确认销售收入的商品成本，应通过“发出商品”等科目进行核算。如果销售该商品的纳税义务已经发生，如税法规定发出商品时纳税义务产生，则尽管不确认收入实现，但应确认增值税销项税额，借记“应收账款”等科目，贷记“应交税费——应交增值税（销项税额）”科目。如果纳税义务没有发生，则不需要进行上述处理。

实例 10-16　2015 年 1 月 3 日，天津滨海股份有限公司采用托收承付结算方式向 B 公司销售一批商品，开出的增值税专用发票上注明的售价为 100 000 元，增值税税额为 17 000 元。该批商品的成本为 60 000 元。天津滨海股份有限公司在销售该批商品时已得知 B 公司资金流转发生暂时困难，但为了减少存货积压，同时也为了维持与 B 公司长期以来建立的商业关系，天津滨海股份有限公司仍将商品发出，并办妥托收手续。假定天津滨海股份有限公司销售该批商品的纳税义务已经发生。

此项业务中，B 公司现金流转存在暂时困难，天津滨海股份有限公司很可能收不回销售货款。根据销售商品收入的确认条件，天津滨海股份有限公司在发出商品时不能确认收入。因此，应将已发出的商品成本通过“发出商品”科目反映。

天津滨海股份有限公司应作如下会计处理。

1）发出商品时，编制会计分录如下。

借：发出商品　60 000
　　贷：库存商品　60 000

2）同时，确认销售商品的纳税义务，计算应交的增值税销项税额，编制会计分录如下。

借：应收账款　17 000
　　贷：应交税费——应交增值税（销项税额）　17 000

3）假定 2015 年 6 月天津滨海股份有限公司得知 B 公司经营情况好转，B 公司承诺近期付款，天津滨海股份有限公司应在 B 公司承诺付款时确认收入，编制会计分录如下。

借：应收账款　100 000
　　贷：主营业务收入　100 000

4）同时，结转成本，编制会计分录如下。

借：主营业务成本　60 000
　　贷：发出商品　60 000

5）假定天津滨海股份有限公司于 2015 年 7 月 6 日收到 B 公司支付的货款，编制会计分录如下。

借：银行存款　117 000
　　贷：应收账款　117 000

十一、销售材料等存货的处理

日常活动中企业还可能发生对外销售不需用的原材料、随同商品对外销售单独计价的包装

物等业务。这些业务也视同商品销售，收入确认和计量原则比照商品销售。企业销售原材料、包装物等存货实现的收入及结转的相关成本，通过“其他业务收入”“其他业务成本”科目核算。

实例 10–17 2015 年 1 月 18 日，天津滨海股份有限公司销售一批原材料，开出的增值税专用发票上注明的售价为 10 000 元，增值税税额为 1 700 元，款项已由银行收妥。该批原材料的实际成本为 9 000 元。

天津滨海股份有限公司应作如下会计处理。

1）取得原材料销售收入时，编制会计分录如下。

借：银行存款	11 700	
贷：其他业务收入		10 000
应交税费——应交增值税（销项税额）		1 700

2）结转已销原材料的实际成本时，编制会计分录如下。

借：其他业务成本	9 000	
贷：原材料		9 000

十二、商品需要安装和检验销售的处理

商品需要安装和检验的销售，是指售出商品需要经过安装和检验等过程的销售方式。在这种销售方式下，在购买方接受交货及安装、检验前，销售方一般不应确认收入。如果安装程序比较简单或检验是为了最终确定合同或协议价格而必须进行的程序，销售方可以在发出商品时确认收入。

十三、订单销售的处理

订单销售是指已收到全部或部分货款而库存没有现货，需要通过制造等程序才能将商品交付购买方的销售方式。在这种销售方式下，企业通常应在发出商品并符合收入确认条件时确认收入，此前预收的货款应确认为负债。

任务二　劳务收入的核算

知识储备

服务企业对外提供劳务的种类很多，如运输、旅游、、饮食、广告、咨询、代理、培训、产品安装等，有的劳务一次就能完成，且一般为现金交易，如饮食、理发、照相等；有的劳务需要花费一段较长时间才能完成，如安装、旅游、培训、远洋运输等。企业提供劳务收入的确认原则因劳务完成时间的不同而不同。

自学会计科目

“劳务成本”科目，用于核算企业对外提供劳务发生的成本。本科目可按提供劳务种类进行明细核算。企业发生的各项劳务成本，借记本科目，贷记“银行存款”“应付职工薪酬”“原

材料”等科目。结转劳务的成本，借记“主营业务成本”“其他业务成本”等科目，贷记该科目。本科目期末借方余额，反映企业尚未完成或尚未结转的劳务成本。

核算任务

一、在同一会计期间开始并完成的劳务

对于一次就能完成的劳务，或在同一会计期间开始并完成的劳务，应在劳务完成时确认收入，确认的金额为合同或协议的总金额，确认的原则可参照商品销售收入确认的原则。

对于一次就能完成的劳务，企业应在提供劳务完成时确认收入及相关成本。对于持续一段时间但在同一会计期间开始并完成的劳务，企业应在为提供劳务发生相关支出时确认劳务成本，劳务完成时再确认劳务收入，并结转相关劳务成本。

企业对外提供劳务实现的收入，通过“主营业务收入”或“其他业务收入”科目核算。对于所发生的成本费用，如果是一次完成的劳务，则直接记入“主营业务成本”或“其他业务成本”科目；如果是需要持续一段时间才能完成的劳务，则企业对外提供劳务发生的支出先通过“劳务成本”科目归集，待确认为费用时，再从“劳务成本”科目转入“主营业务成本”或“其他业务成本”科目。

二、劳务开始和完成分属于不同会计期间

（一）提供劳务交易的结果能够可靠估计的会计处理

劳务的开始和完成分属于不同的会计期间，且企业在资产负债表日提供劳务交易的结果能够可靠估计的，应当采用完工百分比法确认提供劳务收入。

1. 提供劳务交易的结果能够可靠估计的条件

提供劳务交易的结果能够可靠估计是指同时满足下列条件。

① 收入的金额能够可靠地计量，是指提供劳务收入的总额能够合理地估计。通常情况下，企业应当按照从接受劳务方已收或应收的合同或协议价款确定提供劳务收入总额。随着劳务的不断提供，可能会根据实际情况增加或减少已收或应收的合同或协议价款，此时，企业应及时调整提供劳务收入总额。

② 相关的经济利益很可能流入企业，是指提供劳务收入总额收回的可能性大于不能收回的可能性。企业在确定提供劳务收入总额能否收回时，应当结合接受劳务方的信誉、以前的经验，以及双方就结算方式和期限达成的合同或协议条款等因素，综合进行判断。在通常情况下，企业提供的劳务符合合同或协议要求，接受劳务方承诺付款，就表明提供劳务收入总额收回的可能性大于不能收回的可能性。如果企业判断提供劳务收入总额不是很可能流入企业，应当提供确凿证据。

③ 交易的完工进度能够可靠地确定，是指交易的完工进度能够合理地估计。

企业可以根据提供劳务的特点，选用下列方法确定提供劳务交易的完工进度。

已完工的测量，这是一种比较专业的测量方法，由专业测量师对已经提供的劳务进行测量，并按一定方法计算确定提供劳务交易的完工程度。

已经提供的劳务占应提供劳务总量的比例，这种方法主要以劳务量为标准确定提供劳务交易的完工程度。

已经发生的成本占估计总成本的比例，这种方法主要以成本为标准确定提供劳务交易的完工程度。只有反映已提供劳务的成本才能包括在已经发生的成本中，只有反映已提供或将提供劳务的成本才能包括在估计总成本中。

④ 交易中已发生和将发生的成本能够可靠地计量，是指交易中已经发生和将要发生的成本能够合理地估计。企业应当建立完善的内部成本核算制度和有效的内部财务预算及报告制度，准确地提供每期发生的成本，并对完成剩余劳务将要发生的成本作出科学、合理地估计。同时应随着劳务的不断提供或外部情况的不断变化，随时对将要发生的成本进行修订。

2. 完工百分比法

完工百分比法是指按照提供劳务交易的完工进度确认收入与费用的方法。在这种方法下，确认的提供劳务收入金额能够提供各个会计期间关于提供劳务交易及其业绩的有用信息。

企业应当在资产负债表日按照提供劳务收入总额乘以完工进度扣除以前会计期间累计已确认提供劳务收入后的金额，确认当期提供劳务收入。同时，按照提供劳务估计总成本乘以完工进度扣除以前会计期间累计已确认劳务成本后的金额，结转当期劳务成本。用公式表示如下。

本期确认的提供劳务收入 = 劳务总收入 × 本期末止劳务的完工进度 − 以前会计期间累计已确认提供劳务收入

本期确认的提供劳务成本 = 劳务总成本 × 本期末止劳务的完工进度 − 以前会计期间累计已确认提供劳务成本

在采用完工百分比法确认提供劳务收入的情况下，企业应按计算确定的提供劳务收入金额，借记“应收账款”“银行存款”等科目，贷记“主营业务收入”科目。结转提供劳务成本时，借记“主营业务成本”科目，贷记“劳务成本”科目。

实例 10-18 2015 年 11 月 1 日，天津滨海股份有限公司接受一项设备安装任务，安装期为 3 个月，合同总收入为 100 000 元，至年底已预收安装费 70 000 元，实际发生安装费用 26 000 元（假定均为安装人员薪酬），估计还会发生安装费用 14 000 元。企业按实际发生的成本占预计总成本的比例确定劳务的完工进度（假定不考虑相关税费）。

天津滨海股份有限公司应作如下会计处理。

实际发生的成本占预计总成本的比例 =26 000÷（26 000+14 000）=65%

2015 年 12 月 31 日确认收入 =100 000×65%=65 000（元）

2015 年 12 月 31 日结转成本 =（26 000 + 14 000）×65%=26 000（元）

1）实际发生劳务成本时，编制会计分录如下。

借：劳务成本　　26 000

　　贷：应付职工薪酬　　26 000

2）预收劳务款时，编制会计分录如下。

借：银行存款　　70 000

　　贷：预收账款　　70 000

3）2015 年 12 月 31 日确认劳务收入并结转劳务成本时，编制会计分录如下。

借：预收账款　　65 000

　　贷：主营业务收入　　65 000

4）结转成本时，编制会计分录如下。

借：主营业务成本　　26 000

　　贷：劳务成本　　26 000

（二）提供劳务交易的结果不能可靠估计的会计处理

企业提供劳务交易的结果在资产负债表日不能满足上述能够可靠估计的4个条件中的任何一条时，根据谨慎性原则要求，不能采用完工百分比法确认提供劳务收入。企业应正确预计已经发生的劳务成本是否能够得到补偿以及能够获得补偿的额度，分别进行会计处理。

① 已经发生的劳务成本预计全部能够得到补偿的，应按已收或预计能够收回的金额确认提供劳务收入，并结转已经发生的劳务成本。

② 已经发生的劳务成本预计部分能够得到补偿的，应按能够得到部分补偿的劳务成本金额确认提供劳务收入，并结转已经发生的劳务成本。

③ 已经发生的劳务成本预计全部不能得到补偿的，应将已经发生的劳务成本计入当期损益（主营业务成本或其他业务成本），不确认提供劳务收入。

实例 10-19　2015年12月25日，天津滨海股份有限公司接受乙公司委托，为其培训一批学员，培训期为6个月，2016年1月1日开学。协议约定，乙公司应向天津滨海股份有限公司支付的培训费总额为60 000元，分3次等额支付，第一次在开学时预付，第二次在2016年3月1日支付，第三次在培训结束时支付。

2016年1月1日，乙公司预付第一次培训费。至2016年2月28日，天津滨海股份有限公司发生培训成本30 000元（假定均为培训人员薪酬）。2016年3月1日，天津滨海股份有限公司得知乙公司经营发生困难，后两次培训费能否收回难以确定。假定不考虑相关税费。

天津滨海股份有限公司应作账务处理如下。

1）2016年1月1日收到乙公司预付的培训费时，编制会计分录如下。

借：银行存款　　20 000

　　贷：预收账款　　20 000

2）实际发生培训支出时，编制会计分录如下。

借：劳务成本　　30 000

　　贷：应付职工薪酬　　30 000

3）2016年2月28日确认劳务收入并结转劳务成本时，编制会计分录如下。

借：预收账款　　20 000

　　贷：主营业务收入　　20 000

借：主营业务成本　　30 000

　　贷：劳务成本　　30 000

本例中，天津滨海股份有限公司已经发生的劳务成本30 000元预计只能部分得到补偿，即只能按预收款项得到补偿，应按预收账款20 000元确认劳务收入，并将已经发生的劳务成本30 000元结转当期损益。

三、特殊劳务交易的处理

（一）同时销售商品和提供劳务的处理

企业与其他企业签订的合同或协议，有时既包括销售商品又包括提供劳务，如销售商品的同时负责运输，销售软件后继续提供技术支持，设计产品同时负责生产等。企业与其他企业签订的合同或协议包括销售商品和提供劳务时，销售商品部分和提供劳务部分能够区分且能够单独计量的，则应当将销售商品的部分作为销售商品处理，将提供劳务的部分作为提供劳务处理。如果销售商品部分和提供劳务部分不能够区分，或虽能区分但不能够单独计量的，则应当将销售商品部分和提供劳务部分全部作为销售商品进行会计处理。

实例 10-20 天津滨海股份有限公司与乙公司签订合同，向乙公司销售一部电梯并负责安装。天津滨海股份有限公司开出的增值税专用发票上注明的价款合计为 2 000 000 元。其中，电梯销售价格为 1 960 000 元，安装费为 40 000 元，增值税税额为 337 600 元。电梯的成本为 1 120 000 元，电梯安装过程中发生安装费 24 000 元，均为安装人员薪酬。假定电梯已经安装完成并经验收合格，款项尚未收到，安装工作是销售合同的重要组成部分。

天津滨海股份有限公司应作如下账务处理。

1）电梯发出结转成本 1120 000 元时，编制会计分录如下。

借：发出商品　　1 120 000

　　贷：库存商品　　1 120 000

2）实际发生安装费用 24 000 元时，编制会计分录如下。

借：劳务成本　　24 000

　　贷：应付职工薪酬　　24 000

3）确认销售电梯收入和提供劳务收入合计 2 000 000 元时，编制会计分录如下。

借：应收账款　　2 337 600

　　贷：主营业务收入——销售 XX 电梯　　1 960 000

　　　　　　　　　　——劳务　　40 000

　　　　应交税费——应交增值税（销项税额）　　337 600

4）结转销售商品成本 1 120 000 和安装成本 24 000 元时，编制会计分录如下。

借：主营业务成本——销售 XX 电梯　　1 120 000

　　贷：发出商品　　1 120 000

借：主营业务成本——劳务　　24 000

　　贷：劳务成本　　24 000

（二）其他特殊劳务交易的处理

提供下列特殊劳务满足收入确认条件的，应按以下规定确认收入。

① 安装费，在资产负债表日根据安装的完工进度确认收入。安装工作是商品销售附带条件的，安装费在确认商品销售实现时确认收入。

② 宣传媒介的收费，在相关的广告或商业行为开始出现于公众面前时确认收入。广告的制作费，在资产负债表日根据制作广告的完工进度确认收入。

③ 为特定客户开发软件的收费，在资产负债表日根据开发的完工进度确认收入。

④ 包括在商品售价内可区分的服务费，在提供服务的期间分期确认收入。

⑤ 艺术表演、招待宴会和其他特殊活动的收费，在相关活动发生时确认收入。收费涉及几项活动的，预收的款项应合理分配给每项活动，分别确认收入。

⑥ 申请入会费和会员费只允许取得会籍，所有其他服务或商品都要另行收费，在款项收回不存在重大不确定性时确认收入。申请入会费和会员费能使会员在会员期内得到各种服务或商品，或者以低于非会员的价格销售商品或提供服务的，在整个受益期内分期确认收入。

⑦ 属于提供设备和其他有形资产的特许权费，在交付资产或转移资产所有权时确认收入；属于提供初始及后续服务的特许权费，在提供服务时确认收入。

⑧ 长期为客户提供重复的劳务收取的劳务费，在相关劳务活动发生时确认收入。

实例 10-21　天津滨海股份有限公司与乙公司签订协议，允许乙公司经营其连锁店。协议约定，天津滨海股份有限公司共向乙公司收取特许权费 636 000 元。其中，提供家具、柜台等收费 200 000 元，这些家具、柜台的成本为 180 000 元；提供初始服务，如帮助选址、培训人员、融资、广告等收费 300 000 元，共发生成本为 200 000 元（其中，140 000 元为人员薪酬，60 000 元为以银行存款支付的广告费用）；提供后续服务收费 100 000 元，发生成本为 50 000 元（均为人员薪酬），增值税税额 36 000 元。协议签订当日，乙公司一次性付清所有款项。假定不考虑其他因素。

天津滨海股份有限公司应作如下账务处理。

1）收到款项时，编制会计分录如下。

借：银行存款　　636 000
　　贷：预收账款——乙公司　　600 000
　　　　应交税费——应交增值税（销项税额）　　36 000

2）确认家具、柜台的特许权费收入并结转成本时，编制会计分录如下。

借：预收账款　　200 000
　　贷：主营业务收入——提供家具、柜台　　200 000
借：主营业务成本——提供家具、柜台　　180 000
　　贷：库存商品——家具、柜台　　180 000

3）提供初始服务时，编制会计分录如下。

借：劳务成本——提供初始服务　　200 000
　　贷：应付职工薪酬　　140 000
　　　　银行存款　　60 000
借：预收账款　　300 000
　　贷：主营业务收入——提供的初始服务　　300 000
借：主营业务成本——提供初始服务　　200 000
　　贷：劳务成本——提供初始服务　　200 000

4）提供后续服务时，编制会计分录如下。

借：劳务成本——提供后续服务　　50 000
　　贷：应付职工薪酬　　50 000
借：预收账款　　100 000
　　贷：主营业务收入——提供后续服务　　100 000
借：主营业务成本——提供后续服务　　50 000
　　贷：劳务成本——提供后续服务　　50 000

任务三　让渡资产使用权收入的核算

知识储备

让渡资产使用权收入主要包括两类，即利息收入和使用费收入。出租固定资产取得的租金，进行债权投资收取的利息，进行股权投资取得的现金股利等，也构成让渡资产使用权收入。有关的会计处理参照有关租赁、金融工具确认和计量、长期股权投资等内容。

让渡资产使用权收入同时满足下列条件的，才能予以确认。

① 相关的经济利益很可能流入企业。

② 收入的金额能够可靠地计量。

利息收入主要是指金融企业对外贷款形成的利息收入，以及同业之间发生往来形成的利息收入等。

使用费收入主要是指企业转让无形资产（如商标权、专利权、专营权、软件、版权）等资产的使用权形成的使用费收入。

核算任务

使用费收入应当按照有关合同或协议约定的收费时间和方法计算确定。不同的使用费收入，收费时间和方法各不相同。有一次性收取一笔固定金额的，如一次收取10年的场地使用费；有在合同或协议规定的有效期内分期等额收取的，如合同或协议约定在使用期内每期收取一笔固定的金额；也有分期不等额收取的，如合同或协议约定按资产使用方每期销售额的百分比收取使用费等。

如果合同或协议约定一次性收取使用费，且不提供后续服务的，应当视同销售该项资产一次性确认收入；提供后续服务的，应在合同或协议约定的有效期内分期确认收入。如果合同或协议约定分期收取使用费的，应按合同或协议约定的收款时间和金额或约定的收费方法计算确定的金额分期确认收入。

实例 10-22 2015年12月，天津滨海股份有限公司向丁公司出租厂房一栋，约定丁公司每年年末按年销售收入的10%支付租赁费，使用期为10年。第一年，丁公司实现销售收入1 000 000元；第二年，丁公司实现销售收入1 500 000元。假定天津滨海股份有限公司均于每年年末收到租赁费，增值税税率11%。

天津滨海股份有限公司应作如下账务处理。

第一年租赁费收入金额＝1 000 000×10%＝100 000（元）

1）第一年年末确认租赁费收入时，编制会计分录如下。

借：银行存款　　111 000

　　贷：其他业务收入　　100 000

　　　　应交税费——应交增值税（销项税额）　　11 000

2）第二年年末确认租赁费收入时，编制会计分录如下。

第二年租赁费收入金额＝1 500 000×10%＝150 000（元）

借：银行存款　　166 500

　　贷：其他业务收入　　150 000

　　　　应交税费——应交增值税（销项税额）　　16 500

综合实例

天津滨海股份有限公司为增值税一般纳税人，增值税税率为17%。商品销售价格不含增值税，在确认销售收入时逐笔结转销售成本。假定不考虑其他相关税费。2015年6月发生如下业务。

1）6月2日，向乙公司销售A商品1 600件，标价总额为800万元（不含增值税），商品实际成本为480万元。为了促销，天津滨海股份有限公司给予乙公司15%的商业折扣并开具了增值税专用发票。天津滨海股份有限公司已发出商品，并向银行办理了托收手续。

2）6月10日，因部分A商品的规格与合同不符，乙公司退回A商品800件。当日，天津滨海股份有限公司按规定向乙公司开具增值税专用发票（红字），销售退回允许扣减当期增值税销项税额，退回商品已验收入库。

3）6月15日，天津滨海股份有限公司将部分退回的A商品作为福利发放给本公司职工。其中，生产工人500件，行政管理人员40件，专设销售机构人员60件。该商品每件市场价格为0.4万元（与计税价格一致），实际成本0.3为万元。

4）6月25日，天津滨海股份有限公司收到丙公司来函。来函提出，2015年5月10日从天津滨海股份有限公司所购B商品不符合合同约定的质量标准，要求在价格上给予10%的销售折让。该商品售价为600万元，增值税税额为102万元，货款已结清。经天津滨海股份有限公司认定，同意给予折让并以银行存款退还折让款，同时开具了增值税专用发票（红字）。

除上述资料外，不考虑其他因素。

要求：

1. 逐笔编制天津滨海股份有限公司上述业务的会计分录。
2. 计算天津滨海股份有限公司6月份主营业务收入总额。

解答：

1.编制的会计分录如下。

1）借：应收账款	7 956 000	
贷：主营业务收入		6 800 000
应交税费——应交增值税（销项税额）		1 156 000
借：主营业务成本	4 800 000	
贷：库存商品		4 800 000
2）借：主营业务收入	3 400 000	
应交税费——应交增值税（销项税额）	578 000	
贷：应收账款		3 978 000
借：库存商品	2 400 000	
贷：主营业务成本		2 400 000
3）借：生产成本	2 340 000	
管理费用	187 200	
销售费用	280 800	
贷：应付职工薪酬		2 808 000
借：应付职工薪酬	2 808 000	
贷：主营业务收入		2 400 000
应交税费——应交增值税（销项税额）		408 000
借：主营业务成本	1 800 000	
贷：库存商品		1 800 000
4）借：主营业务收入	600 000	
应交税费——应交增值税（销项税额）	102 000	
贷：银行存款		702 000

2.主营业务收入的总额 =680−340＋240−60=520（万元）

项目十一
费用及企业所得税的核算

学习目标

- 了解费用的概念和特征。
- 掌握各项费用的会计处理。
- 掌握递延所得税资产和递延所得税负债的核算。
- 掌握所得税费用的核算。

费用是指企业在日常活动中发生的、会导致所有者权益减少的、与向所有者分配利润无关的经济利益的总流出。

费用包括企业日常活动所产生的经济利益的总流出，主要是指企业为取得营业收入进行产品销售等营业活动所发生的企业货币资金的流出，具体包括成本费用和期间费用。企业为生产产品、提供劳务等发生的可归属于产品成本、劳务成本等的费用，应当在确认销售商品收入、提供劳务收入等时，将已销售商品、已提供劳务的成本等计入当期损益。成本费用包括主营业务成本、其他业务成本、营业税金及附加等。期间费用是指企业日常活动发生的不能计入特定核算对象的成本，而应计入发生当期损益的费用。期间费用包括销售费用、管理费用和财务费用。费用具有以下特点。

① 费用是企业在日常活动中发生的经济利益的总流出。企业在为完成其经营目标所从事的经常性活动，以及与之相关的其他活动中必然发生各种耗费，如工业企业制造并销售产品，商业企业购买并销售商品，咨询公司提供咨询服务，软件开发企业为客户开发软件，安装公司提供安装服务，租赁公司出租资产等活动中发生的经济利益的总流出构成费用。工业企业对外出售不需用的原材料结转的材料成本等，也构成费用。

将费用界定为日常活动所形成的，是为了将其与损失相区分。企业从事或发生的某些活动或事项也能导致经济利益流出企业，但如果这些活动不属于企业日常活动行为，如处置固定资产、无形资产等非流动资产，因违约支付罚款，对外捐赠，因自然灾害等非常原因造成财产毁损等，这些活动或事项形成的经济利益的总流出属于企业的损失而不是费用。区分费用与损失的主要标准是经营活动是否属于企业经常性活动以及相关的其他活动。

② 费用会导致企业所有者权益的减少。费用既可能表现为资产的减少，如减少银行存款、库存商品等；也可能表现为负债的增加，如增加应付职工薪酬、应交税费。根据“资产 + 负债 =

所有者权益”的会计等式，费用一定会导致企业所有者权益的减少。

企业经营中的某些支出并不减少企业的所有者权益，也就不构成费用。例如，企业以银行存款偿还一项负债，只是一项资产和一项负债的等额减少，对所有者权益没有影响，因此，不构成企业的费用。

③ 费用与向所有者分配利润无关。企业向所有者分配利润也会导致经济利益的流出，而该经济利益的流出显然属于所有者权益的抵减项目。向所有者分配利润或股利属于企业利润分配的内容，不属于企业的费用。

任务一　费用的核算

知识储备

主营业务成本是指企业销售商品、提供劳务等经常性活动所发生的成本。企业一般在确定销售商品、提供劳务等主营业务收入时，或在月末，将已销售商品、已提供劳务的成本转入主营业务成本。

其他业务成本是指企业除主营业务活动以外的其他经营活动所发生的支出，包括销售材料的成本、出租固定资产的折旧额、出租无形资产的摊销额、出租包装物的成本或摊销额等。

营业税金及附加是指企业经营活动应负担的相关税费，即消费税、城市维护建设税、资源税和教育费附加等。

销售费用是指企业销售商品和材料、提供劳务的过程中发生的各种费用，包括保险费、包装费、展览费和广告费、商品维修费、预计产品质量保证损失、运输费、装卸费等，以及为销售本企业商品而专设的销售机构（含销售网点、售后服务网点等）的职工薪酬、业务费、折旧费、专设销售机构相关的固定资产修理费用等经营费用。

管理费用是指企业为组织和管理企业生产经营所发生的管理费用，包括企业在筹建期间发生的开办费、董事会和行政管理部门在企业的经营管理中发生的或者应由企业统一负担的公司经费（包括行政管理部门职工工资及福利费、物料消耗、低值易耗品摊销、办公费和差旅费等）、工会经费、董事会费（包括董事会成员津贴、会议费和差旅费等）、聘请中介机构费、咨询费（含顾问费）、诉讼费、业务招待费、房产税、车船使用税、土地使用税、印花税、技术转让费、矿产资源补偿费、研究费用、排污费以及生产车间（部门）和行政管理部门等发生的固定资产修理费用等。

财务费用是指企业为筹集生产经营所需资金等而发生的筹资费用，包括利息支出（减利息收入）、汇兑损益，以及相关的手续费、企业发生的现金折扣或收到的现金折扣等。为购建或生产满足资本化条件的资产发生的借款费用，符合资本化条件的应予资本化，计入购建资产的成本。

自学会计科目

“主营业务成本”科目。本科目核算企业销售商品、提供劳务等日常活动中的主要业务交易所发生的成本，借方登记本期结转的已销售产品、已提供劳务的实际成本，贷方登记因销售退回而冲减的成本和期末转入“本年利润”科目的成本，期末结转后无余额。

“其他业务成本”科目。企业发生的其他业务成本，借记该科目，贷记“原材料”“周转材料”“累计折旧”“累计摊销”“应付职工新酬”“银行存款”等科目。期末，应将该科目余额转入“本年利润”科目，结转后“其他业务成本”科目无余额。

“营业税金及附加”科目。企业按规定计算确定的与经营活动相关的税费，借记该科目，贷记“应交税费”科目。期末，应将该科目余额转入“本年利润”科目，结转后“营业税金及附加”科目无余额。

“销售费用”科目。企业应通过“销售费用”科目，核算企业销售费用的发生和结转情况。本科目应按销售费用的费用项目进行明细核算。本科目借方登记企业所发生的各项销售费用，贷方登记期末结转入“本年利润”科目的销售费用，结转后本科目应无余额。

“管理费用”科目。企业应设置“管理费用”科目，核算管理费用的发生和结转情况。本科目应按管理费用的费用项目进行明细核算。对于商品流通企业管理费用不多的情况，可不单设本科目，有关内容并入“销售费用”科目核算。本科目借方登记企业发生的各项管理费用，贷方登记期末转入“本年利润”科目的管理费用，结转后该本目应无余额。

“财务费用”科目。企业应设置“财务费用”科目，核算财务费用的发生和结转情况。本科目按财务费用的费用项目进行明细核算。本科目借方登记企业发生的各项财务费用，贷方登记期末结转入“本年利润”科目的财务费用，结转后本科目应无余额。

核算任务

实例 11-1 2015 年 1 月 20 日，天津滨海股份有限公司向乙公司销售一批产品，开出的增值税专用发票上注明的价款为 200 000 元，增值税税额为 34 000 元。天津滨海股份有限公司已收到乙公司支付的款项 234 000 元，并将提货单送交乙公司。该批商品的成本为 190 000 元。

天津滨海股份有限公司应作如下会计处理。

1）确认收入并结转成本时，编制会计分录如下。

借：银行存款　　234 000
　　贷：主营业务收入　　200 000
　　　　应交税费——应交增值税（销项税额）　　34 000
借：主营业务成本　　190 000
　　贷：库存商品　　190 000

2）期末，将主营业务成本结转至本年利润时，编制会计分录如下。

借：本年利润　　190 000
　　贷：主营业务成本　　190 000

实例 11-2 2015 年 1 月 1 日，天津滨海股份有限公司将自行开发完成的非专利技术出租给另一家公司。该非专利技术成本为 240 000 元，双方约定的租赁期限为 10 年。天津滨海股份有限公司每月应摊销 2 000 元。

天津滨海股份有限公司应作如下会计处理。

1）每月摊销非专利技术成本时，编制会计分录如下。

借：其他业务成本　　2 000
　　贷：累计摊销　　2 000

2）期末，将其他业务成本结转至本年利润时，编制会计分录如下。

借：本年利润　　2 000
　　贷：其他业务成本　　2 000

实例 11-3　2015 年 2 月 1 日，天津滨海股份有限公司取得应纳消费税的商品销售收入 3 000 000 元，该商品适用的消费税税率为 25%。

天津滨海股份有限公司应作如下会计处理。

1）计算应交消费税税额 750 000 元时，编制会计分录如下。

应交消费税税额 =3 000 000×25%=750 000（元）

借：营业税金及附加　　750 000
　　贷：应交税费——应交消费税　　750 000

2）交纳消费税时，编制会计分录如下。

借：应交税费——应交消费税　　750 000
　　贷：银行存款　　750 000

实例 11-4　2015 年 1 月 10 日，天津滨海股份有限公司为宣传新研发的 B 产品，发生广告费 100 000 元，用转账支票支付款项。

天津滨海股份有限公司编制会计分录如下。

借：销售费用——广告费　　100 000
　　贷：银行存款　　100 000

实例 11-5　2015 年 1 月，天津滨海股份有限公司销售部发生日常运营费用 220 000 元。其中，销售人员薪酬 100 000 元，销售部专用办公设备折旧费 50 000 元，业务费 70 000 元（均用银行存款支付）。

天津滨海股份有限公司编制会计分录如下。

借：销售费用　　220 000
　　贷：应付职工薪酬　　100 000
　　　　累计折旧　　50 000
　　　　银行存款　　70 000

实例 11-6　天津滨海股份有限公司因业务拓展需要，于 2015 年 1 月在滨海新区注册设立子公司——滨海房地产公司。该子公司处于筹建期，发生工商注册登记费、税务登记费、办公费、差旅费等开办费 50 000 元，均用银行存款支付。

天津滨海股份有限公司编制会计分录如下。

借：管理费用——开办费　　50 000
　　贷：银行存款　　50 000

实例 11-7　2015 年 1 月，天津滨海股份有限公司行政管理部门运营费用为：行政管理部门人员的职工薪酬 100 000 元，使用的固定资产计提折旧 120 000 元，为拓展产品市场，发生业务招待费 30 000 元（用转账支票付款）。此外，用银行存款支付日常办公用品费用 20 000 元、水电费 10 000 元。

天津滨海股份有限公司编制会计分录如下。

借：管理费用　　280 000
　　贷：应付职工薪酬　　100 000
　　　　累计折旧　　120 000
　　　　银行存款　　60 000

实例 11-8 2015 年 1 月 1 日，天津滨海股份有限公司从银行借入生产经营用短期借款 360 000 元，期限为 6 个月，年利率为 5%，到期一次还本，利息分月预提按季支付。利息费用不符合利息资本化条件。企业将其中 120 000 元暂时作为闲置资金存放于银行，并获得利息收入 400 元。

天津滨海股份有限公司应作如下会计处理。

1）2015 年 1 月有关利息支出的会计处理如下，编制会计分录如下。

月末，预提当月应计利息 =360 000×5%÷12=1 500（元）

借：财务费用　　1 500
　　贷：应付利息　　1 500

2）当月取得的利息收入 400 元应作为冲减财务费用处理，编制会计分录如下。

借：银行存款　　400
　　贷：财务费用　　400

任务二　企业所得税的核算

知识储备

一、所得税会计概述

（一）资产负债表债务法

所得税会计是针对会计与税收规定之间的差异，在所得税会计核算中的具体体现。《企业会计准则第 18 号——所得税》规定，采用资产负债表债务法核算递延所得税。

资产负债表债务法是从资产负债表出发，通过比较资产负债表上列示的资产、负债按照会计准则规定确定的账面价值与按照税法规定确定的计税基础，对于两者之间的差异——暂时性差异，区分为应纳税暂时性差异与可抵扣暂时性差异，并确认相关的递延所得税负债与递延所得税资产，在此基础上确定每一会计期间利润表中的所得税费用的会计处理方法。

（二）所得税会计核算的一般程序

① 确定资产、负债项目的账面价值。按照会计准则规定确定资产负债表中除递延所得税资产和递延所得税负债以外的其他资产和负债项目的账面价值。

② 确定资产、负债项目的计税基础。按照所得税准则关于资产和负债计税基础的确定方法，以适用的税收法规为基础，确定资产负债表中有关资产、负债项目的计税基础。

③ 比较资产、负债项目的账面价值与计税基础，对于两者之间存在差异的，分析其性质，区分为应纳税暂时性差异与可抵扣暂时性差异并乘以所得税税率，确定资产负债表日递延所得税负债和递延所得税资产的应有金额，并与期初递延所得税负债和递延所得税资产的余额相比，确定当期应予进一步确认的递延所得税资产和递延所得税负债金额或应予转销的金额，作为构成利润表中所得税费用的其中一个组成部分——递延所得税。

④ 按照适用的税法规定计算确定当期应纳税所得额，将应纳税所得额与适用的所得税税率计算的结果确认为当期应交所得税，作为利润表中应予确认的所得税费用的另外一个组成部分—当期所得税。

⑤ 确定利润表中的所得税费用。利润表中的所得税费用包括当期所得税和递延所得税两个组成部分。企业在计算确定了当期所得税和递延所得税后，两者之和（或之差）是利润表中的所得税费用。

二、计税基础

（一）资产的计税基础

资产的计税基础是指企业收回资产账面价值的过程中，计算应纳税所得额时按照税法规定，可以自应税经济利益中抵扣的金额，即某一项资产在未来期间计税时按照税法规定可以税前扣除的金额。

实例 11–9　2014 年 12 月 31 日，天津滨海股份有限公司购入一项固定资产，取得时按照企业会计准则规定及税法规定确定成本均为 400 万元。企业预计该项固定资产使用年限为 8 年，税法规定折旧年限为 5 年，净残值为 0。会计核算及计税时均按照年限平均法计提折旧。按税法规定年折旧额为 80 万元，会计折旧额为 50 万元。

2015 年 12 月 31 日，根据会计核算结果，期末该项固定资产的账面价值为 350（400−50）万元。

该项固定资产的计税基础 =400−80=320（万元）

（二）负债的计税基础

负债的计税基础是指负债的账面价值减去未来期间计算应纳税所得额时按照税法规定可予抵扣的金额。

实例 11–10　天津滨海股份有限公司因销售商品提供售后服务等原因，根据会计准则规定和销售情况，于 2015 年 12 月 31 日确认了 200 万元的预计负债，以保障今后售后服务费用支出。

假定天津滨海股份有限公司在确认预计负债的当期未发生售后服务费用，则有：

预计负债账面价值 =200（万元）

按照税法规定，有关产品售后服务等与取得经营收入直接相关的费用，在实际发生时允许税前列支。因此，未来可税前扣除的金额为 200 万元，该项预计负债的计税基础为：

预计负债计税基础 = 账面价值（200）− 未来可税前扣除的金额（200）=0

三、暂时性差异

暂时性差异是指资产、负债的账面价值与计税基础不同产生的差额。

由于资产、负债的账面价值与计税基础在本期存在的差额，产生了在未来收回资产或清偿负债的期间，应纳税所得额增加或减少并导致未来期间应交所得税增加或减少的情况。那么，在这些暂时性差异发生的当期，应当确定相应的递延所得税负债或递延所得税资产。根据暂时性差异对未来期间应税金额影响的不同，分为应纳税暂时性差异和可抵扣暂时性差异。

（一）应纳税暂时性差异

应纳税暂时性差异是指在确定未来收回资产或清偿负债期间的应纳税所得额时，将导致产生应税金额的暂时性差异。本期存在的差异在未来期间转回时，会增加转回期间的应纳税所得额，即在未来期间不考虑该事项影响的应纳税所得额的基础上，由于该暂时性差异的转回，会进一步增加转回期间的应纳税所得额和应交所得税金额。因此，在应纳税暂时性差异产生当期，应当确认相关的递延所得税负债。

应纳税暂时性差异通常产生于以下情况。

1. 资产的账面价值大于计税基础

实例 11-11 承实例 11-9，该项固定资产在 2015 年 12 月 31 日的账面价值为 350 万元，而当日其计税基础为 320 万元。因此，该项固定资产的账面价值 350 万元与计税基础 320 万元之间产生的 30 万元差额即为暂时性差异。

由于按会计核算该项固定资产在将来持有期内，计提折旧并计入费用金额 350 万元，但税法规定，在将来持有期内只能税前扣除费用 320 万元。未来期间，该项资产在会计核算计提折旧费用时，超过可税前扣除部分的 30 万元折旧额，将要调增应纳税所得额并增加应交所得税额。这一差异就是应纳税暂时性差异。因此，在本期产生应纳税暂时性差异 30 万元时，就应对影响未来会计期间需要多交的所得税予以确认，即确认为递延所得税负债。

2. 负债的账面价值小于计税基础

因负债的账面价值与计税基础不同产生的暂时性差异，本质上是税法规定就该项负债在未来期间可以税前扣除的金额（即与该项负债相关的费用支出在未来期间可予税前扣除的金额）。负债的账面价值小于计税基础，则意味着就该项负债在未来期间可以税前抵扣的金额为负数，即应在未来期间应纳税所得额的基础上调增，增加应纳税所得额和应交所得税金额，产生应纳税暂时性差异，并且应确认相关的递延所得税负债。

（二）可抵扣暂时性差异

可抵扣暂时性差异是指在确定未来收回资产或清偿负债期间的应纳税所得额时，将导致产生可抵扣金额的暂时性差异。该差异在未来期间转回时会减少转回期间的应纳税所得额，减少未来期间的应交所得税。因此，在可抵扣暂时性差异产生当期，应当确认相关的递延所得税资产。

可抵扣暂时性差异一般产生于以下情况。

1. 资产的账面价值小于计税基础

实例 11-12 2015 年 12 月 31 日，天津滨海股份有限公司乙材料的实际成本为 100 万元，加工该存货至完工产成品估计还将发生成本 20 万元，先前未计提跌价准备。由于消费

者偏好变化，预计用乙材料生产的产成品售价降至 110 万元，估计销售费用和相关税费为 2 万元，则该批材料的可变现净值为 88（110−2−20）万元，材料成本为 100 万元。因此，公司于 2015 年 12 月 31 日针对乙材料计提存货跌价准备 12 万元。

在此项业务中，公司于 2015 年 12 月 31 日计提存货跌价准备 12 万元，则 2015 年 12 月 31 日该项乙材料的账面价值为 88 万元。但税法规定，按会计准则计提的资产减值准备不允许税前扣除，该项原材料的计税基础不会因存货跌价准备的提取而发生变化，公司使用乙材料生产产品，其成本 100 万元在计算交纳所得税时其计税基础维持原取得成本 100 万元不变。该项材料账面价值 88 万元小于计税基础 100 万元，产生可抵扣暂时性差异 12 万元，该差异会减少公司在未来期间的应纳税所得额和应交所得税。因此，应在 2015 年 12 月 31 日予以确认并计算递延所得税资产。

2. 负债的账面价值大于计税基础

实例 *11-13*　承实例 11-10，天津滨海股份有限公司因销售商品提供售后服务等原因，于 2015 年 12 月 31 日确认了 200 万元的预计负债。此项业务预计负债账面价值为 200 万元，预计负债的计税基础为 0。

企业在 2015 年 12 月 31 日预计负债而确认的相关费用不允许税前扣除，但在以后期间有关费用实际发生时允许税前扣除，使得未来期间的应纳税所得额和应交所得税减少，产生可抵扣暂时性差异，符合有关确认条件时，应确认相关的递延所得税资产。

核算任务

一、递延所得税资产及递延所得税负债的核算

企业在计算确定了应纳税暂时性差异与可抵扣暂时性差异后，应当按照所得税准则规定的原则，确认与应纳税暂时性差异相关的递延所得税负债以及与可抵扣暂时性差异相关的递延所得税资产。

（一）递延所得税负债的确认和计量

递延所得税负债产生于应纳税暂时性差异。因应纳税暂时性差异在转回期间将增加企业的应纳税所得额和应交所得税，导致企业经济利益的流出，在其发生当期，已经构成企业支付税金的义务（未来支付），应作为负债确认。

1. 递延所得税负债的确认

企业在确认因应纳税暂时性差异产生的递延所得税负债时，应遵循以下原则。

① 除所得税准则中明确规定可不确认递延所得税负债的情况以外，企业对于所有的应纳税暂时性差异均应确认相关的递延所得税负债。基于谨慎性原则，为了充分反映交易或事项发生后对未来期间的计税影响，除特殊情况可不确认相关的递延所得税负债外，企业应尽可能地确认与应纳税暂时性差异相关的递延所得税负债。

② 确认应纳税暂时性差异产生的递延所得税负债时，交易或事项发生时影响到会计利润或应纳税所得额的，相关的所得税影响应作为利润表中所得税费用的组成部分；与直接计入所有者权益的交易或事项相关的，其所得税影响应减少所有者权益；与企业合并中取得资产、负债相关的，递延所得税影响应调整购买日应确认的商誉或是计入合并当期损益的金额。

2. 递延所得税负债的计量

对于递延所得税负债，在资产负债表日，应当根据适用税法规定，按照预期清偿该负债期间的适用税率计量，即递延所得税负债应以相关应纳税暂时性差异转回期间税法规定适用的所得税税率计量。对于享受优惠政策的企业，所产生的暂时性差异应以预计其转回期间的适用所得税税率为基础计量。递延所得税负债的确认不要求折现。

实例 11-14 承实例 11-9 和实例 11-11。假如天津滨海股份有限公司 2015 年及以后年度企业所得税税率均为 25%。该项 2015 年 12 月 31 日产生 300 000 元的暂时性差异，会增加未来期间的应纳税所得额和应交所得税，属于应纳税暂时性差异，应确认与其相关的递延所得税负债 75 000（300 000 × 25%）元。

编制会计分录如下。

借：所得税费用　　75 000

　　贷：递延所得税负债　　75 000

（二）递延所得税资产的确认和计量

1. 递延所得税资产的确认

递延所得税资产产生于可抵扣暂时性差异。在估计未来期间能够取得足够的应纳税所得额用以利用该可抵扣暂时性差异时，应当以很可能取得用来抵扣可抵扣暂时性差异的应纳税所得额为限，确认相关的递延所得税资产。其确认的一般原则如下。

① 递延所得税资产的确认应以未来期间很可能取得的用来抵扣可抵扣暂时性差异的应纳税所得额为限。在判断企业于可抵扣暂时性差异转回的未来期间是否能够产生足够的应纳税所得额时，应考虑两个方面的影响：一是通过正常的生产经营活动能够实现的应纳税所得额；二是以前期间产生的应纳税暂时性差异在未来期间转回时将增加的应纳税所得额。

② 对于按照税法规定可以结转以后年度的未弥补亏损（可抵扣亏损）和税款抵减，应视同可抵扣暂时性差异处理。在预计可利用可弥补亏损或税款抵减的未来期间内很可能取得足够的应纳税所得额时，应当以很可能取得的应纳税所得额为限，确认相应的递延所得税资产，同时减少确认当期的所得税费用。

③ 有关交易或事项发生时，对税前会计利润或是应纳税所得额产生影响的，所确认的递延所得税资产应作为利润表中所得税费用的调整；有关的可抵扣暂时性差异产生于直接计入所有者权益的交易或事项的，确认的递延所得税资产也应计入所有者权益；企业合并中取得的有关资产、负债产生的可抵扣暂时性差异，其所得税影响应相应调整合并中确认的商誉或是应计入合并当期损益的金额。

2. 不确认递延所得税资产的特殊情况

在某些情况下，如果企业发生的某项交易或事项不是企业合并，并且交易发生时既不影响会计利润，也不影响应纳税所得额，且该项交易中产生的资产、负债的初始确认金额与计税基础不同，产生可抵扣暂时性差异的，会计准则规定在交易或事项发生时不确认相关的递延所得税资产。其原因是如果确认递延所得税资产，则需调整资产、负债的入账价值，对实际成本进行调整将有违历史成本原则，影响会计信息的可靠性，在这种情况下，不确认相关的递延所得税资产。

实例 11-15 天津滨海股份有限公司 2015 年发生资本化研究开发支出 8 000 000 元，

至年末研发项目尚未完成。税法规定，按照会计准则规定资本化的开发支出按其 150% 作为计算摊销额的基础。

天津滨海股份有限公司按照会计准则规定资本化的开发支出为 8 000 000 元，其计税基础为 12 000 000 元，该开发支出及所形成无形资产在初始确认时其账面价值和计税基础即存在差异。因该差异并非产生于企业合并，同时在产生时既不影响会计利润，也不影响应纳税所得额，按照准则规定，不确认与该暂时性差异相关的所得税影响。

3. 递延所得税资产的计量

① 适用税率的确定。确认递延所得税资产时，应当以预期收回该资产期间的适用所得税税率为基础计算确定。无论相关的可抵扣暂时性差异转回期间如何，递延所得税资产均不要求折现。

② 递延所得税资产账面价值的复核。资产负债表日，企业应当对递延所得税资产的账面价值进行复核。如果未来期间很可能无法取得足够的应纳税所得额用以利用可抵扣暂时性差异带来的经济利益，应当减记递延所得税资产的账面价值。除原确认时记入所有者权益的递延所得税资产，其减记金额也应记入所有者权益外，其他的情况应增加减记当期的所得税费用。递延所得税资产的账面价值减记以后，继后期间根据新的环境和情况判断能够产生足够的应纳税所得额利用可抵扣暂时性差异，使得递延所得税资产包含的经济利益能够实现的，应相应恢复递延所得税资产的账面价值。

实例 *11-16* 承实例 11-12。假如天津滨海股份有限公司 2015 年及以后年度企业所得税税率均为 25%，假定以后年度能够取得足够的应纳税所得额以利用该项可抵扣暂时性差异。该项材料因计提存货跌价准备，在 2015 年 12 月 31 日产生 120 000 元的暂时性差异。

该差异会减少公司在未来生产使用期间的应纳税所得额和应交所得税，应确认与其相关的递延所得税资产 30 000（120 000 × 25%）元。

编制会计分录如下。

借：递延所得税资产　　　　30 000

　贷：所得税费用　　　　　　30 000

二、所得税费用的核算

在按照资产负债表债务法核算所得税的情况下，利润表中的所得税费用由两部分组成：当期所得税和递延所得税。

（一）当期所得税

当期所得税是指企业按照税法规定计算确定的针对当期发生的交易和事项，应缴纳给税务部门的所得税金额，即应交所得税。当期所得税应以适用的税收法规为基础计算确定。用公式表示如下。

应纳税所得额 = 会计利润 ± 按税法规定的纳税调整额

= 会计利润 + 按照会计准则规定计入利润表但计税时不允许税前扣除的费用 ± 计入利润表的费用与按照税法规定可予税前抵扣的费用金额之间的差额 ± 计入利润表的收入与按照税法规定应计入应纳税所得额的收入之间的差额 − 税法规定的不征税收入 ± 其他需要调整的因素

当期所得税 = 当期应交所得税 = 应纳税所得额 × 适用所得税税率

（二）递延所得税

递延所得税是指按照企业会计准则规定应予确认的递延所得税资产和递延所得税负债在期末应有的金额相对于原已确认金额之间的差额，即递延所得税资产及递延所得税负债当期发生额的综合结果，但不包括直接计入所有者权益的交易或事项及企业合并的所得税影响。用公式表示如下。

递延所得税 =（期末递延所得税负债 − 期初递延所得税负债）−
（期末递延所得税资产 − 期初递延所得税资产）

（三）所得税费用

计算确定了当期所得税及递延所得税以后，利润表中应予确认的所得税费用为两者之和，用公式 表示如下。

所得税费用 = 当期所得税＋递延所得税

实例 11-17 天津滨海股份有限公司 2015 年度利润表中利润总额为 12 000 000 元，该公司适用的所得税税率为 25%，预计未来期间适用的所得税税率不会发生变化，未来期间能够产生足够的应纳税所得额用以抵扣可抵扣暂时性差异。递延所得税资产及递延所得税负债不存在期初余额。

该公司 2015 年发生的有关交易和事项中，会计处理与税收处理存在差别的有如下几项。

1）2014 年 12 月 31 日取得一项固定资产，成本为 6 000 000 元，使用年限为 10 年，预计净残值为 0，会计处理按双倍余额递减法计提折旧，税收处理按直线法计提折旧。假定税法规定的使用年限及预计净残值与企业会计准则规定的相同。

2）向关联企业捐赠现金 2 000 000 元。假定按照税法规定，企业向关联方的捐赠不允许税前扣除。

3）当年度发生研究开发支出 5 000 000 元，较上年度增长 20%。其中 3 000 000 元予以资本化。截至 2015 年 12 月 31 日，该研发资产仍在开发过程中。税法规定，企业费用化的研究开发支出按 150% 税前扣除，资本化的研究开发支出按资本化金额的 150% 确定应予摊销的金额。

4）应付违反环保法规定罚款 1 000 000 元。

5）期末对持有的存货计提了 300 000 元的存货跌价准备，该存货原值 8 300 000 元。

天津滨海有限公司有关所得税的计算与会计处理如下。

1）2015 年度应交所得税。

应纳税所得额 =12 000 000 ＋ 600 000 ＋ 2 000 000−1 000 000 ＋ 1 000 000 ＋ 300 000
=14 900 000（元）

应交所得税 =14 900 000×25%=3 725 000（元）

2）计算 2015 年度递延所得税。

公司 2015 年资产负债表相关项目金额及计税基础如表 11.1 所示。

表 11.1　公司 2015 年资产负债表相关项目金额及计税基础　　元

项　目	账面价值	计税基础	差　异	
			应纳税暂时性差异	可抵扣暂时性差异
存货	8 000 000	8 300 000		300 000
固定资产	4 800 000	5 400 000		600 000
开发支出	3 000 000	4 500 000		1 500 000
其他应付款	1 000 000	1 000 000		
总　计				2 400 000

本例中，由于存货、固定资产账面价值与计税基础不同，产生可抵扣暂时性差异 900 000 元，确认了递延所得税资产 225 000 元。对于资本化的开发支出 3 000 000 元，计税基础为 4 500 000 元，该开发支出及所形成无形资产在初始确认时其账面价值和计税基础即存在差异，因该差异并非产生于企业合并，同时在产生时既不影响会计利润，也不影响应纳税所得额，按照企业会计准则规定，不确认与该暂时性差异相关的所得税影响。因此，递延所得税资产为 225 000（900 000×25%）元。

3）利润表中应确认的所得税费用。

所得税费用 =3 725 000−225 000=3 500 000（元）

4）期末编制会计分录。

借：所得税费用　　3 500 000

　　递延所得税资产　　225 000

　　贷：应交税费——应交所得税　　3 725 000

综合实例

天津滨海股份有限公司 2015 年 1 月发生如下经济业务。

1）发生无形资产研究费用 10 万元。

2）发生专设销售部门人员工资 25 万元。

3）支付业务招待费 15 万元。

4）支付销售产品保险费 5 万元。

5）本月应缴纳的城市维护建设税 0.5 万元。

6）计提投资性房地产折旧 40 万元。

7）支付本月末计提短期借款利息 0.1 万元。

假设不考虑其他事项。

要求：

1. 说明 1）~7）项经济业务应该计入哪项当期损益。

2. 计算天津滨海股份有限公司 2015 年 1 月发生的期间费用总额。

解答：

1. 各项经济业务应计入的当期损益如下。

1）发生无形资产研究费用最终应计入管理费用。

2）发生专设销售部门人员工资应计入销售费用。

3）支付的业务招待费应计入管理费用。

4）支付的销售产品保险费应计入销售费用。

5）本月应缴纳的城市维护建设税应计入营业税金及附加。

6）计提投资性房地产折旧应计入其他业务成本。

7）支付本月末计提短期借款利息应计入财务费用。

2. 天津滨海股份有限公司2015年1月发生的期间费用总额为55.1（10+25+15+5+0.1）万元。

项目十二
利润及利润分配的核算

学习目标

- ◆ 掌握利润的概念和构成。
- ◆ 掌握利润分配的顺序。
- ◆ 掌握营业外收支、本年利润和利润分配的核算。

利润是指企业在一定会计期间的经营成果。利润包括收入减去费用后的净额、直接计入当期利润的利得和损失等。未计入当期利润的利得和损失扣除所得税影响后的净额计入其他综合收益项目。净利润与其他综合收益的合计金额为综合收益总额。利得是指由企业非日常活动所形成的、会导致所有者权益增加的、与所有者投入资本无关的经济利益的流入。损失是指由企业非日常活动所发生的、会导致所有者权益减少的、与向所有者分配利润无关的经济利益的流出。本项目将主要介绍利润及利润分配的核算。

任务一　利润的核算

知识储备

一、营业利润

营业利润是指企业日常生产经营活动及相关活动所形成的经营成果。其计算公式如下。

营业利润＝营业收入－营业成本－营业税金及附加－销售费用－管理费用－财务费用－资产减值损失＋公允价值变动收益（－公允价值变动损失）＋投资收益（－投资损失）

式中，营业收入是指企业经营业务所确认的收入总额，包括主营业务收入和其他业务收入。营业成本是指企业经营业务所发生的实际成本总额，包括主营业务成本和其他业务成本。资产减值损失是指企业计提各项资产减值准备所形成的损失。公允价值变动收益（损失）是指企业交易性金融资产等公允价值变动形成的应计入当期损益的利得（或损失）。投资收益（或损失）是指企业以各种方式对外投资所取得的收益（或发生的损失）。

二、利润总额

利润总额是企业一定时期内全部经营活动获得的经营成果，计算公式如下。

利润总额＝营业利润＋营业外收入－营业外支出

式中，营业外收入是指企业发生的与其日常活动无直接关系的各项利得。营业外支出是指企业发生的与其日常活动无直接关系的各项损失。

三、净利润

净利润是企业的利润总额扣除所得税费用的余额，也称为税后利润或净利，其计算公式如下。

净利润＝利润总额－所得税费用

式中，所得税费用是指企业确认的应从当期利润总额中扣除的所得税费用。

核算任务

一、营业外收支的核算

（一）营业外收入的核算

营业外收入是指企业发生的与其日常活动无直接关系的各项利得。营业外收入并不是企业经营资金耗费所产生的，实际上是经济利益的净流入，不需要与有关的费用进行配比。营业外收入主要包括非流动资产处置利得、非货币性资产交换利得、债务重组利得、政府补助、盘盈利得、捐赠利得、确认无法支付而按规定程序经批准后转作营业外收入的应付款项等。

企业应设置“营业外收入”科目，核算营业外收入的取得及结转情况。该科目应按照营业外收入的项目进行明细核算。该科目贷方登记企业确认的各项营业外收入，借方登记期末结转入本年利润的营业外收入。结转后该科目应无余额。

（二）营业外支出的核算

营业外支出是指企业发生的与其日常活动无直接关系的各项损失，主要包括非流动资产处置损失、非货币性资产交换损失、债务重组损失、盘亏损失、罚款支出、公益性捐赠支出和非常损失等。

企业应设置“营业外支出”科目，核算营业外支出的发生及结转情况。该科目按照营业外支出的项目进行明细核算。该科目借方登记企业发生的各项营业外支出，贷方登记期末结转入本年利润的营业外支出。结转后该科目应无余额。

实例 12-1 天津滨海股份有限公司将固定资产报废清理的净收益 5 000 元转作营业外收入。

天津滨海股份有限公司应编制会计分录如下。

借：固定资产清理　　5 000
　　贷：营业外收入　　5 000

实例 12-2　天津滨海股份有限公司在现金清查中盘盈 500 元，按管理权限报经批准后转入营业外收入。

天津滨海股份有限公司应作会计处理如下。

1）发现盘盈时，编制会计分录如下。

借：库存现金　　500
　　贷：待处理财产损溢　　500

2）经批准转入营业外收入时，编制会计分录如下。

借：待处理财产损溢　　500
　　贷：营业外收入　　500

实例 12-3　天津滨海股份有限公司本期营业外收入总额为 20 000 元，期末结转本年利润。

天津滨海股份有限公司编制会计分录如下。

借：营业外收入　　20 000
　　贷：本年利润　　20 000

实例 12-4　2014 年 1 月 1 日，天津滨海股份有限公司取得一项价值 1 000 000 元的非专利技术，2015 年 1 月 1 日出售时已累计摊销 100 000 元，未计提减值准备，出售时取得价款 850 000 元，不考虑其他因素。

天津滨海股份有限公司编制会计分录如下。

借：银行存款　　850 000
　　累计摊销　　100 000
　　营业外支出　　50 000
　　贷：无形资产　　1 000 000

实例 12-5　天津滨海股份有限公司发生原材料意外灾害损失 30 000 元，经批准全部转作营业外支出，不考虑相关税费。

天津滨海股份有限公司应作会计处理如下。

1）发生原材料意外灾害损失时，编制会计分录如下。

借：待处理财产损溢　　30 000
　　贷：原材料　　30 000

2）批准处理时，编制会计分录如下。

借：营业外支出　　30 000
　　贷：待处理财产损溢　　30 000

实例 12-6　天津滨海股份有限公司用银行存款支付税收滞纳金 10 000 元。

天津滨海股份有限公司编制会计分录如下。

借：营业外支出　　10 000
　　贷：银行存款　　10 000

实例 12-7 天津滨海股份有限公司本期营业外支出总额为15 000元，期末结转本年利润。

天津滨海股份有限公司编制会计分录如下。

借：本年利润　　15 000

　贷：营业外支出　　15 000

二、本年利润的核算

（一）结转本年利润的方法

会计期末，企业应将损益类科目金额结转到“本年利润”科目。具体结转方法有表结法和账结法两种。

在表结法下，各损益类科目每月月末只需结计出本月发生额和月末累计余额，不结转到“本年利润”科目，只有在年末时才将全年累计余额结转入“本年利润”科目。但每月月末要将损益类科目的本月发生额合计数填入利润表的本月数栏，同时将本月末累计余额填入利润表的本年累计数栏，通过利润表计算反映各期的利润（或亏损）。在表结法下，年中损益类科目无须结转入“本年利润”科目，从而减少了转账环节和工作量，同时并不影响利润表的编制及有关损益指标的利用。

在账结法下，每月月末均需编制转账凭证，将在账上结计出的各损益类科目的余额结转入“本年利润”科目。结转后，“本年利润”科目的本月余额反映当月实现的利润或发生的亏损，本年余额反映本年累计实现的利润或发生的亏损。账结法在各月均可通过“本年利润”科目提供当月及本年累计的利润（或亏损）额，但增加了转账环节和工作量。

（二）结转本年利润的会计处理

会计期末，企业应将“主营业务收入”“其他业务收入”“营业外收入”等科目的余额分别转入“本年利润”科目的贷方，将“主营业务成本”“其他业务成本”“营业税金及附加”“销售费用”“管理费用”“财务费用”“资产减值损失”“营业外支出”“所得税费用”等科目的余额分别转入“本年利润”的借方。企业还应将“公允价值变动损益”“投资收益”科目的净收益转入“本年利润”科目的贷方，将“公允价值变动损益”“投资收益”科目的净损失转入“本年利润”科目的借方。结转后“本年利润”科目如为贷方余额，表示当年实现的净利润；如为借方余额，表示当年发生的净亏损。

年度终了，企业还应将“本年利润”科目的本年累计余额转入“利润分配——未分配利润”科目。如“本年利润”科目为贷方余额，借记“本年利润”科目，贷记“利润分配——未分配利润”科目；如为借方余额，做相反的会计分录。结转后“本年利润”科目应无余额。

实例 12-8 天津滨海股份有限公司2015年有关损益类科目结账前余额如表12.1所示（假定企业采用“表结法”年末一次结转损益类科目，企业所得税税率为25%，企业本期没有纳税调整事项）。

表12.1　天津滨海股份有限公司2015年有关损益类科目结账前余额　　元

科日名称	余额方向	结账前余额
主营业务收入	贷	6 000 000
其他业务收入	贷	700 000
公允价值变动损益	贷	150 000
投资收益	贷	600 000
营业外收入	贷	50 000
主营业务成本	借	4 000 000
其他业务成本	借	400 000
营业税金及附加	借	80 000
销售费用	借	500 000
管理费用	借	770 000
财务费用	借	200 000
资产减值损失	借	100 000
营业外支出	借	250 000
所得税费用	借	300 000

天津滨海股份有限公司应作如下会计处理。

1）结转各项收入、利得类科目，编制会计分录如下。

借：主营业务收入　　6 000 000
　　其他业务收入　　700 000
　　公允价值变动损益　　150 000
　　投资收益　　600 000
　　营业外收入　　50 000
　贷：本年利润　　7 500 000

2）结转各项费用、损失类科目，编制会计分录如下。

借：本年利润　　6 300 000
　贷：主营业务成本　　4 000 000
　　　其他业务成本　　400 000
　　　营业税金及附加　　80 000
　　　销售费用　　500 000
　　　管理费用　　770 000
　　　财务费用　　200 000
　　　资产减值损失　　100 000
　　　营业外支出　　250 000

3）确定税前会计利润并计算企业所得税。

本期应交企业所得税＝（7 500 000−6 300 000）×25%=300 000（元）

确认所得税费用，编制会计分录如下。

借：所得税费用　　300 000
　贷：应交税费——应交所得税　　300 000

4）将所得税费用结转入“本年利润”科目，编制会计分录如下。

借：本年利润　　300 000

贷：所得税费用　　300 000

5）将“本年利润”科目年末余额结转“利润分配——未分配利润”科目。

“本年利润”科目年末余额 =1 200 000−300 000=900 000（元）

编制会计分录如下。

借：本年利润　　900 000

贷：利润分配——未分配利润　　900 000

任务二　利润分配的核算

知识储备

企业实现的利润总额在交纳企业所得税后，就是会计净利润。根据《公司法》等有关法律规定，企业取得的净利润应按照规定顺序进行分配。

① 弥补以前年度亏损。公司的法定公积金不足以弥补以前年度亏损的，在提取法定公积金之前，应当先用当年利润弥补亏损。

② 提取公司法定公积金。根据《公司法》的规定，法定盈余公积的提取比例为当年税后利润（弥补亏损后）的 10%。法定盈余公积金已达注册资本的 50% 时可不再提取。法定盈余公积可用于弥补亏损、扩大公司生产经营或转增资本，但企业用盈余公积金转增资本后，法定盈余公积金的余额不得低于转增前公司注册资本的 25%。

③ 提取任意公积金。根据《公司法》的规定，公司从税后利润中提取法定公积金后，经股东会或者股东大会决议，还可以从税后利润中提取任意公积金。

④ 向股东（投资者）分配股利（利润）。《公司法》规定，公司弥补亏损和提取公积金后所余税后利润，可以向股东（投资者）分配股利（利润）。其中，有限责任公司股东按照实缴的出资比例分取红利，全体股东约定不按照出资比例分取红利的除外；股份有限公司按照股东持有的股份比例分配，但股份有限公司章程规定不按持股比例分配的除外。

股东会、股东大会或董事会违反上述规定，在公司弥补亏损和提取法定公积金之前向股东分配利润的，股东必须将违反规定分配的利润退还公司。公司持有的本公司股份不得分配利润。

核算任务

企业核算利润的分配（或亏损的弥补）和历年分配（或弥补）后的余额，应当设置“利润分配”科目，并且分别设置“提取法定盈余公积”“提取任意盈余公积”“应付现金股利或利润”“转作股本的股利”“盈余公积补亏”和“未分配利润”等科目进行明细核算。

一、提取盈余公积

企业按规定提取盈余公积时，通过“利润分配”和“盈余公积”等科目处理。

实例 12-9　天津滨海股份有限公司 2015 年实现净利润 20 000 000 元。公司章程规定，按当年净利润的 10% 计提法定盈余公积，按净利润的 20% 计提任意盈余公积。

天津滨海股份有限公司于年末应作如下会计处理。

2015 年应计提法定盈余公积金额 =20 000 000×10%=2 000 000（元）

2015 年应计提任意盈余公积金额 =20 000 000×20%=4 000 000（元）

1）提取法定盈余公积时，编制会计分录如下。

借：利润分配——提取法定盈余公积　　2 000 000

　　贷：盈余公积——法定盈余公积　　2 000 000

2）提取任意盈余公积时，编制会计分录如下。

借：利润分配——提取任意盈余公积　　4 000 000

　　贷：盈余公积——任意盈余公积　　4 000 000

二、向股东（投资者）分配股利（利润），发放现金股利或利润

实例 12-10　2015 年 12 月 31 日，天津滨海股份有限公司普通股股本为 50 000 000 股，每股的面值为 1 元，可供投资者分配的利润为 5 000 000 元，盈余公积为 20 000 000 元。2016 年 3 月 20 日，股东大会批准了 2015 年度利润分配方案，以 2015 年 12 月 31 日为登记日，按每股 0.2 元发放现金股利。天津滨海股份有限公司共需要分派 10 000 000 元现金股利，其中动用可供投资者分配的利润为 5 000 000 元、盈余公积为 5 000 000 元，假定不考虑其他因素。

天津滨海股份有限公司应作如下会计处理。

天津滨海股份有限公司经股东大会批准，以未分配利润和盈余公积发放现金股利，属于以未分配利润发放现金股利部分 5 000 000 元应记入“利润分配——应付现金股利”科目，属于以盈余公积发放现金股利部分 5 000 000 元应记入“盈余公积”科目。

1）天津滨海股份有限公司宣告分派股利时，编制会计分录如下。

借：利润分配——应付现金股利　　5 000 000

　　盈余公积　　5 000 000

　　贷：应付股利　　10 000 000

2）向股东支付股利时，编制会计分录如下。

借：应付股利　　10 000 000

　　贷：银行存款　　10 000 000

三、“利润分配”科目所属其他明细科目余额的结转

年度终了，企业应将本年实现的净利润，自“本年利润”科目转入“利润分配”科目，借记“本年利润”科目，贷记“利润分配——未分配利润”科目，为净亏损的做相反的会计分录。

同时，应将“利润分配”科目所属其他明细科目的余额转入“利润分配——未分配利润”明细科目。结转后，除“利润分配——未分配利润”明细科目外，其他明细科目应无余额。“利润分配——未分配利润”年末余额，反映企业的累积未分配利润（或未弥补亏损）。

实例 12-11　有关资料见实例 12-9 和实例 12-10。2015 年 12 月 31 日，天津滨海股份有限公司年终结转，将“利润分配”科目所属其他明细科目的余额转入“利润分配——未分配利润”明细科目。

天津滨海股份有限公司应作如下会计处理。

1）当年实现的净利润结转，编制会计分录如下。

借：本年利润　　20 000 000

　　贷：利润分配——未分配利润　　20 000 000

2）提取的盈余公积业务，结转未分配利润，编制会计分录如下。

借：利润分配——未分配利润　　6 000 000

　　贷：利润分配——提取法定盈余公积　　2 000 000

　　　　利润分配——提取任意盈余公积　　4 000 000

3）当年发放现金股利，属于未分配利润部分结转，编制会计分录如下。

借：利润分配——未分配利润　　5 000 000

　　贷：利润分配——应付现金股利　　5 000 000

综合实例

天津滨海股份有限公司2013年未分配利润年初贷方余额为100万元，每年按10%提取法定盈余公积，所得税税率为25%，2013年至2015年的有关资料如下。

1）2013年实现净利润200万元，提取法定盈余公积后，宣告派发现金股利150万元。

2）2014年发生亏损500万元。

3）2015年实现利润总额600万元。（假设2015年盈余公积在2016年年初计提，2015年末未计提，也未发放现金股利。）

要求：

1. 编制2013年有关利润分配的会计分录（盈余公积及利润分配的核算写明细科目，需要做出利润分配明细转入“利润分配——未分配利润”科目的会计处理）。

2. 编制2014年结转亏损的会计分录。

3. 计算2015年应交的所得税。

4. 计算2015年“利润分配——未分配利润”科目的余额。

解答：

1. 2013年有关利润分配的会计分录如下。

借：本年利润　　2 000 000

　　贷：利润分配——未分配利润　　2 000 000

借：利润分配——提取法定盈余公积　　200 000

　　贷：盈余公积——法定盈余公积　　200 000

借：利润分配——应付现金股利　　1 500 000

　　贷：应付股利　　1 500 000

借：利润分配——未分配利润　　1 700 000

　　贷：利润分配——提取法定盈余公积　　200 000

　　　　　　　　——应付现金股利　　1 500 000

2. 2014年结转亏损的会计分录如下。

借：利润分配——未分配利润　　5 000 000

　　贷：本年利润　　5 000 000

3. 2015年应交的所得税 =（600-500）×25%=25（万元）

4. “利润分配——未分配利润”科目余额 =100+30-500+600-25=205（万元）

项目十三
资产负债表的编制

学习目标

- ◆ 理解财务会计报告的概念和目标。
- ◆ 理解资产负债表的定义及编制基础。
- ◆ 理解资产负债表各项目的内容及编制方法。

在企业日常的会计核算中，企业所发生的各类经济业务都已按照一定的会计程序，在有关的账簿中进行全面、连续、分类、汇总的记录和计算。企业在一定日期的财务状况和一定时期内的经营成果，在日常会计记录里已经得到反映。但是，这些日常核算资料数量太多，而且比较分散，不能集中、概括地反映企业的财务状况和经营成果。企业的投资者、债权人和财政、税务等部门，以及其他与企业有利害关系的单位和个人，不能直接使用这些比较分散的会计记录来分析评价企业的财务状况和经营成果，据以作出正确的决策。因此，就有必要定期地将日常会计核算资料加以分类调整、汇总，按照一定的形式编制财务报表，总括、综合地反映企业的经济活动过程和结果，为有关方面进行管理和决策提供所需的会计信息。

财务会计报告是指企业对外提供的反映企业某一特定日期财务状况和某一会计期间经营成果、现金流量等会计信息的文件。财务会计报告由会计报表和其他应在财务报告中披露的相关信息和资料构成。会计报表是财务会计报告的主体和核心，至少应包括资产负债表、利润表、现金流量表、所有者权益（或股东权益）变动表及相关的附表。会计报表附注是为了便于理解会计报表的内容而对会计报表的编制基础、编制依据、编制原则和方法，以及主要项目所做的进一步说明或解释。

基本准则规定，财务报告的目标是向财务报告使用者提供与企业财务状况、经营成果和现金流量等有关的会计信息，反映企业管理层受托责任履行情况，有助于财务报告使用者作出经济决策。财务报告使用者主要包括投资者、债权人、政府及其有关部门和社会公众等。

知识储备

一、资产负债表的定义及编制基础

资产负债表是反映企业某一特定日期的财务状况的会计报表。资产负债表是根据“资产 = 负债 + 所有者权益”这一会计等式，将企业在某一特定日期的资产、负债和所有者权益各项目按照一定的分类标准和排列顺序编制而成的会计报表。

二、资产负债表的列报总体要求

① 分类列报。资产负债表列报，最根本的目标就是应如实反映企业在资产负债日所拥有的资源、所承担的负债以及所有者所拥有的权益。因此，资产负债表应当按照资产、负债和所有者权益三大类别分类列报。

② 资产和负债按流动性列报。资产和负债应当按照流动性分别分为流动资产和非流动资产、流动负债和非流动负债列示。流动性通常按资产的变现或耗用时间长短或者负债的偿还时间长短来确定。按照财务报表列报准则的规定，应先列报流动性强的资产或负债，再列报流动性弱的资产或负债。

③ 列报相关的合计、总计项目。资产负债表中的资产类至少应列示流动资产和非流动资产的合计项目，负债类至少应当列示流动负债、非流动负债以及负债的合计项目，所有者权益类应当列示所有者权益的合计项目。

三、资产的列报

资产负债表中的资产应当分别流动资产和非流动资产列报。满足下列条件之一的资产，应当归类为流动资产。

① 预计在一个正常营业周期中变现、出售或耗用。

② 主要为交易目的而持有。

③ 预计在资产负债表日起一年内（含一年）变现。

④ 自资产负债表日起一年内，交换其他资产或清偿负债的能力不受限制的现金或现金等价物。

流动资产以外的资产应当归类为非流动资产。其中，正常营业周期通常是指企业从购买用于加工的资产起至实现现金或现金等价物的期间。正常营业周期通常短于一年，在一年内有几个营业周期。但是，也存在正常营业周期长于一年的情况，如房地产开发企业开发用于出售的房地产开发产品、造船企业等用于出售的大型船只等，往往超过一年才变现、出售或耗用，仍应划分为流动资产。正常营业周期不能确定的，应当以一年（12 个月）作为正常营业周期。

四、负债的列报

资产负债表中的负债反映在某一特定日期企业所承担的、预期会导致经济利益流出企业的现时义务。满足下列条件之一的负债，应当归类为流动负债。

① 预计在一个正常营业周期中清偿。

② 主要为交易目的而持有。

③ 自资产负债表日起一年内到期应予以清偿。

④ 企业无权自主地将清偿推迟至资产负债表日后一年以上。

流动负债以外的负债应当归类为非流动负债。

对于在资产负债表日起一年内到期的负债，企业预计能够自主地将清偿义务延期至资产负债表日后一年以上的，应当归类为非流动负债。不能自主地将清偿义务延期的，即使在资产负债表日后、财务报告批准报出日前签订了重新安排清偿计划协议，该项负债应归类为流动负债。

企业在资产负债表日或之前违反了长期借款协议，导致贷款人可随时要求清偿的负债，应当归类为流动负债。贷款人在资产负债表日或之前同意提供在资产负债表日后一年以上的宽限期，企业能够在此期限内改正违约行为，且贷款人不能随时清偿，该项负债应当归类为非流动负债。

五、所有者权益的列报

资产负债表中的所有者权益是企业资产扣除负债后的剩余权益，反映企业在某一特定日期股东投资者拥有的净资产的总额。资产负债表中的所有者权益类一般按照净资产的不同来源和特定用途进行分类，应当按照实收资产（股本）、资本公积、盈余公积和未分配利润等项目分项列示。

六、资产负债表的格式

资产负债表有两种格式，即账户式和报告式（垂直式）。报告式资产负债表是上下结构。账户式资产负债表是将报表分为左方和右方，左方列示资产各项目，反映全部资产的分布及存在形态；右方列示负债和所有者权益各项目，反映全部负债和所有者权益的内容及构成情况。我国资产负债表采用账户式结构。根据财务报表列报准则的规定，企业需要提供比较资产负债表，以便报表使用者通过比较不同时间资产负债表的数据，掌握企业财务状况的变动情况及发展趋势。因此，资产负债表还将各项目再分为“年初余额”和“期末余额”两栏分别填列。资产负债表的具体格式可参见表 13.3。

资产负债表的编制要求

一、资产负债表“年初余额”栏的填制依据

资产负债表中各项目的“年初余额”栏内数字，应根据上年末资产负债表“期末余额”栏内所列各项目数字填列。如果本年度资产负债表项目的名称和内容同上年度不一致，应对上年年末资产负债表各项目的名称和数字按照本年度的规定进行调整，填入本期资产负债表“年初余额”栏内。

二、资产负债表“期末余额”项目的填制方法

① 根据总账科目余额直接填列。资产负债表中大部分项目可以根据总账科目期末余额直接填列，例如，“交易性金融资产”“应付票据”“应付职工薪酬”“短期借款”项目，应根据“短期借款”总账科目的余额直接填列。有些科目根据几个总账科目余额计算填列。例如，“货币资金”项目应根据“库存现金”“银行存款”“其他货币资金”3 个总账科目的期末余额

合计数填列。

② 根据有关明细科目余额计算填列。例如，“应付账款”项目应根据“应付账款”“预付账款”科目所属明细科目期末贷方余额合计数填列。

③ 根据总账科目和明细科目余额分析计算填列。例如，“长期借款”项目应根据“长期借款”总账科目余额扣除将于一年内到期，且企业不能自主地将清偿义务延期的长期借款后的金额计算填列。

④ 根据科目余额减去其备抵项目后的净额填列。例如，资产负债表中的“应收票据”“应收账款”“长期股权投资”“在建工程”等项目，应当根据“应收票据”“应收账款”“坏账准备”“长期股权投资减值准备”“在建工程减值准备”等科目余额后的净额填列；“固定资产”项目，应当根据“固定资产”科目的期末余额减去“累计折旧”“固定资产减值准备”备抵科目余额后的净额填列；“无形资产”项目，应当根据“无形资产”科目的期末余额，减去“累计摊销”“无形资产减值准备”备抵科目余额后的净额填列。

⑤ 综合运用上述填列方法分析填列。例如，资产负债表中的“存货”项目，需要根据“原材料”“委托加工物资”“周转材料”“材料采购”“在途物资”“发出商品”“材料成本差异”等总账科目期末余额的分析汇总数，再减去“存货跌价准备”科目余额后的净额填列。

三、资产负债表各项目内容及“期末余额”栏的填列

①“货币资金”项目，反映企业库存现金、银行结算户存款、外埠存款、银行汇票存款、银行本票存款、信用卡存款、信用证保证金存款等的合计数。本项目应根据“库存现金”“银行存款”“其他货币资金”科目的期末余额合计数填列。

②“以公允价值计量且其变动计入当期损益的金融资产”项目，反映企业持有的以公允价值计量且其变动计入当期损益的为交易目的所持有的债券投资、股票投资、基金投资、权证投资等金融资产。本项目应根据“交易性金融资产”等科目的期末余额填列。

③“应收票据”项目，反映企业因销售商品、提供劳务等而收到的商业汇票，包括银行承兑汇票和商业承兑汇票。本项目应根据“应收票据”科目的期末余额减去“坏账准备”科目中有关应收票据计提的坏账准备期末余额后的金额填列。

④“应收账款”项目，反映企业因销售商品、产品和提供劳务等应收取的款项。本项目应根据“应收账款”和“预收账款”科目所属各明细科目的期末借方余额合计数，减去“坏账准备”科目中有关应收账款计提的坏账准备期末余额后的金额填列。例如，“应收账款”科目所属明细科目期末有贷方余额，应在本表“预收账款”项目内填列。

⑤“预付账款”项目，反映企业预付给供应单位的款项。本项目应根据“预付账款”和“应付账款”科目所属各明细科目的期末借方余额合计数，减去“坏账准备”科目中有关预付款项计提的坏账准备期末余额后的余额填列。例如，“预付账款”科目所属有关明细科目期末有贷方余额的，应在本表“应付账款”项目内填列。

⑥“应收利息”项目，反映企业应收取的债券投资等的利息。本项目应根据“应收利息”科目的期末余额，减去“坏账准备”科目中有关应收利息计提的坏账准备期末余额后的金额填列。

⑦“应收股利”项目，反映企业应收取的现金股利。企业应收其他单位的利润，也包括在本项目内。本项目应根据“应收股利”科目的期末余额，减去“坏账准备”科目中有关应收股利计提的坏账准备期末余额后的金额填列。

⑧“其他应收款”项目，反映企业除应收票据、应收账款、预付账款、应收股利、应收利息等经营活动以外的其他各种应收、暂付的款项。本项目应根据“其他应收款”科目的期末余额，减去“坏账准备”科目中有关其他应收款计提的坏账准备期末余额后的金额填列。

⑨“存货”项目，反映企业期末在库、在途和在加工中的各项存货的可变现净值。本项目应根据“材料采购”“原材料”“周转材料”“自制半成品”“库存商品”“包装物”“发出商品”“分期收款发出商品”“委托加工物资”“委托代销商品”“受托代销商品”“生产成本”等科目的期末余额合计，减去“受托代销商品款”“存货跌价准备”科目期末余额后的金额填列。材料采用计划成本核算。库存商品采用计划成本或售价核算的企业，还应按加或减材料成本差异、商品进销差价后的金额填列。

⑩“一年内到期的非流动资产”项目，反映企业将于一年内到期的非流动资产项目金额。本项目应根据有关科目的期末余额填列。

⑪“被划分为持有待售的非流动资产及被划分为持有待售的处置组中的资产”项目，用来列示企业持有待售的非流动资产及持有待售的处置组中资产的情况。期末应按照“固定资产——持有待售固定资产”明细科目余额加上如无形资产等其他非流动资产以及在处置组内核算的持有待售资产账面余额，一并在属于流动资产类项目的“被划分为持有待售的非流动资产及被划分为持有待售的处置组中的资产”项目填报。

⑫“其他流动资产”项目，反映企业除货币资金、交易性金融资产、应收票据、应收账款、存货等流动资产以外的其他流动资产。本项目应根据有关科目的期末余额填列。

⑬“可供出售金融资产”项目，反映企业持有的以公允价值计量的可供出售股票投资、债券投资等金融资产。本项目应根据“可供出售金融资产”科目的期末余额，减去“可供出售金融资产减值准备”科日期末余额后的金额填列。

⑭“持有至到期投资”项目，反映企业持有至到期投资的摊余成本。本项目应根据“持有至到期投资”科目的期末余额，减去“持有至到期投资减值准备”的余额填列。

⑮“长期应收款”项目，反映企业融资租赁产生的应收款项、采用递延方式具有融资性质的销售商品和提供劳务等到产生的长期应收款项等。本项目应根据“长期应收款”科目的期末余额，减去相应的“未实现融资收益”科目和“坏账准备”科目所属相应明细科目期末余额后的金额填列。

⑯“长期股权投资”项目，反映企业持有的对子公司、联营企业和合营企业的长期股权投资。本项目应根据“长期股权投资”科目的期末余额，减去“长期投资减值准备”科目余额后的金额填列。

⑰“投资性房地产”项目，反映企业持有的投资性房地产。企业采用成本模式计量投资性房地产的，本项目应根据“投资性房地产”科目的期末余额，减去“投资性房地产累计折旧（摊销）”和“投资性房地产减值准备”科目期末余额后的金额填列；企业采用公允价值模式计量投资性房地产的，本项目应根据“投资性房地产”科目的期末余额填列。

⑱“固定资产”项目，反映企业各种固定资产原价减去累计折旧和累计减值准备后的净额。本项目应根据“固定资产”科目减去“累计折旧”和“固定资产减值准备”科目的余额填列。

⑲“在建工程”项目，反映企业期末各项未完工程的实际支出，包括交付安装的设备价值，未完建筑安装工程已经耗用的材料、工资和费用支出、预付出包工程的价款等的可收回金额。本项目应根据“在建工程”科目的期末余额，减去“在建工程减值准备”科目期末余额后的金额填列。

⑳“工程物资”项目，反映企业各项工程尚未使用的工程物资的实际成本。本项目应根据

"工程物资"科目的期末余额填列。

㉑"固定资产清理"项目，反映企业因出售、毁损、报废等原因转入清理但尚未清理完毕的固定资产的净值，以及固定资产清理过程中所发生的清理费用和变价收入等各项金额的差额。本项目应根据"固定资产清理"科目的期末借方余额填列，如"固定资产清理"科目期末为贷方余额，以"-"填列。

㉒"生产性生物资产"项目，反映企业（农业）持有的生产性生物资产。本项目应根据"生产性生物资产"科目期末余额，减去"生产性生物资产累计折旧"和"生产性生物资产减值准备"科目期末余额后的金额填列。

㉓"油气资产"项目，反映企业（石油、天然气开采）持有的矿区权益和油气井及相关设施的原价减去累计折耗和累计减值准备后的净额。本项目应根据"油气资产"科目的余额，减去"累计折耗"科目期末余额和相应减值准备后的金额填列。

㉔"无形资产"项目，反映企业持有的各项无形资产。本项目应根据"无形资产"科目的期末余额，减去"累计摊销"和"无形资产减值准备"科目期末余额后的金额填列。

㉕"开发支出"项目，反映企业开发无形资产过程中能够资本化形成无形资产成本的支出部分。本项目应根据"研发支出——资本化支出"明细科目的余额填列。

㉖"商誉"项目，反映企业合并中形成的商誉价值。本项目可根据"商誉"科目的期末余额，减去相关减值准备后的余额填列。

㉗"长期待摊费用"项目，反映企业尚未摊销的摊销期限在一年以上（不含一年）的各种费用。长期待摊费用中在一年内（含一年）摊销的部分，在资产负债表"一年内到期的非流动资产"项目填列。本项目应根据"长期待摊费用"科目的期末余额减去一年内（含一年）摊销的数额后的金额填列。

㉘"递延所得税资产"项目，反映企业确认的可抵扣暂时性差异产生的递延所得税资产。本项目可根据"递延所得税资产"科目期末余额填列。

㉙"其他非流动资产"项目，反映企业除以上非流动资产项目外的其他非流动资产，本项目应根据有关科目的期末余额填列。

㉚"短期借款"项目，反映企业向银行或其他金融机构等借入的期限在一年以下（含一年）的各种借款。本项目应根据"短期借款"科目的期末余额填列。

㉛"以公允价值计量且其变动计入当期损益的金融负债"项目，反映企业承担的以公允价值计量且其变动计入当期损益的为交易目的所持有的金融负债。本项目可根据"交易性金融负债"等科目期末余额填列。

㉜"应付票据"项目，反映企业为了购买材料、商品和接受劳务供应等而开出、承兑的商业汇票，包括银行承兑汇票和商业承兑汇票。本项目应根据"应付票据"科目的期末余额填列。

㉝"应付账款"项目，反映企业购买原材料、商品和接受劳务供应等而应付给供应单位的款项。本项目应根据"应付账款"和"预付账款"科目所属各有关明细科目的期末贷方余额合计填列。如果"应付账款"科目所属各明细科目期末有借方余额，则应在本表"预付账款"项目内填列。

㉞"预收账款"项目，反映企业预收购买单位的账款。本项目应根据"预收账款"和"应收账款"科目所属各有关明细科目的期末贷方余额合计数填列。如果"预收账款"科目所属有关明细科目有借方余额，应在本表"应收账款"项目内填列；如果"应收账款"科目所属明细科目有贷方余额，也应包括在本项目内。

㉟"应付职工薪酬"项目，反映企业根据有关规定应付给职工的工资、职工福利、社会保

险费、住房公积金、工会经费、职工教育经费、非货币性福利和辞退福利等各种薪酬。外商投资企业按规定从净利润中提取的职工奖励及福利基金，也在本项目列示。

㊱“应交税费”项目，反映企业按照《税法》规定计算应交纳的各种税费，包括增值税、消费税、所得税、资源税、土地增值税、城市维护建设税、房产税、土地使用税、车船使用税、教育费附加和矿产资源补偿费等。企业代扣代缴的个人所得税，也通过本项目列示。企业所缴纳的税金不需要预计应交数的，如印花税、耕地占用税等，不在本项目列示。本项目应根据“应交税费”科目的期末贷方余额填列；如果“应交税费”科目期末为借方余额，以“-”填列。

㊲“应付利息”项目，反映企业按照合同约定应支付的利息，包括分期付息的长期借款应支付的利息、企业发行的企业债券应支付的利息等。本项目可根据“应付利息”科目期末余额填列。

㊳“应付股利”项目，反映企业分配的现金股利或利润。企业分配的股票股利，不通过本项目列示。本项目应根据“应付股利”科目的期末余额填列。

㊴“其他应付款”项目，反映企业除应付票据、应付账款、预收款项、应付职工薪酬、应付股利、应付利息和应交税费等经营活动以外的其他各项应付、暂收的款项。本项目应根据“其他应付款”科目的期末余额填列。

㊵“一年内到期的非流动负债”项目，反映企业流动负债中将于资产负债表日后一年内到期部分的金额，如将于一年内偿还的长期借款。本项目可根据相关非流动负债科目的明细账填列。

㊶“被划分为持有待售的非流动负债及被划分为持有待售的处置组中的负债”项目，用于列示企业持有待售的非流动负债及持有待售的处置组中负债的情况。

㊷“其他流动负债”项目，反映企业除短期借款、交易性金融负债、应付票据、应付职工薪酬和应交税费等流动负债以外的其他流动负债。本项目应根据有关科目的期末余额填列。

㊸“长期借款”项目，反映企业从银行或其他金融机构借入的期限在一年期以上（不含一年）的各项借款。本项目应根据“长期借款”科目的期末余额填列。

㊹“应付债券”项目，反映企业为筹集长期资金而发行的债券的本金和利息。本项目应根据“应付债券”科目的期末余额填列。

㊺“长期应付款”项目，反映企业除长期借款和应付债券以外的其他各种长期应付款。本项目应根据“长期应付款”科目的期末余额，减去“未确认融资费用”科目期末余额后的金额填列。

㊻“专项应付款”项目，反映企业取得政府作为企业所有者投入的具有专项或特定用途的款项。本项目应根据“专项应付款”科目的期末余额填列。

㊼“预计负债”项目，反映企业确认的对外提供担保、未决诉讼、产品质量保证、重组义务、亏损性合同等预计负债。本项目可根据“预计负债”科目期末余额填列。

㊽“递延所得税负债”项目，反映企业确认的应纳税暂时性差异产生的所得税负债。本项目可根据“递延所得税负债”科目期末余额填列。

㊾“其他非流动负债”项目，反映企业除以上长期负债项目以外的其他非流动负债。本项目应根据有关科目的期末余额减去将于一年内（含一年）到期偿还数后的余额填列。非流动负债各项目中将于一年内（含一年）到期的非流动负债，应在“一年内到期的非流动负债”项目内单独反映。

㊿“实收资本（或股本）”项目，反映企业各投资者实际投入的资本（或股本）总额。本项目应根据“实收资本”（或“股本”）科目的期末余额填列。

㉛“资本公积”项目，反映企业资本公积的期末余额。本项目应根据“资本公积”科目的期末余额填列。

㉜“库存股”项目，反映企业持有的尚未转让或注销的本公司股份的金额。本项目可根据“库存股”科目期末余额填列。

㉝“盈余公积”项目，反映企业盈余公积的期末余额。本项目应根据“盈余公积”科目的期末余额填列。

㉞“未分配利润”项目，反映企业尚未分配的利润。本项目应根据“本年利润”科目和“利润分配”科目的余额计算填列。未弥补的亏损在本项目内以“–”填列。

资产负债表的编制举例

实例 13–1 2014 年 12 月 31 日，天津滨海股份有限公司科目余额表如表 13.1 所示。

表13.1 天津滨海股份有限公司2014年12月31日科目余额表 元

科目名称	借方余额	科目名称	贷方余额
库存现金	3 100	短期借款	500 000
银行存款	1 630 000	应付票据	250 000
其他货币资金	168 000	应付账款	760 000
交易性金融资产	28 000	其他应付款	65 000
应收票据	80 000	应付职工薪酬	51 000
应收账款	400 000	应交税费	40 800
坏账准备	–8 000	应付利息	12 000
预付账款	65 000	长期借款	1 800 000
其他应收款	4 500	其中：一年内到期的长期借款	850 000
材料采购	120 000	股本	4 200 000
原材料	91 200	资本公积	233 300
周转材料	80 000	盈余公积	150 000
库存商品	60 000	利润分配——未分配利润	90 000
材料成品差异	3 500		
存货跌价准备	–6 500		
长期股权投资	300 000		
长期股权投资减值准备	–4 500		
固定资产	3 099 000		
累计折旧	–600 000		
固定资产减值准备	–190 000		
在建工程	1 600 000		
无形资产	960 000		
长期待摊费用	270 000		
合 计	8 152 100	合 计	8 152 100

以下为天津滨海股份有限公司 2015 年度发生的全部经济业务及会计分录。

天津滨海股份有限公司是增值税的一般纳税人，增值税税率为 17%，所得税税率为 25%，假定只对应收账款计提坏账准备。

1）从银行提取现金 2 000 元。编制会计分录如下。

借：库存现金　　2 000
　　贷：银行存款　　2 000

2）企业为购建固定资产从银行借入3年期借款800 000元，借款已存入银行。编制会计分录如下。

借：银行存款　　800 000
　　贷：长期借款　　800 000

3）购入原材料一批，材料价款为200 000元，增值税税额为34 000元，共计金额234 000元，材料款已用银行存款支付，材料尚未到达。编制会计分录如下。

借：材料采购　　200 000
　　应交税费——应交增值税（进项税额）　　34 000
　　贷：银行存款　　234 000

4）收到原材料一批，实际成本为120 000元，计划成本为115 000元，材料已验收入库，货款已于上月支付。编制会计分录如下。

借：原材料　　115 000
　　材料成本差异　　5 000
　　贷：材料采购　　120 000

5）购入工程物资一批，价款为130 000元，增值税税额为22 100元，款项已用银行存款支付。编制会计分录如下。

借：工程物资　　152 100
　　贷：银行存款　　152 100

6）收到银行通知，用银行存款支付到期的商业承兑汇票150 000元，偿还应付账款85 000元。编制会计分录如下。

借：应付票据　　150 000
　　应付账款　　85 000
　　贷：银行存款　　235 000

7）销售一批产品，销售价款为400 000元，增值税税额为68 000元，产品已发出，价款尚未收到，符合收入确认的条件。编制会计分录如下。

借：应收账款　　468 000
　　贷：主营业务收入　　400 000
　　　　应交税费——应交增值税（销项税额）　　68 000

8）用银行存款支付职工工资912 000元，其中包括支付给在建工程人员的工资285 000元。编制会计分录如下。

借：应付职工薪酬　　912 000
　　贷：银行存款　　912 000

9）销售一批产品，价款为800 000元，增值税税额为136 000元，货款已收妥存入银行，符合收入确认的条件。编制会计分录如下。

借：银行存款　　936 000
　　贷：主营业务收入　　800 000
　　　　应交税费——应交增值税（销项税额）　　136 000

10）公司出售一台不需用设备，收到价款400 000元，设备原价为800 000元，已提折旧260 000元，已提减值准备100 000元，设备已交付给购入单位，相关法律手续办理完毕。编制会计分录如下。

借：固定资产清理　440 000
　　累计折旧　260 000
　　固定资产减值准备　100 000
　　贷：固定资产　800 000
借：银行存款　400 000
　　贷：固定资产清理　400 000
借：营业外支出——处理固定资产净损失　40 000
　　贷：固定资产清理　40 000

11）归还短期借款本金 200 000 元，利息 10 000 元，共计 210 000 元。借款利息已预提。编制会计分录如下。

借：短期借款　200 000
　　应付利息　10 000
　　贷：银行存款　210 000

12）用银行汇票支付采购材料价款，公司收到开户银行转来银行汇票多余款收账通知，通知上所填多余款为 1 505 元，购入材料取得专用发票上注明的价款为 123 500 元，增值税税额为 20 995 元，材料已验收入库，该批材料的计划价格为 123 800 元。编制会计分录如下。

借：材料采购　123 500
　　应交税费——应交增值税（进项税额）　20 995
　　银行存款　1 505
　　贷：其他货币资金　146 000
借：原材料　123 800
　　贷：材料采购　123 500
　　　　材料成本差异　300

13）分配应支付的职工工资 912 000 元（包括在建工程人员工资 285 000 元）。其中，生产人员工资 570 000 元，车间管理人员工资 11 400 元，行政管理部门人员工资 45 600 元。编制会计分录如下。

借：生产成本　570 000
　　在建工程　285 000
　　制造费用　11 400
　　管理费用　45 600
　　贷：应付职工薪酬　912 000

14）用银行存款支付产品广告费 13 000 元。编制会计分录如下。

借：销售费用——广告费　13 000
　　贷：银行存款　13 000

15）基本生产车间领用原材料，计划成本为 300 000 元；领用低值易耗品，计划成本为 60 000 元。采用一次摊销法摊销。材料成本差异率为 2%。编制会计分录如下。

借：生产成本　300 000
　　贷：原材料　300 000
借：制造费用　60 000
　　贷：周转材料　60 000

同时，结转发出原材料及低值易耗品应负担的成本差异。

借：生产成本　6 000
　　制造费用　1 200
　　贷：材料成本差异　7 200

16）公司采用银行承兑汇票结算方式销售一批产品，价款为 300 000 元，增值税税额为 51 000 元，收到一张 351 000 元的不带息银行承兑汇票。编制会计分录如下。

借：应收票据　351 000
　　贷：主营业务收入　300 000
　　　　应交税费——应交增值税（销项税额）　51 000

17）上述银行承兑汇票和上年销售商品所收到的一张面值为 80 000 元到期票据，委托银行收款，收到银行盖章退回的进账单回单联，款项银行已收妥。编制会计分录如下。

借：银行存款　431 000
　　贷：应收票据　431 000

18）提取短期借款利息 22 000 元。编制会计分录如下。

借：财务费用　22 000
　　贷：应付利息　22 000

19）计提固定资产折旧 206 000 元。其中，应计入制造费用 175 000 元，管理费用 31 000 元。编制会计分录如下。

借：制造费用　175 000
　　管理费用　31 000
　　贷：累计折旧　206 000

20）摊销无形资产价值 80 000 元。编制会计分录如下。

借：管理费用——无形资产摊销　80 000
　　贷：累计摊销　80 000

21）提取现金 65 100 元，以备支付招待费。编制会计分录如下。

借：库存现金　65 100
　　贷：银行存款　65 100

22）支付招待费。编制会计分录如下。

借：管理费用——招待费　65 100
　　贷：库存现金　65 100

23）计算本期产品销售应缴纳的城市维护建设税 14 875 元，教育费附加 6 375 元。编制会计分录如下。

借：营业税金及附加　21 250
　　贷：应交税费——应交城市维护建设税　14 875
　　　　　　　　——应交教育费附加　6 375

24）用银行存款缴纳增值税 120 000 元，以及本期的城市维护建设税 14 875 元，教育费附加 6 375 元。编制会计分录如下。

借：应交税费——应交增值税（已交税金）　120 000
　　　　　　——应交城市维护建设税　14 875
　　　　　　——应交教育费附加　6 375
　　贷：银行存款　141 250

25）计算并结转本期制造费用247 600元，完工产品成本1 123 600元。没有期初在产品，本期生产的产品全部完工入库。编制会计分录如下。

借：生产成本　247 600
　贷：制造费用　247 600
借：库存商品　1 123 600
　贷：生产成本　1 123 600

26）结转本期已售产品的主营业务成本900 000元。编制会计分录如下。

借：主营业务成本　900 000
　贷：库存商品　900 000

27）基本生产车间盘亏一台设备，原价280 000元，已提折旧225 000元，已提减值准备25 000元。编制会计分录如下。

借：累计折旧　225 000
　固定资产减值准备　25 000
　待处理财产损溢——待处理固定资产损溢　30 000
　贷：固定资产　280 000

28）偿还长期借款本金850 000元。编制会计分录如下。

借：长期借款　850 000
　贷：银行存款　850 000

29）收回应收账款360 000元，存入银行。编制会计分录如下。

借：银行存款　360 000
　贷：应收账款　360 000

30）在建工程中的其他应付款125 000元。编制会计分录如下。

借：在建工程　125 000
　贷：其他应付款　125 000

31）计算长期借款利息，共计170 500元。其中，工程应负担的长期借款利息为160 000元，应计入本期损益的长期借款利息为10 500元。该项借款利息分期支付。编制会计分录如下。

借：在建工程　160 000
　财务费用　10 500
　贷：应付利息　170 500

32）工程完工，交付生产使用，已办理竣工手续，固定资产价值1 500 000元。编制会计分录如下。

借：固定资产　1 500 000
　贷：在建工程　1 500 000

33）对应收账款计提坏账准备7 060元。编制会计分录如下。

借：资产减值损失　7 060
　贷：坏账准备　7 060

34）计提存货跌价准备11 190元。编制会计分录如下。

借：资产减值损失　11 190
　贷：存货跌价准备　11 190

35）计提固定资产减值20 000元。编制会计分录如下。

借：资产减值损失　20 000

贷：固定资产减值准备　　20 000

36）将盘亏的固定资产 30 000 元损失转为营业外支出。编制会计分录如下。

借：营业外支出　　30 000

贷：待处理财产损溢——待处理固定资产损溢　　30 000

37）领购办公用品 1 000 元。编制会计分录如下。

借：管理费用　　1 000

贷：银行存款　　1 000

38）收到一项长期股权投资的现金股利 40 000 元，存入银行。该项投资按成本法核算，对方公司的所得税税率与本公司一致，均为 25%。编制会计分录如下。

借：银行存款　　40 000

贷：投资收益　　40 000

39）假设本例中，除计提各项减值 38 250 元造成账面价值与计税基础存在差异外，不考虑其他项目的所得税费用影响。企业按照税法规定计算确定的应交所得税为 70 137.5 元，递延所得税资产为 9 562.5（38 250 × 25%）元。

借：所得税费用　　70 137.5

贷：应交税费——应交所得税　　70 137.5

借：递延所得税资产　　9 562.5

贷：所得税费用　　9 562.5

40）结转本期各项收益、费用（损失）和“本年利润”科目的余额。编制会计分录如下。

借：主营业务收入　　1 500 000

投资收益　　40 000

贷：本年利润　　1 540 000

借：本年利润　　1 297 700

贷：主营业务成本　　900 000

主营业务税金及附加　　21 250

销售费用　　13 000

管理费用　　222 700

财务费用　　32 500

营业外支出　　70 000

资产减值损失　　38 250

借：本年利润　　60 575

贷：所得税费用　　60 575

借：本年利润　　181 725

贷：利润分配——未分配利润　　181 725

41）用银行存款预交所得税 68 500 元。编制会计分录如下。

借：应交税费配——应交所得税　　68 500

贷：银行存款　　68 500

42）按净利润（181 725 元）的 10% 提取法定盈余公积，分配普通股现金股利 81 145 元。编制会计分录如下。

借：利润分配——提取法定盈余公积　　18 172.5

贷：盈余公积——法定盈余公积　　18 172.5

借：利润分配——应付普通股股利　　81 145
　　贷：应付股利　　81 145

43）将利润分配各明细科目的余额转入“未分配利润”明细科目，结转本年利润。编制会计分录如下。

借：利润分配——未分配利润　　99 317.5
　　贷：利润分配——提取法定盈余公积　　18 172.5
　　　　　　　　——应付普通股股利　　81 145

说明：经查明细账，到本年年末将于一年内到期的长期负债为400 000元。

第一步，根据表13.1中的数据及上述经济业务，编制天津滨海股份有限公司2015年12月31日科目余额表，如表13.2所示。

表13.2　天津滨海股份有限公司2015年12月31日科目余额表　　元

科目名称	借方余额	科目名称	贷方余额
库存现金	5 100	短期借款	300 000
银行存款	1 714 555	应付票据	100 000
其他货币资金	22 000	应付账款	675 000
交易性金融资产	28 000	其他应付款	190 000
应收票据	0	应付职工薪酬	51 000
应收账款	508 000	应付股利	81 145
坏账准备	–15 060	应交税费	122 442.5
预付账款	65 000		
其他应收款	4 500	应付利息	194 500
材料采购	200 000	长期借款	1 750 000
原材料	30 000	其中：一年内到期的长期借款	400 000
周转材料	20 000	递延税款	0
库存商品	283 600	股本	4 200 000
材料成品差异	1 000	资本公积	233 300
存货跌价准备	–17 690	盈余公积	168 172.5
长期股权投资	300 000	利润分配——未分配利润	172 407.5
长期股权投资减值准备	–5 700		
固定资产	3 519 000		
累计折旧	–321 000		
固定资产减值准备	–85 000		
工程物资	152 100		
在建工程	670 000		
无形资产	960 000		
长期待摊费用	270 000		
累计摊销	–80 000		
递延所得税资产	9 562.5		
合 计	8 349 967.5	合 计	8 349 967.5

第二步，根据表13.2中的数据，编制天津滨海股份有限公司2015年12月31日的资产负债表，如表13.3所示。

表13.3　资产负债表

会企 01 表

编制单位：天津滨海股份有限公司　　2015 年 12 月 31 日　　元

资　产	期末余额	年初余额	负债和所有者权益	期末余额	年初余额
流动资产：			流动负债：		
货币资金	1 741 655	1 801 100	短期借款	300 000	500 000
以公允价值计量且其变动计入当期损益的金融资产	28 000	28 000	以公允价值计量且其变动计入当期损益的金融负债		
应收票据	0	80 000	应付票据	100 000	250 000
应收账款	492 940	392 000	应付账款	675 000	760 000
预付账款	65 000	65 000	预收账款		
应收利息			应付职工薪酬	51 000	51 000
应收股利			应交税费	122 442.5	40 800
其他应收款	4 500	4 500	应付利息	194 500	12 000
存货	516 910	348 200	应付股利	81 145	0
一年内到期的非流动资产			其他应付款	190 000	65 000
被划分为持有待售的非流动资产及被划分为持有待售的处置组中的资产			被划分为持有待售的非流动资产及被划分为持有待售的处置组中的资产		
其他流动资产			一年内到期的非流动负债	400 000	850 000
流动资产合计	2 849 005	2 718 800	其他流动负债		
非流动资产：			流动负债合计	2 114 087.5	2 528 800
可供出售金融资产			非流动负债：		
持有至到期投资			长期借款	1 350 000	950 000
长期应收款			应付债券		
长期股权投资	294 300	294 300	长期应付款		
投资性房地产			专项应付款		
固定资产	3 113 000	2 309 000	预计负债		
在建工程	670 000	1 600 000	递延所得税负债		
工程物资			其他非流动负债		
固定资产清理	152 100	0	非流动负债合计	1 350 000	950 000
生产性生物资产			负债合计	3 464 087.5	348 800
油气资产			所有者权益（或股东权益）：		
无形资产	880 000	960 000	实收资本（或股本）	4 200 000	4 200 000
研发支出			资本公积	233 300	233 300
商誉			其他综合收益		
长期待摊费用	270 000	270 000	减：库存股		
递延所得税资产	9 562.5	0	盈余公积	168 172.5	150 000
其他非流动资产			未分配利润	172 407.5	90 000
非流动资产合计	5 388 962.5	5 433 300	所有者权益合计	4 773 880	4 673 300
资产合计	8 237 967.5	8 152 100	负债和所有者权益合计	8 237 967.5	8 152 100

上述资产负债表中主要项目的数据计算过程如下。

“货币资金”项目金额 =5 100+1 714 555+22 000=1 741 655（元）

“应收账款”项目金额 =508 000−15 060=492 940（元）

“存货”项目金额 =200 000+30 000+10 000+10 000+283 600+1 000−17 690=516 910（元）

“长期股权投资”项目金额 =300 000−5 700=294 300（元）

“长期借款”项目金额 =1 750 000−400 000=1 350 000（元）

项目十四
利润表的编制

学习目标

- ◆ 理解利润表的定义及编制基础。
- ◆ 理解利润表各项目的内容。
- ◆ 掌握利润表的编制方法。

利润表是反映企业在一定会计期间经营成果的会计报表，是企业需要对外报送的主要会计报表之一。利润表是根据“收入－费用＝利润”这一会计等式，按照各项收入、费用及构成利润的各个项目，分类分项编制而成的。

根据财务报表列报准则的规定，对于费用的列报，企业应当采用“功能法”列报，即按照费用在企业所发挥的功能进行分类列报。通常分为从事经营业务发生的成本、管理费用、销售费用和财务费用等，并且将营业成本与其他费用分开披露。对于企业而言，其活动通常可以划分为生产、销售、管理、融资等，每一种活动上发生的费用所发挥的功能并不相同。因此，按照费用功能法将其分开列报，有助于使用者了解费用发生的活动领域。

知识储备

利润表按反映利润形式不同主要分为 2 种格式：一种是单步式利润表；另一种是多步式利润表。我国企业利润表采用多步式利润表。本教材只介绍多步式利润表。多步式利润表格式如表 14.1 所示。

表14.1 利润表格式

利润表

会企 02 表

编制单位：天津滨海股份有限公司 2014 年度 元

项目	本期金额	上期金额
一、营业收入	1 200 000	略
减：营业成本	750 000	
营业税金及附加	18 000	
减：销售费用	25 000	
管理费用	200 000	
财务费用	50 000	
资产减值损失	0	
加：公允价值变动收益（损失以“-”填列）		
投资收益（损失以“-”填列）	50 000	
其中：对联营企业和合营企业的投资收益		
二、营业利润（亏损以“-”填列）	207 000	
加：营业外收入	30 000	
减：营业外支出	80 000	
其中：非流动资产处置损失		
三、利润总额（亏损总额以“-”填列）	157 000	
减：所得税费用	48 000	
四、净利润（净亏损以“-”填列）	109 000	
五、每股收益		
（一）基本每股收益		
（二）稀释每股收益		
五、其他综合收益		
1. 可供出售金融资产		
加：当期利得（损失）金额		
减：前期计入其他综合收益当期转入利润的金额		
2. 按照权益法核算的在被投资单位其他综合收益中所享有的份额		
3. 现金流量套期工具		
加：当期利得（损失）金额		
减：前期计入其他综合收益当期转入利润的金额		
当期转为被套期项目初始确认金额的调整额		
4. 境外经营外币折算差额		
5. 与计入其他综合收益项目相关的所得税影响		
6. 其他		
其他综合收益合计		
六、综合收益总额	109 000	

利润表的编制要求

一、“上期金额”的编制

“上期金额”应根据上期利润表的“本期金额”编制。如果上一期利润表规定的各个项目的名称和内容同本期不一致，应对上一期利润表各项目的名称和数字按本期的规定进行调整，填入利润表“上期金额”栏内。

二、“本期金额”的编制

第一步，以营业收入为基础，减去营业成本、营业税金及附加、销售费用、管理费用、财务费用、资产减值损失，加上公允价值变动收益（减去公允价值变动损失）和投资收益（减去投资损失），计算出营业利润。

第二步，以营业利润为基础，加上营业外收入，减去营业外支出，计算出利润总额。

第三步，以利润总额为基础，减去所得税费用，计算出净利润（或亏损）。

普通股或潜在普通股已公开交易的企业，以及正处于公开发行普通股或潜在普通股过程中的企业，还应在利润表中列示每股收益的信息。

三、“本期金额”的具体填列方法

①“营业收入”项目，反映企业经营主要业务和其他业务所确认的收入总额。本项目应根据“主营业务收入”科目与“其他业务收入”科目的发生额分析填列。

②“营业成本”项目，反映企业经营主要业务和其他业务所发生的成本总额。本项目应根据“主营业务成本”科目与“其他业务成本”科目的发生额分析填列。

③“营业税金及附加”项目，反映企业经营业务应负担的消费税、城市建设维护税、资源税、土地增值税和教育费附加等。本项目应根据“营业税金及附加”科目的发生额分析填列。

④“销售费用”项目，反映企业在销售商品过程中发生的包装费、广告费等费用和为销售本企业商品而专设的销售机构的职工薪酬、业务费等经营费用。本项目应根据“销售费用”科目的发生额分析填列。

⑤“管理费用”项目，反映企业为组织和管理生产经营发生的管理费用。本项目应根据“管理费用”科目的发生额分析填列。

⑥“财务费用”项目，反映企业为筹集生产经营所需资金等而发生的筹资费用。本项目应根据“财务费用”科目的发生额分析填列。

⑦“资产减值损失”项目，反映企业各项资产发生的减值损失。本项目应根据“资产减值损失”科目的发生额分析填列。

⑧“公允价值变动损益”项目，反映企业应当计入当期损益的资产或负债公允价值变动收益。本项目应根据“公允价值变动损益”科目的发生额分析填列；如果为损失，以“-”填列。

⑨“投资收益”项目，反映企业以各种方式对外投资所取得的收益。本项目应根据“投资收益”科目的发生额分析填列；如果为投资损失，以“-”填列。

⑩“营业利润”项目，反映企业实现的营业利润。如果为亏损，以“-”填列。

⑪“营业外收入”项目，反映企业发生的与经营业务无直接关系的各项收入。本项目应根据“营业外收入”科目的发生额分析填列。

⑫“营业外支出”项目，反映企业发生的与经营业务无直接关系的各项支出。本项目应根据“营业外支出”科目的发生额分析填列。

⑬“利润总额”项目，反映企业实现的利润总额。如果为亏损总额，以“-”填列。

⑭“所得税费用”项目，反映企业按规定从当期利润总额中减去的所得税费用。本项目应根据“所得税费用”科目的发生额分析填列。

⑮“净利润”项目，反映企业实现的净利润。如果为净亏损，以“-”填列。

⑯“基本每股收益”和“稀释每股收益”项目的列报，参照“每股收益”准则。

利润表的编制举例

实例 14-1 承实例 13-1 中的资料，根据表 14.1 编制天津滨海股份有限公司 2015 年的利润表，如表 14.2 所示。

表14.2 利润表

会企 02 表

编制单位：天津滨海股份有限公司 2015 年度 元

项 目	本期金额	上期金额
一、营业收入	1 500 000	1 200 000
减：营业成本	900 000	750 000
营业税金及附加	21 250	18 000
减：销售费用	13 000	25 000
管理费用	222 700	200 000
财务费用	32 500	50 000
资产减值损失	38 250	0
加：公允价值变动收益（损失以“-”填列）		
投资收益（损失以“-”填列）	40 000	50 000
其中：对联营企业和合营企业的投资收益		
二、营业利润（亏损以“-”填列）	312 300	207 000
加：营业外收入	0	30 000
减：营业外支出	70 000	80 000
其中：非流动资产处置损失		
三、利润总额（亏损总额以“-”填列）	242 300	157 000
减：所得税费用	60 575	48 000
四、净利润（净亏损以“-”填列）	181 725	109 000
五、其他综合收益		
1. 可供出售金融资产		
加：当期利得（损失）金额		
减：前期计入其他综合收益当期转入利润的金额		
2. 按照权益法核算的在被投资单位其他综合收益中所享有的份额		
3. 现金流量套期工具		
加：当期利得（损失）金额		
减：前期计入其他综合收益当期转入利润的金额		
当期转为被套期项目初始确认金额的调整额		
4. 境外经营外币折算差额		
5. 与计入其他综合收益项目相关的所得税影响		
6. 其他		
其他综合收益合计		
六、综合收益总额	181 725	109 000
七、每股收益		
（一）基本每股收益		
（二）稀释每股收益		

综合实例

天津滨海股份有限公司为增值税一般纳税人，适用的增值税税率为17%，所得税税率为25%，年末一次确认全年所得税费用。商品、材料销售均不含增值税，商品、材料销售成本随销售收入的确认逐笔结转，本年利润采用表结法核算。2015 年 1 至 11 月甲公司损益类科目累计发生额如表 14.3 所示。

表14.3 2015年1—11月甲公司损益类科目累计发生额

万元

科目名称	借方发生额	贷方发生额	科目名称	借方发生额	贷方发生额
主营业务收入		1 650	销售费用	42	
主营业务成本	1 320		管理费用	38	
其他业务收入		160	财务费用	19	
其他业务成本	85		营业外收入		90
营业税金附加	26		营业外支出	78	

2015 年 12 月天津滨海股份有限公司发生如下交易或事项。

1）12 月 5 日，向乙公司销售一批商品，开出的增值税专用发票上注明的价款为 60 万元，增值税税额为 10.2 万元，销售商品实际成本为 45 万元。提货单和增值税专用发票已交购货方，并收到购货方开出的商业承兑汇票。

2）12 月 10 日，向丙公司销售一批 A 材料。该批材料的销售价格为 5 万元，增值税税额为 0. 85 万元，销售材料实际成本为 4 万元。A 材料已发出，销售款项已存入银行。

3）12 月 18 日，结转固定资产净收益 8 万元。

4）12 月 31 日，计提公司管理部门固定资产折旧 5 万元，摊销公司管理部门用无形资产成本 8 万元。

5）12 月 31 日，确认本月应交城市维护建设税 2 万元，教育费附加 1 万元。

6）12 月 31 日，确认本年所得税费用 75 万元。

假定除上述资料外，不考虑其他相关因素。

要求：

1. 根据上述 1）~6）项业务，编制天津滨海股份有限公司相应的会计分录。

2. 根据上述资料编制天津滨海股份有限公司 2015 年度利润表。

解答：

1.

1）借：应收票据　　702 000

　　贷：主营业务收入　　600 000

　　　　应交税费——应交增值税（销项税额）　　102 000

　借：主营业务成本　　450 000

　　贷：库存商品　　450 000

2）借：银行存款　　58 500

　　贷：其他业务收入　　50 000

　　　　应交税费——应交增值税（销项税额）　　8 500

　借：其他业务成本　　40 000

　　贷：原材料——A 材料　　40 000

3）借：固定资产清理　　80 000

贷：营业外收入 80 000

4）借：管理费用 130 000

贷：累计折旧 50 000

累计摊销 80 000

5）借：营业税金及附加 30 000

贷：应交税费——应交城市维护建设税 20 000

——应交教育费附加 10 000

6）借：所得税费用 750 000

贷：应交税费——应交所得税 750 000

2. 根据上述资料编制的天津滨海股份有限公司2015年度的利润表如表14.4所示。

表14.4 利润表（简表）

编制单位：天津滨海股份有限公司 2015年度 万元

项　目	本期金额
一、营业收入	1 875
减：营业成本	1 454
营业税金及附加	29
销售费用	42
管理费用	51
财务费用	19
资产减值损失	
加：公允价值变动损益	
投资收益	
二、营业利润	280
加：营业外收入	98
减：营业外支出	78
三、利润总额	300
减：所得税费用	75
四、净利润	225
五、其他综合收益	
六、综合收益总额	225

项目十五
现金流量表的编制

学习目标

- ◆ 理解现金流量表的定义及编制基础。
- ◆ 理解现金流量表各项目的内容。
- ◆ 掌握现金流量表的编制方法。

企业的财务目标主要有两个：一个是获取利润；另一个是维持偿债能力。获取利润是指通过企业的经营活动从而增加企业所有者的权益，也就是使企业所有者获得最满意的投资回报率；维持偿债能力是指；维持偿债能力是指保证企业在债务到期时，具有支付到期债务的能力。企业的报表使用者需要了解企业的获利能力和偿债能力，还需要了解导致企业偿债能力发生变动的原因；企业盈利与偿债能力有何关系，经营活动对企业的现金流量有何影响；企业在本会计期间发生了哪些理财活动，它们对企业的现金流量有何影响。利润表能够反映企业本期经营活动的成果，可用于衡量企业在获取利润方面是否成功，但它不能说明企业从经营活动中获得了多少可供周围使用的现金。资产负债表反映某一特定日期的财务状况，说明某一特定日期资产和权益变动的结果，可以显示企业是否具有偿债能力，但它不能反映财务状况的变动。可见，利润表和资产负债表虽然具有重要的作用，能够为报表使用者提供有用的会计信息，但不能完全满足报表使用者的需要。现金流量表是反映企业一定会计期间现金和现金等价物流入和流出的报表。编制现金流量表的主要目的是为财务报表使用者提供企业一定会计期间内现金和现金等价物流入和流出的信息，以便于财务报表使用者了解和评价企业获取现金和现金等价物的能力，并据以预测企业未来现金流量。

知识储备

一、现金流量表的编制基础

现金流量表以现金及现金等价物为基础编制，按照收付实现制原则编制，将权责发生制下的盈利信息调整为收付实现制下的现金流量信息。

① 现金。现金是指企业的库存现金及可以随时用于支付的存款。不能随时支付的存款不属于现金。现金流量表中的“现金”包括“库存现金”科目核算的库存现金，企业“银行存款”科目核算的存入金融企业、随时可以用于支付的存款，“其他货币资金”科目核算的外埠存款、银行汇票存款、银行本票存款和在途货币资金等其他货币资金。

应该注意的是，银行存款中那些不能随时用于支付的存款，如不能随时支取的定期存款等，不应作为现金，而应列作投资；提前通知金融企业便可支取的定期存款，则应包括在现金范围内。

② 现金等价物。现金等价物是指企业持有的期限短、流动性强、易于转换为已知金额的现金、价值变动风险很小的投资。现金等价物虽然不是现金，但其支付能力与现金的差别不大，可视为现金，如可在证券市场上流通的 3 个月内到期的短期债券投资等。

③ 现金流量。现金流量是某一时期内企业现金流入和流出的数量。例如，企业可以通过销售商品、提供劳务、出售固定资产、向银行借款等取得现金，形成企业的现金流入量；为生产产品购买原材料、接受劳务、购建固定资产、对外投资、偿还债务等而支付现金等，形成企业的现金流出量。现金净流量是指现金流入量与流出量的差额，可能是正数，也可能是负数。如果是正数，则为现金净流入；如果是负数，则为现金净流出。应该注意的是，企业现金形式的转换不会产生现金的流入和流出，如企业从银行提取现金，是企业现金存放形式的转换，并未流出企业，不构成现金流量。同样，现金与现金等价物之间的转换也不属于现金流量，如企业用现金购买将于 3 个月内到期的国债。

二、现金流量分类及列示

编制现金流量表的目的是为会计信息使用者提供企业一定会计期间内有关现金流入和流出的信息。企业在一定时期内的现金流入和流出是由企业的各种业务活动引起的，因此，首先要对企业的业务活动进行合理的分类，并据此对现金流量进行适当分类，以便于编制现金流量表。我国《企业会计准则》将企业的业务活动按其发生的性质分为经营活动、投资活动与筹资活动，相应地将企业一定期间产生的现金流量归为以下 3 类。

① 经营活动产生的现金流量。经营活动是指企业投资活动和筹资活动以外的所有交易和事项。从经营活动的定义可以看出，经营活动的范围很广。

② 投资活动产生的现金流量。投资活动是指企业长期资产的购建和不包括在现金等价物范围内的投资及其处置活动。长期资产是指固定资产、在建工程、无形资产、其他资产等期限在一年或一个营业周期以上的资产。这里之所以将“包括在现金等价物范围内的投资”排除在外，是因为已经将其视同现金。

③ 筹资活动产生的现金流量。筹资活动是指导致企业资本及债务规模和构成发生变化的活动。

通常情况下，现金流量应当分别按照现金流入和现金流出总额列报，从而全面提示企业现金流量的方向规模和结构。但是有规定的可以按照净额列报，如代客户收取或支付的现金，以及周转快、金额大、期限短项目的现金流入和现金流出。对于企业日常活动之外不经常发生的特殊项目，如自然灾害、保险赔款、捐赠等，应当归并到现金流量表的相关类别中，并单独反映。

三、现金流量表的格式

我国的现金流量表包含主表和补充资料两部分。主表是现金流量表的主体和核心，反映企业在一定会计期间各类现金流入量、流出量和净流量的信息；补充资料包括三部分内容。

① 将净利润调节为经营活动的现金流量（即按间接法编制的经营活动现金流量）。

② 不涉及现金收支的投资和筹资活动。

③ 现金及现金等价物净增加情况。其格式如表 15.2 所示。

现金流量表的编制方法

一、直接法与间接法

经营活动产生的现金流量是一项重要的指标。编制现金流量表时，列报经营活动产生的现金流量有两种方法：一种是直接法；另一种是间接法。

直接法是指通过现金流入和流出的主要类别反映来自企业经营活动的现金流量。

间接法是指以净利润为起算点，调整不涉及现金的收入、费用、营业外收支等有关项目，据此计算出经营活动产生的现金流量净额。

采用直接法编报的现金流量表，便于分析企业经营活动产生的现金流量的来源和用途，预测企业现金流量的未来前景；采用间接法编报的现金流量表，便于将净利润与经营活动产生的现金流量净额进行比较，了解净利润与经营活动产生的现金流量差异的原因，从现金流量的角度分析净利润的质量。

投资活动与筹资活动产生的现金流量采用直接法进行编制。我国的现金流量表主表是按照直接法编制的，补充资料则提供了间接法的其他信息及一些资料。

二、工作底稿法或T型账户法

在实际工作中，现金流量表的主表采用直接法进行编制，可以具体采用工作底稿法或 T 型账户法进行编制。

工作底稿法是以工作底稿为手段，以利润表和资产负债表为基础，对每一项目进行分析并在工作底稿中编制调整分录，据以确定现金流量表各项目的金额，从而编制现金流量表的方法。T 型账户法是以 T 型账户为手段，以利润表和资产负债表数据为基础，对每一项目进行分析并编制调整分录，从而编制出现金流量表的方法。本书仅介绍工作底稿法。工作底稿的格式参见表 15.1。

工作底稿法可按以下步骤进行。

① 将资产负债表各项目的期初数和期末数过入工作底稿的“期初数”栏和“期末数”栏；将利润表各项目的本期数过入工作底稿的“本期数”栏。

② 对当期业务进行分析并编制调整分录。调整分录大体有这样几类：第一类是涉及利润表中的收入、成本和费用项目以及资产负债表中的资产、负债及所有者权益项目，通过调整，将权责发生制下的收入与费用转换为收付实现制下经营活动的现金流入与流出；第二类是涉及资产负债表和现金流量表中的投资、筹资项目，反映投资和筹资活动的现金流量；第三类是涉及利润表和现金流量表中的投资和筹资项目，目的是将利润表中与投资和筹资活动有关的收入和费用转换为相关的现金流入与流出，并列入现金流量表中投资活动或筹资活动产生的现金流

量。此外，还有一些调整分录并不涉及现金收支，只是为了核对资产负债表有关项目的期初、期末变动数。

应当注意的是，在调整分录中，涉及现金增减的事项，并不直接借记或贷记现金，而是分别记入“经营活动产生的现金流量”“投资活动产生的现金流量”和“筹资活动产生的现金流量”中的有关项目。借记表明现金流入，贷记表明现金流出。

③ 将调整分录过入工作底稿中的调整分录栏目的相应项目。

④ 核对调整分录，借方栏合计数与贷方栏合计数应当相等；资产负债表各项目期初数加减调整分录中的借贷金额以后，应当等于期末数；利润表中各项目的借贷金额加减后的结果应当等于本期数。

⑤ 根据工作底稿中现金流量表部分各项目的借贷金额计算确定各项目的本期数，据以编制正式的现金流量表。

现金流量表相关项目的编制

一、经营活动产生的现金流量有关项目的编制

①“销售商品、提供劳务收到的现金”项目，反映企业销售商品、提供劳务实际收到的现金（含销售收入和向购买者收取的增值税税额），包括本期销售商品、提供劳务收到的现金，以及前期销售和前期提供劳务本期收到的现金和本期预收的账款，减去本期退回本期销售的商品和前期销售本期退回的商品支付的现金。企业销售材料和代购代销业务收到的现金，也在本项目反映。

在确定本项目的金额时，通常以利润表中的“营业收入”项目为基础进行调整：由于本项目包括应向购买者收取的增值税销项税额，因此应在营业收入的基础上加上本期的增值税销项税额；由于企业的商品销售和劳务供应往往并非都是现金交易，因而应加上应收账款与应收票据的减少数，或减去应收账款与应收票据的增加数；如果企业有预收货款业务，还应加上预收账款增加数，或减去预收账款的减少数；如果企业采用备抵法核算坏账，且本期发生了坏账，或有坏账收回，则应减去本期确认的坏账，加上本期坏账收回。因为发生坏账减少了应收账款余额，但没有实际的现金流入，坏账收回有现金流入，但与营业收入无直接关系，且不影响应收账款余额；如果企业本期有应收票据贴现，发生了贴现息，则应减去应收票据贴现息，因为贴现息代表了应收票据的减少，并没有相应的现金流入；如果企业发生了按税法规定应视同销售的业务，如果将商品用于工程项目，则应减去相应的销项税额，因为这部分销项税额没有相应的现金流入，也与应收款或应收票据无关。

②“收到的税费返还”项目，反映企业收到返还的各种税费，如收到的增值税、消费税、所得税和教育费附加返还等。

③“收到的其他与经营活动有关的现金”项目，反映企业除了上述各项目外，收到的其他与经营活动有关的现金流入，如罚款收入、流动资产损失中由个人赔偿的现金收入等。其他现金流入如价值较大的，应单列项目反映。本项目可以根据“库存现金”“银行存款”“营业外收入”等科目的记录分析填列。

④“购买商品、接受劳务支付的现金”项目，反映企业购买材料、商品、接受劳务实际支付的现金，包括本期购入材料、商品、接受劳务支付的现金（包括增值税进项税额），以及本期支付前期购入商品、接受劳务的未付款项和本期预付款项。本期发生的购货退回收到的现金

应从本项目内扣除。

在确定本项目的金额时通常以利润表中的“营业成本”项目为基础进行调整：由于本项目包括支付的增值税进项税额，因此应在营业成本的基础上加上本期的增值税进项税额；营业成本与购买商品并无直接联系，就商品流通企业而言，营业成本加上存货增加数或减去存货减少数，便 可大致确定本期购进商品的成本；本期购进商品成本并不等于本期购进商品支付的现金，因为可能存在赊购商品或预付货款的情形，应加上预付账款的增加数，减去预付账款的减少数；对于工业企业来说，存货包括材料、在产品与产成品等，存货的增加并非都与购进商品相联系，本期发生的应计入产品成本的工资费用、折旧费用等也会导致存货的增加，但与商品购进无关，因而应进一步扣除计入本期生产成本的非材料费用；应调整其他与商品购进和商品销售无关的存货增减变动，主要包括存货盘亏与盘盈，用存货对外投资或接受存货投资等。

⑤“支付给职工以及为职工支付的现金”项目，反映企业实际支付给职工，以及为职工支付的现金，包括企业为获得职工提供的服务，本期实际给予各种形式的报酬及其他相关支出，如支付给职工的工资、资金、各种津贴和补贴等，以及为职工支付的其他费用，不包括支付给在建工程人员的工资等。企业支付的在建工程人员的工资，在“购建固定资产、无形资产和其他长期资产所支付的现金”项目反映。

企业为职工支付的医疗、养老、失业、工伤、生育等社会保险基金、补充养老保险、住房公积金，企业为职工缴纳的商业保险金，因解除与职工劳动关系给予的补偿，现金结算的股份支付，以及企业支付给职工或为职工支付的其他福利费用等，应按职工的工作性质和服务对象，分别在本项目和在“购建固定资产、无形资产和其他长期资产所支付的现金”项目反映。

⑥“支付的各项税费”项目，反映企业按规定支付的各种税费，包括本期发生并支付的税费，以及本期支付以前各期发生的税费和预交的税金，如支付的教育费附加、矿产资源补偿费、印花税、房产税、土地增值税、车船使用税等，不包括本期退回的增值税、所得税。本期退回的增值税、所得税在“收到的税费返还”项目中反映。

⑦“支付的其他与经营活动有关的现金”项目，反映企业除上述各项目外，支付的其他与经营活动有关的现金，如罚款支出、支付的差旅费、业务招待费、支付的保险费等，其他现金流出如价值较大的，应单列项目反映。

二、投资活动产生的现金流量有关项目的编制

①“收回投资所收到的现金”项目，反映企业出售、转让或到期收回除现金等价物以外的交易性金融资产、持有至到期投资、可供出售金融资产、长期股权投资、投资性房地产而收到的现金，不包括长期债权投资收回的利息、收回的非现金资产，以及处置子公司及其他营业单位收到的现金净额。债权性投资收回的本金，在本项目反映；债权性投资收回的利息，不在本项目中反映，而在“取得投资收益所收到的现金”项目中反映。处置子公司及其他营业单位收到的现金净额单设项目反映。

②“取得投资收益所收到的现金”项目，反映企业因股权性投资取得的现金股利，以及从子公司、联营企业和合营企业分回利润收到的现金，因债权性投资而取得的现金利息收入。包括在现金等价物范围内的债券性投资，其利息收入在本项目中反映。股票股利不在本项目中反映。

③“处置固定资产、无形资产和其他长期资产所收回的现金净额”项目，反映企业处置固定资产、无形资产和其他长期资产所取得的现金，减去为处置这些资产而支付的有关费用后的净额。由于自然灾害所造成的固定资产等长期资产损失而收到的保险赔偿收入，也在本项目反

映。如果处置固定资产、无形资产和其他长期资产所收回的现金净额为负数，则应作为投资活动产生的现金流量，在“支付的其他与投资活动有关的现金”项目中反映。

④“处置子公司及其他营业单位收到的现金净额”项目，反映企业处置子公司及其他营业单位所取得的现金，减去相关处置费用，以及子公司和其他营业单位持有的现金和现金等价物后的净额。

⑤“收到的其他与投资活动有关的现金”项目，反映企业除了上述各项以外，收到的其他与投资活动有关的现金流入。其他现金流入如价值较大的，应单列项目反映。

⑥“购建固定资产、无形资产和其他长期资产所支付的现金”项目，反映企业购买、建造固定资产，取得无形资产和其他长期资产所支付的现金，不包括为购建固定资产、无形资产和其他长期资产而发生的借款利息资本化的部分，以及融资租入固定资产支付的租赁费。借款利息资本化部分在“分配股利、利润或偿付利息支付的现金”项目中反映；融资租入固定资产支付的租赁费，在“支付的其他与筹资活动有关的现金”项目中反映。

⑦“投资所支付的现金”项目，反映企业进行权益性投资和债权性投资支付的现金，包括企业取得的除现金等价物以外的交易性金融资产、持有至到期投资、可供出售金融资产而支付的现金，以及支付的佣金、手续费等附加费用。企业购买债券的价款中含有债券利息的，以及溢价或折价购入的，均按实际支付的金额反映。

企业购买股票和债券时，实际支付的价款中包含的已宣告但尚未领取的现金股利或已到付息期但尚未领取的债券的利息，应在投资活动的“支付的其他与投资活动有关的现金”项目中反映；收回购买股票和债券时支付的已宣告但尚未领取的现金股利或已到付息期但尚未领取的债券的利息，在投资活动的“收到的其他与投资活动有关的现金”项目中反映。

⑧“取得子公司及其他营业单位支付的现金净额”项目，反映企业购买子公司及其他营业单位购买出价中以现金支付的部分，减去子公司及其他营业单位持有的现金和现金等价物后的净额。

⑨“支付的其他与投资活动有关的现金”项目，反映企业除了上述各项以外，支付的其他与投资活动有关的现金流出。其他现金流出如价值较大的，应单列项目反映。

三、筹资活动产生的现金流量有关项目的编制

①“吸收投资所收到的现金”项目，反映企业收到的投资者投入的现金，包括以发行股票、债券等方式筹集的资金实际收到款项净额（发行收入减去支付的佣金等发行费用后的净额）。以发行股票、债券等方式筹集资金而由企业直接支付的审计、咨询等费用，在“支付的其他与筹资活动有关的现金”项目反映，不从本项目内减去。由金融企业直接支付的手续费、宣传费、咨询费、印刷费等费用，从发行股票、债券取得的现金收入中扣除，以净额列示。

②“借款收到的现金”项目，反映企业举借各种短期、长期借款所收到的现金。

③“收到的其他与筹资活动有关的现金”项目，反映企业除上述各项目外，收到的其他与筹资活动有关的现金流入，如接受现金捐赠等。其他现金流入如价值较大的，应单列项目反映。

④“偿还债务所支付的现金”项目，反映企业以现金偿还债务的本金，包括偿还金融企业的借款本金、偿还债券本金等。企业偿还的借款利息、债券利息，在“分配股利、利润或偿付利息所支付的现金”项目反映，不包括在本项目内。

⑤“分配股利、利润或偿付利息所支付的现金”项目，反映企业实际支付的现金股利，支

付给其他投资单位的利润，以及支付的借款利息、债券利息等。不同用途的借款，其利息的开支渠道不一样，如在建工程、财务费用等，均在本项目中反映。

⑥“支付的其他与筹资活动有关的现金”项目，反映企业除了上述各项外，支付的其他与筹资活动有关的现金流出，如以发行股票、债券等方式筹集资金而由企业直接支付的审计、咨询等费用，融资租赁所支付的现金、以及分期付款方式购建固定资产以后各期支付的现金等。其他现金流出如价值较大的，应单列项目反映。

四、汇率变动对现金的影响

“汇率变动对现金的影响”项目，反映企业外币现金流量及境外子公司的现金流量折算为人民币时，所采用的现金流量发生日的汇率或平均汇率折算的人民币金额与“现金及现金等价物净增加额”中外币现金净增加额按期末汇率折算的人民币金额之间的差额。

五、将净利润调节为经营活动现金流量的编制

①“资产减值准备”项目，反映企业计提的各项资产的减值准备，包括“坏账准备”“存货跌价准备”“长期投资减值准备”“固定资产减值准备”“无形资产减值准备”等科目。企业计提的各项资产减值准备包括在利润表中，属于利润的减除项目。其没有发生现金流出，在将净利润调节为经营活动现金流量时，需要加回。本项目可根据“资产减值损失”科目的记录分析填列。

②“固定资产折旧、油气资产折耗、生产性生物资产折旧”项目，反映企业本期累计提取的折旧。企业计提的各项折旧没有发生现金流出，在将净利润调节为经营活动现金流量时，需要加回。本项目可以根据“累计折旧”“累计折耗”“生产性生物资产折旧”科目的贷方发生额分析填列。

③“无形资产摊销”和“长期待摊费用摊销”两个项目，分别反映企业本期累计摊入成本费用的无形资产价值及长期待摊费用。企业的无形资产和长期待摊费用的摊销没有发生现金流出，在将净利润调节为经营活动现金流量时，需要加回。这两个项目可以根据“累计摊销”“长期待摊费用”科目的贷方发生额分析填列。

④“处置固定资产、无形资产和其他长期资产的损失（减：收益）”项目，反映企业本期由于处置固定资产、无形资产和其他长期资产而发生的净损失。企业处置固定资产、无形资产和其他长期资产发生的损益，属于投资活动产生的损益，不属于经营活动产生的损益，所以在将净利润调节为经营活动现金流量时，需要予以剔除。本项目可以根据“营业外收入”“营业外支出”等科目所属有关明细科目的记录分析填列。如果为净收益，则以“-”填列。

⑤“固定资产报废损失”项目，反映企业本期固定资产盘亏（减：盘盈）后的净损失。企业发生的固定资产报废损益属于投资活动产生的损益，不属于经营活动产生的损益，因此在将净利润调节为经营活动现金流量时，需要予以剔除。本项目可以根据“营业外支出”“营业外收入”科目所属有关明细科目的记录分析填列。

⑥“公允价值变动损失”项目，反映企业在初始确认时划分为以公允价值计量且变动计入当期损益的交易性金融资产、交易性金融负债等公允价值变动形成的应计入当期损益的损失。企业发生的公允价值变动损益，通常与企业的投资活动或筹资活动有关，而且并不影响企业当期的现金流量。为此，当将净利润调节为经营流动现金流量时，应当扣除。

⑦“财务费用”项目，反映企业本期发生的应属于投资活动或筹资活动的财务费用。本项

目可以根据“财务费用”科目的本期借方发生额分析填列。如果为收益，则以“-”填列。

⑧“投资损失（减：收益）”项目，反映企业本期投资所发生的损失减去收益后的净损失。企业发生的投资损益，属于投资活动产生的损益，不属于经营活动产生的损益，因此，当将净利润调节为经营流动现金流量时，应当扣除。本项目可以根据利润表“投资收益”项目的数字填列。如果为投资收益，则以“-”填列。

⑨“递延所得税资产减少（减：增加）”项目，反映企业本期递延所得税资产的净增加或净减少。本项目可以根据资产负债表“递延所得税资产”填列。

⑩“递延所得税负债增加（减：减少）”项目，反映企业本期递延所得税负债的净增加或净减少。本项目可以根据资产负债表“递延所得税资产”填列。

⑪“存货的减少（减：增加）”项目，反映企业本期存货的减少（减增加）。本项目可以根据资产负债表“存货”项目的期初、期末余额的差额填列。如果期末数大于期初数的差额，则以“-”填列。

⑫“经营性应收项目的减少（减：增加）”项目，反映企业本期经营性应收项目（包括应收账款、应收票据和其他应收款中与经营活动有关的部分及应收的增值税销项税额等）的减少（减增加）。

⑬“经营性应付项目的增加（减：减少）”项目，反映企业本期经营性应付项目（包括应付账款、应付票据、应付福利费、应交税费、其他应付款中与经营活动有关的部分，以及应付的增值税进项税额等）的增加（减少）。

六、不涉及现金收支的投资和筹资活动

“不涉及现金收支的投资和筹资活动”项目，反映企业在一定期间影响资产或负债但不形成该期现金收支的所有投资和筹资活动的信息。不涉及现金收支的投资和筹资活动各项目的填列方法如下。

①“债务转为资本”项目，反映企业本期转为资本的债务金额。

②“一年内到期的可转换公司债券”项目，反映企业一年内到期的可转换公司债券的本息。

③“融资租入固定资产”项目，反映企业本期融资租入固定资产记入“长期应付款”科目的金额。

补充资料中的“现金及现金等价物净增加额”与现金流量表中的“五、现金及现金等价物净增加额”的金额相等。

现金流量表的编制举例

实例 15-1 承实例 13-1 的相关资料，采用工作底稿法编制现金流量表。

1．将资产负债表 13.3 各项目的“年初余额”和“年末余额”过入工作底稿的“期初数”栏和“期末数”栏；将利润表 14.2 各项目的“本期金额”过入工作底稿的“本期数”栏，如表 15.1 所示。

2．对当期经济业务进行分析，并编制调整分录。

1）分析调整营业收入。本期所确认的主营业务收入为 1 500 000 元，增值税销项税额为 255 000 元。本年年末与年初相比，“应收账款”科目余额增加了 108 000 元，“应收票据”科目余额减少了 80 000 元。假设“应收账款”科目与“应收票据”科目的余额变动均影响现金流量，则需编制如下调整分录。

借：经营活动现金流量——销售商品收到的现金　　1 727 000
　　应收账款　　108 000
　　贷：营业收入　　1 500 000
　　　　应交税费——应交增值税（销项税额）　　255 000
　　　　应收票据　　80 000

2）分析调整营业成本，编制如下调整分录。

借：营业成本　　900 000
　　应交税费——应交增值税（进项税额）　　54 995
　　应付票据　　150 000
　　应付账款　　85 000
　　存货　　179 900
　　贷：经营活动现金流量——购买商品支付的现金　　1 369 895

3）调整本期营业税金及附加。暂且将本期所确认的营业税金及附加的金额作为“支付的各项税费”项目的现金流出量，如有必要，后面再在此基础上作进一步调整，确定“支付的各项税费”项目的准确金额，编制如下调整分录。

借：营业税金及附加　　21 250
　　贷：经营活动现金流量——支付的各项税费　　21 250

4）调整销售费用。暂且将本期确认的营业费用都作为“支付的其他与经营活动有关的现金”项目的流出量，后面再在此基础上作进一步调整，编制如下调整分录。

借：销售费用　　13 000
　　贷：经营活动现金流量——支付的其他与经营活动有关的现金　　13 000

5）调整本期确认的管理费用。暂且将本期确认的管理费用都作为“支付的其他与经营活动有关的现金”项目的流出量，后面再在此基础上作进一步调整，编制如下调整分录。

借：管理费用　　222 700
　　贷：经营活动现金流量——支付的其他与经营活动有关的现金　　222 700

6）分析调整财务费用。公司本年发生了财务费用 32 500 元，但并未发生现金的流出，编制如下调整分录。

借：财务费用　　32 500
　　贷：应付利息　　32 500

7）分析调整投资收益，编制如下调整分录。

借：投资活动现金流量——取得投资收益所收到的现金　　40 000
　　贷：投资收益　　40 000

8）调整资产减值损失，编制如下调整分录。

借：资产减值损失　　38 250
　　贷：经营活动现金流量——支付的其他与经营活动有关的现金　　18 250
　　　　投资活动现金流量——支付的其他与投资活动有关的现金　　20 000

9）分析调整营业外支出。天津滨海股份有限公司本年确认的营业外支出 70 000 元，涉及处置固定资产损失 40 000 元，固定资产盘亏 30 000 元。处置固定资产有 400 000 元现金流入，编制如下调整分录。

借：营业外支出　　70 000
　　投资活动现金流——处置固定资产收到的现金　　400 000

累计折旧　485 000
固定资产减值准备　125 000
贷：固定资产　1 080 000

10）分析调整所得税费用，编制如下调整分录。

借：所得税费用　60 575
递延所得税资产　9 562.5
贷：应交税费　70 137.5

11）分析调整坏账准备、存货跌价准备。本年计提坏账准备 7 060 元，计提存货跌价准备 11 190 元，需要再对调整分录 5）所确定的“支付的其他与经营活动有关的现金”项目的金额进行调整，编制如下调整分录。

借：经营活动现金流量——支付的其他与经营活动有关的现金　18 250
贷：坏账准备　7 060
存货跌价准备　11 190

12）分析调整固定资产减值准备，编制如下调整分录．

借：投资活动现金流量——支付的其他与投资活动有关的现金　20 000
贷：固定资产减值准备　20 000

13）分析调整固定资产。调整分录 9）在分析调整营业外支出时，已涉及固定资产减少的调整，此处调整固定资产的增加额。编制如下调整分录。

借：固定资产　1 500 000
贷：在建工程　1 500 000

14）分析调整本期计提的折旧。天津滨海股份有限公司本期计提折旧 206 000 元，其中，175 000 元计入了产品成本，导致“存货”增加了 175 000 元，但并没有任何现金流出，而调整分录 2）将所有存货的增加都列入“购买商品支付的现金”项目，因而应在调整分录 2）的基础上调整减少“购买商品支付的现金”项目的金额。另外，31 000 元计入了管理费用，由于前述分录 5）假设本期确认的全部管理费用都发生了现金流出，因此，需要对调整分录 5）作进一步调整。

借：经营活动现金流量——购买商品支付的现金　175 000
经营活动现金流量——支付的其他与经营活动有关的现金　31 000
贷：累计折旧　206 000

15）分析调整在建工程和工程物资。编制如下调整分录。

借：在建工程　570 000
工程物资　152 100
贷：投资活动现金流量——购建固定资产支付的现金　437 100
其他应付款　125 000
应付利息　160 000

分录中购建固定资产支付的现金 437 100 元，包括 285 000 元在建工程人员工资。

16）分析调整无形资产。公司本期对无形资产摊销 80 000 元，增加了管理费用，但无相应的现金流出，因而需要对调整分录 5）作进一步调整。编制如下调整分录。

借：经营活动现金流量——支付的其他与经营活动有关的现金　80 000
贷：累计摊销　80 000

17）分析调整短期借款。公司本年“短期借款”科目有 200 000 元的借方发生额，是该公司以现金偿还短期借款本金。编制如下调整分录。

借：短期借款　200 000

　　贷：筹资活动现金流量——偿还债务所支付的现金　200 000

18）分析调整应付职工薪酬。本年“应付职工薪酬”科目借方发生额为 912 000 元，其中，支付给在建工程人员的工资 285 000 元，属于投资活动现金流量，已在 15）中进行了调整，其余 627 000 元属于“支付给职工以及为职工支付的现金”项目。编制如下调整分录。

借：应付职工薪酬　627 000

　　贷：经营活动现金流量——支付给职工及为职工支付的现金　627 000

借：经营活动现金流量——购买商品支付的现金　581 400

　　经营活动现金流量——支付的其他与经营活动有关的现金　45 600

　　贷：应付职工薪酬　627 000

19）分析调整应交税费。由于增值税的销项税额已通过调整分录 1）调整，进项税额已通过分录 2）调整，本期确认的“主营业务税金及附加”已通过分录 3）调整，而且本期确认的“主营业务税金及附加”与实际缴纳数一致，因而此处只需分析调整公司实际上交税务机关的增值税与所得税。本期实际缴纳增值税 120 000 元，所得税 68 500 元。编制如下调整分录。

借：应交税费　188 500

　　贷：经营活动现金流量——支付的各项税费　188 500

20）分析调整应付利息。公司本年“应付利息”科目有借方发生额 10 000 元，是偿付利息支付的现金。编制如下调整分录。

借：应付利息　10 000

　　贷：筹资活动现金流量——分配股利、利润或偿付利息所支付的现　10 000

21）分析调整一年内到期的非流动员债。编制如下调整分录。

借：一年内到期的非流动员债　850 000

　　贷：筹资活动现金流量——偿还债务所支付的现金　850 000

借：长期借款　400 000

　　贷：一年内到期的非流动员债　400 000

22）分析调整长期借款。编制如下调整分录。

借：筹资活动现金流量——借款所收到的现金　800 000

　　贷：长期借款　800 000

23）结转净利润。编制如下调整分录。

借：净利润　181 725

　　贷：未分配利润　181 725

24）提取盈余公积及分配股利。编制如下调整分录。

借：未分配利润　99 317.5

　　贷：盈余公积　18 172.5

　　　　应付股利　81 145

25）最后调整现金净变化额。编制如下调整分录。

借：现金净增加额　59 445

　　贷：货币资金　59 445

3. 将调整分录过入工作底稿中，如表 15.1 所示。

表15.1　现金流量表工作底稿

元

项　目	调整分录		期末数
	借方	贷方	
一、资产负债表项目			
借方项目：			
货币资金		25）59 445	1 741 665
交易性金融资产			28 000
应收票据		1）80 000	0
应收账款	1）108 000	11）7 060	497 940
预付账款			65 000
其他应收款			4 500
存货	2）179 900	11）11 190	516 910
长期股权投资			294 300
固定资产	9）485 000 9）125 000 13）1 500 000	8）1 080 000 14）206 000 12）20 000	3 113 000
在建工程	15）570 000	13）1 500 000	670 000
工程物资	15）152 100		152 100
无形资产		16）80 000	880 000
长期待摊费用			270 000
递延所得税资产	9 562.5		9 562.5
借方项目合计			8 237 967.5
贷方项目：			
短期借款	17）200 000		300 000
应付票据	2）150 000		100 000
应付账款	2）85 000		675 000
应付职工薪酬	18）627 000	18）627 000	51 000
应交税费	2）54 995 19）188 500	1）255 000 10）70 137.5	122 442.5
应付利息	20）10 000	6）32 500 15）160 000	194 500
应付股利		24）81 145	81 145
其他应付款		15）125 000	190 000
非流动负债	21）850 000	21）400 000	400 000
长期借款	21）400 000	22）800 000	1 350 000
实收资本			4 200 000
资本公积			233 300
盈余公积		24）18 172.5	168 172.5
未分配利润	24）99 317.5	23）181 725	172 407.5
贷方项目合计			8 237 967.5
二、利润表项目			本期数
营业收入		1）1 500 000	1 500 000
营业成本	2）900 000		900 000

（续表）

项　目	调整分录		期末数
	借方	贷方	
营业税金及附加	3）21 250		21 250
销售费用	4）13 000		13 000
管理费用	5）222 700		222 700
财务费用投资收	6）32 500		32 500
资产减值损失	8）38 250		38 250
投资收益		7）40 000	40 000
营业外收入			0
营业外支出	9）70 000		70 000
所得税费用	10）60 575		60 575
净利润	23）181 725		181 725
三、现金流量表项目			本期数
（一）经营活动产生的现金流量			
销售商品、提供劳务收到的现金	1）1 727 000		1 727 000
现金流入小计			1 727 000
购买商品、接受劳务支付的现金	14）175 000 18）581 400	2）1 369 895	613 495
支付给职工以及为职工支付的现金		18）627 000	627 000
支付的各种税费		3）21 250 19）188 500	209 750
支付的其他与经营活动有关的现金	11）18 250 14）31 000 16）80 000 18）45 600	4）13 000 5）222 700 8）18 250	79 100
经营活动现金流出小计			1 529 345
经营活动产生的现金流量净额			197 655
（二）投资活动产生的现金流量			
收回投资所收到的现金			
取得投资收益所收到的现金	7）40 000		40 000
处置固定资产收到的现金净额	9）400 000		400 000
投资活动现金流入小计			440 000
购建固定资产所支付的现金		15）437 100	437 100
支付的其他与投资活动有关的现金	12）20 000	8）20 000	0
投资活动现金流出小计			437 100
投资活动产生的现金流量净额			2 900
（三）筹资活动产生的现金流量			
借款所收到的现金	22）800 000		800 000
筹资活动现金流入小计			800 000
偿还债务所支付的现金		17）200 000 21）850 000	1 050 000

（续表）

项　目	调整分录		期末数
	借方	贷方	
分配股利、利润和偿还利息所支付的现金		20）10 000	10 000
筹资活动现金流出小计			1 060 000
筹资活动产生现金流量净额			–260 000
（四）现金和现金等价物净增加额	25）59 445		–59 445
调整分录借、贷合计			—

4．编制现金流量表主表，如表15.2所示。

表15.2　现金流量表

会企03表

编制单位：天津滨海股份有限公司　　　　2015年度　　　　元

项　目	本期金额	上期金额
一、经营活动产生的现金流量：		（略）
销售商品、提供劳务收到的现金	1 727 000	
收到的税费返还	0	
收到的其他与经营活动有关的现金	0	
经营活动现金流入小计	1 727 000	
购买商品、接受劳务支付的现金	613 495	
支付给职工及为职工支付的现金	627 000	
支付的各项税费	209 750	
支付的其他与经营活动有关的现金	79 100	
经营活动现金流出小计	1 529 345	
经营活动产生的现金流量净额	197 655	
二、投资活动产生的现金流量：		
收回投资收到的现金	0	
取得投资收益收到的现金	40 000	
处置固定资产、无形资产和其他长期资产收回的现金净额	400 000	
处置子公司及其他营业单位收到的现金净额	0	
收到的其他与投资活动有关的现金	0	
投资活动现金流入小计	440 000	
购建固定资产、无形资产和其他长期资产支付的现金	437 100	
投资所支付的现金	0	
取得子公司及其他营业单位支付的现金净额		
支付的其他与投资活动有关的现金	0	
投资活动现金流出小计	437 100	
投资活动产生的现金流量净额	2 900	
三、筹资活动产生的现金流量：		
吸收投资所收到的现金	0	
其中：子公司吸收少数股东权益性投资受到的现金		
取得借款收到的现金	800 000	

（续表）

项　目	本期金额	上期金额
收到的其他与筹资活动有关的现金	0	
筹资活动现金流入小计	800 000	
偿还债务所支付的现金	1 050 000	
分配股利、利润或偿付利息所支付的现金	10 000	
其中：子公司支付少数股东的股利	0	
支付的其他与筹资活动有关的现金	0	
筹资活动现金流出小计	1 060 000	
筹资活动产生的现金流量净额	–260 000	
四、汇率变动对现金的影响	0	
五、现金及现金等价物净增加额	–59 445	
加：期初现金及现金等价物余额	1 801 100	
六、期末现金及现金等价物余额	1 741 655	
补充资料		
1. 将净利润调节为经营活动现金流量：		
净利润	181 725	（略）
加：计提的资产减值准备	38 250	
固定资产折旧、油气资产折耗、生产性生物资产折旧	279 000	
无形资产摊销	80 000	
长期待摊费用摊销	0	
处置固定资产、无形资产和其他长期资产的损失（减：收益）	70 000	
固定资产报废损失（减：收益）	0	
公允价值变动损失（减：收益）	0	
财务费用（减：收益）	32 500	
投资损失（减：收益）	–40 000	
递延所得税资产减少（减：增加）	–9 562.5	
递延所得税负债增加（减：减少）	–179 900	
存货的减少（减：增加）	–28 000	
经营性应收项目的减少（减：增加）	–106 913.5	
经营性应付项目的增加（减：减少）	0	
其他	197 655	
经营活动产生的现金流量净额		
2. 不涉及现金收支的投资和筹资活动：		
债务转为资本		
一年内到期的可转换公司债券		
融资租入固定资产		
3. 现金及现金等价物净增加情况：		
现金期末余额	1 741 655	
减：现金的期初余额	1 801 100	
加：现金等价物的期末余额	0	
减：现金等价物的期初余额	0	
现金及现金等价物净增加额	–59 445	

现金流量表附表项目金额计算如下。

（1）本期净利润 =181 725（元）

（2）计提的资产减值准备 =7 060+11 190+20 000=38 250（元）

（3）固定资产折旧 =600 000−321 000=279 000（元）

（4）无形资产摊销 =80 000（元）

（5）调整处置固定资产损失 =70 000（元）

（6）财务费用 =32 500（元）

（7）投资收益 =40 000（元）

（8）存货增加 =179 900（元）

（9）经营性应收项目的增加 =108 000−80 000=28 000（元）

（10）经营性应付项目的减少 = 85 000+150 000−124 086.5−52 500+125 000=183 413.5（元）

项目十六
所有者权益变动表的编制

学习目标

- ◆ 掌握所有者权益变动表的概念和内容。
- ◆ 掌握所有者权益变动表的编制方法。

所有者权益变动表是指反映构成所有者权益各组成部分当期增减变动情况的报表。它反映3个方面的内容：一是因资本业务而导致所有者权益总额发生变动的项目，即所有者投入资本和向所有者分配利润；二是所有者权益项目内部的变动，如提取盈余公积；三是综合收益导致的所有者权益的变动。综合收益包括两部分，即直接计入所有者权益的利得与损失和净利润。当期损益、直接计入所有者权益的利得和损失，以及所有者的资本交易导致的所有者权益的变动，应当分别列示。

知识储备

在所有者权益变动表中，企业至少应当单独列示反映下列信息的项目。

①净利润。

②其他综合收益。

③会计政策变更和差错更正的累积影响金额。

④所有者投入资本和向所有者分配利润等。

⑤提取的盈余公积。

⑥实收资本或股本、资本公积、盈余公积、未分配利润的期初和期末余额及其调节情况。

所有者权益变动表的格式如表16.1所示。

所有者权益变动表的编制方法

1. “上年年末余额”项目

“上年年末余额”项目，反映企业上年资产负债表中实收资本（或股本）、资本公积、库存股、盈余公积、未分配利润的年末余额。

2. “会计政策变更”“前期差错更正”项目

“会计政策变更”“前期差错更正”项目，分别反映企业采用追溯调整法处理的会计政策变更的累积影响金额和采用追溯重述法处理的会计差错更正的累积影响金额。

3. “本年增减变动金额”项目

①“净利润”项目，反映企业当年实现的净利润（或净亏损）金额。

②“其他综合收益”项目，反映企业当年直接计入所有者权益的利得和损失金额。此项目主要包括。可供出售金融资产公允价值变动净额、权益法下被投资单位其他所有者权益变动的影响、与计入所有者权益项目相关的所得税影响等。

③“所有者投入和减少资本”项目，反映企业当年所有者投入的资本和减少的资本。

“所有者投入资本”项目，反映企业接受投资者投入形成的实收资本（或股本）和资本溢价或股本溢价。

“股份支付计入所有者权益的金额”项目，反映企业处于等待期中的权益结算的股份支付当年计入资本公积的金额。

④“利润分配”项目，反映企业当年的利润分配金额。

“提取盈余公积”项目，反映企业按照规定提取的盈余公积。

“对所有者（或股东）的分配”项目，反映对所有者（或股东）分配的利润（或股利）金额。

⑤“所有者权益内部结转”项目，反映企业构成所有者权益的组成部分之间的增减变动情况。

“资本公积转增资本（或股本）”项目，反映企业以资本公积转增资本或股本的金额。

“盈余公积转增资本（或股本）”项目，反映企业以盈余公积转增资本或股本的金额。

“盈余公积弥补亏损”项目，反映企业以盈余公积弥补亏损的金额。

所有者权益变动表编制举例

实例 16-1 承实例 13-1，编制天津滨海股份有限公司 2015 年度的所有者权益变动表。

天津滨海股份有限公司 2015 年度的所有者权益变动表如表 16.1 所示。

表16.1　所有者权益变动表

会企 04 表

编制单位：天津滨海股份有限公司　　2015 年度　　元

项　目	本年金额						上年金额					
	实收资本（或股本）	资本公积	减：库存股	盈余公积	未分配利润	所有者权益合计	实收资本（或股本）	资本公积	减：库存股	盈余公积	未分配利润	所有者权益合计
一、上年年末余额	4 200 000	233 300	0	150 000	90 000	4 673 300	（略）	（略）	（略）	（略）	（略）	（略）
加：会计政策变更												
前期差错更正												
二、本年年初余额	4 200 000	233 300	0	150 000	90 000	4 673 300						
三、本年增减变动金额（减少以“–”填列）	0											
（一）净利润					181 725	181 725						
（二）其他综合收益												
（三）所有者投入和减少资本												
1．所有者投入资本												
2．股份支付计入所有者权益的金额												
3．其他												
（四）利润分配												
1．提取盈余公积				181 72.5	–181 72.5	0						
2．对所有者（或股东）的分配					–81 145	–81 145						
3．其他												
（五）所有者权益内部结转												
1．资本公积转增资本（或股本）												
2．盈余公积转增资本（或股本）												
3．盈余公积弥补亏损												
4．其他												
四、本年年末余额	4 200 000	233 300	0	168 172.5	172 407.5	4 773 880						

项目十七
会计报表附注的编制

学习目标

- ◆ 掌握会计报表附注的概念。
- ◆ 掌握会计报表附注披露的基本要求。
- ◆ 了解会计报表附注的内容。

会计报表附注是财务报表不可缺少的组成部分，是对在资产负债表、利润表、现金流量表和所有者权益变动表等报表中列示项目的文字描述或明细资料，以及对未能在这些报表中列示项目的说明等。

知识储备

一、会计报表附注披露的基本要求

① 附注披露的信息应是定量、定性信息的结合，从而能从量和质两个角度对企业经济事项完整地进行反映，也才能满足信息使用者的决策需求。

② 附注应当按照一定的结构进行系统、合理的排列和分类，有顺序地披露信息。由于附注的内容繁多，因此更应按逻辑顺序排列，分类披露，条理清晰，具有一定的组织结构，以便使用者理解和掌握，也更好地实现财务报表的可比性。

③ 附注相关信息应当与资产负债表、利润表、现金流量表和所有者权益变动表等报表中列示的项目相互参照，以有助于使用者联系相关联的信息，并由此从整体上更好地理解财务报表。

二、会计报表附注的内容

1. 企业的基本情况

① 企业注册地、组织形式和部门地址。

② 企业的业务性质和主要经营活动，如企业所在的行业、所提供的主要产品或服务、客

户的性质、销售策略、监管环境的性质等。

③ 母公司以及集团最终母公司的名称。

④ 财务报告的批准报出者和财务报告的批准报出日。

⑤ 营业期限有限的企业，还应当披露有关其营业期限的信息。

2. 财务报表的编制基础

① 会计年度。

② 记账本位币。

③ 会计计量所运用的计量属性。

④ 现金和现金等价物的构成。

3. 遵循企业会计准则的声明

企业应当声明编制的财务报表符合企业会计准则的要求，真实、完整地反映了企业的财务状况、经营成果和现金流量等有关信息，以此明确企业编制财务报表所依据的制度基础。

如果企业编制的财务报表只是部分地遵循了企业会计准则，附注中不得作出这种表述。

4. 重要会计政策和会计估计

① 重要会计政策的说明。重要会计政策的说明包括财务报表项目的计量基础和在运用会计政策过程中所做的重要判断等。由于企业经济业务的复杂性和多样化，某些经济业务可以有多种会计处理方法，即存在不止一种可供选择的会计政策。例如，存货的计价可以有先进先出法、加权平均法、个别计价法等；固定资产的折旧可以有年限平均法、工作量法、双倍余额递减法、年数总和法等。企业在发生某项经济业务时，必须从允许的会计处理方法中选择适合本企业特点的会计政策。企业选择不同的会计处理方法，可能极大地影响企业的财务状况和经营成果，进而编制出不同的财务报表。为了有助于报表使用者理解，有必要对这些会计政策加以披露。说明会计政策时还需要披露以下两项内容。

财务报表项目的计量基础。

会计政策的确定依据，主要是指企业在运用会计政策过程中所作的对报表中确认的项目金额最具影响的判断。

② 重要会计估计的说明。重要会计估计的说明包括可能导致下一个会计期间内资产、负债账面价值重大调整的会计估计的确定依据等。企业应当披露采用的重要会计政策和会计估计，并结合企业的具体实际披露其重要会计政策的确定依据和财务报表项目的计量基础，以及其会计估计所采用的关键假设和不确定因素。财务报表列报准则强调了对会计估计不确定因素的披露要求。企业应当披露会计估计中所采用的关键假设和不确定因素的确定依据，这些关键假设和不确定因素在下一会计期间内很可能导致对资产、负债账面价值进行重大调整。

在确定报表中确认的资产和负债的账面金额过程中，企业有时需要对不确定的未来事项在资产负债表日对这些资产和负债的影响加以估计。例如，固定资产可收回金额的计算需要根据其公允价值减去处置费用后的净额与预计未来现金流量的现值两者之间的较高者确定，在计算资产预计未来现金流量的现值时需要对未来现金流量进行预测，并选择适当的折现率，应当在附注中披露未来现金流量预测所采用的假设及其依据，所选择的折现率为什么是合理的等。又如，为正在进行中的诉讼提取准备时最佳估计数的确定依据等。这些假设的变动对这些资产和负债项目金额的确定影响很大，有可能会在下一个会计年度内做出重大调整。因此，强调这一披露要求，有助于提高财务报表的可理解性。

5. 会计政策和会计估计变更以及差错更正的说明

企业应当按照《企业会计准则第 28 号——会计政策、会计估计变更和差错更正》及其应用指南的规定，披露会计政策和会计估计变更及差错更正的有关情况。

6. 报表重要项目的说明

企业应当尽可能以列表形式披露重要报表项目的构成或当期增减变动情况。对重要报表项目的明细说明，应当按照资产负债表、利润表、现金流量大、所有者权益变动表的顺序及报表项目列示的顺序进行披露，应当以文字和数字描述相结合的方式进行披露，并与报表项目相互参照。

7. 其他综合收益各项目的信息

企业应当在附注中披露下列关于其他综合收益各项目的信息：其他综合收益各项目及其所得税影响；其他综合收益各项目原计入其他综合收益、当期转出计入当期损益的金额；其他综合收益各项目的期初和期末余额及其调节情况。

8. 其他需要说明的重要事项

这主要包括或有和承诺事项、资产负债表日后非调整事项、关联方关系及其交易等有助于财务报表使用者评价企业管理资本的目标、政策及程序的信息。具体的披露要求须遵循相关准则的规定。

项目十八
非货币性资产交换

学习目标

- 掌握非货币性资产交换的认定。
- 掌握非货币性资产交换的确认和计量原则。
- 掌握不涉及补价情况下的非货币性资产交换的核算。
- 掌握涉及补价情况下的非货币性资产交换的核算。

非货币性资产交换是一种非经常性的特殊交易行为，是指交易双方以非货币性资产进行的交换。这种交换不涉及或只涉及少量的货币性资产（即补价）。

货币性资产是指货币资金及将来对应一笔固定的或可确定的货币资金量的资产，包括现金、银行存款、应收账款和应收票据及准备持有至到期的债券投资等。非货币性资产是指在将来不对应一笔固定的货币资金量的资产，如固定资产、存货、无形资产及不准备持有至到期的债券投资、股权投资等。

知识储备

一、非货币性资产交换的认定

区别货币性资产和非货币性资产的主要依据是资产为企业带来的未来经济利益——现金流入金额是否是固定的或可确定的。如果资产为企业带来的未来经济利益——现金流入金额是固定的或可确定的，那么该项资产就是货币性资产；反之，该项资产就是非货币性资产。

非货币性资产交换并不意味着不涉及任何货币性资产。在实务中，有可能在换出非货币性资产的同时，支付一定金额的货币性资产；或者在换入非货币性资产的同时，收到一定金额的货币性资产。此时所收到或支付的货币性资产称为补价。在认定涉及少量货币性资产的交换为非货币性资产交换时，通常以补价占整个资产交换金额的比例是否低于25%作为参考比例。其中，整个资产交换金额的计算方法如下。

支付补价方：

$$整个资产交换金额 = 换出资产公允价值 + 支付的补价 = 换入资产公允价值$$

收到补价方：

$$整个资产交换金额 = 换出资产公允价值 = 换入资产公允价值 + 收到的补价$$

如果支付的补价占换出资产公允价值与支付的货币性资产之和（或占换入资产公允价值）的比例、或者收到的补价占换出资产公允价值（或占换入资产公允价值和收到的非货币性资产之和）的比例低于25%的，则视为非货币性资产交换；如果高于25%（含25%）的，则视为货币性资产交换。判断指标如下。

支付补价的企业：$\dfrac{支付的补价}{整个资产交换金额} \times 100\% < 25\%$

收到补价的企业：$\dfrac{收到的补价}{整个资产交换金额} \times 100\% < 25\%$

根据非货币性资产交换准则规定，一般在判断是否为非货币性资产交换的指标计算公式时，如果换入或换出资产的公允价值能够可靠计量，则分母必须为换入资产或换出资产的公允价值，不能使用账面价值；如果换入或换出资产公允价值不能可靠计量，则可以采用账面价值进行交易类型的判断。

实例 18-1 甲公司、天津滨海股份有限公司均为增值税一般纳税人，增值税税率为17%。甲公司以库存商品换取天津滨海股份有限公司的原材料，库存商品的公允价值为100万元，原材料的公允价值为90万元。经协商，由天津滨海股份有限公司支付含增值税的补价11.7万元，即价款补价10万元，增值税差价1.7万元。判断该交易的类型。

如果补价能够明确分拆价税，则必须以价款部分的补价认定所占比重。

支付补价方天津滨海股份有限公司，判断指标 $= \dfrac{10}{100} \times 100\% = 10\% < 25\%$，属非货币性资产交换。

收到补价方甲公司，判断指标 $= \dfrac{10}{100} \times 100\% = 10\% < 25\%$，属非货币性资产交换。

二、非货币性资产交换的确认和计量原则

在非货币性资产交换的情况下，不论是一项资产换入一项资产、一项资产换入多项资产、多项资产换入一项资产，还是多项资产换入多项资产，换入资产的入账价值都有公允价值和账面价值两种计量基础。

（一）公允价值

非货币性资产交换同时满足下列两个条件的，应当以公允价值和应支付的相关税费作为换入资产的入账基础，公允价值与换出资产账面价值的差额计入当期损益：第一，该项交换具有商业实质；第二，换入资产或换出资产的公允价值能够可靠地计量。

1. 商业实质的判断

非货币性资产交换具有商业实质，是换入资产能够采用公允价值计量的重要条件之一。判断该项资产交换是否具有商业实质，主要考虑换入资产与换入企业其他现有资产相结合是否能够产生更大的效用，是否会导致换入企业受该换入资产影响产生的现金流量与换出资产明显

不同。

满足下列条件之一的非货币性资产交换，视为具有商业实质。

（1）换入资产的未来现金流量在风险、时间和金额方面与换出资产显著不同

这种情形通常包括以下几种情况。

① 未来现金流量的风险、金额相同，时间不同。这种情况是指换入资产和换出资产产生的未来现金流量总额相同，获得这些现金流量的风险相同，但现金流量流入企业的时间明显不同。例如，某企业以一批存货换入一项设备，存货流动性强，能够在较短的时间内产生现金流量，设备作为固定资产要在较长的时间才能为企业带来现金流量，两者产生现金流量的时间相差较大，则可以判断上述存货与固定资产的未来现金流量显著不同，因而该两项资产的交换具有商业实质。

② 未来现金流量的时间、金额相同，风险不同。这种情况是指换入资产和换出资产产生的未来现金流量时间和金额相同，但企业获得现金流量的不确定性程度存在明显差异。例如，甲企业以其用于经营出租的一幢公寓楼，与乙企业同样用于经营出租的一幢公寓楼进行交换，两幢公寓楼的租期、每期租金总额均相同，但是甲企业是租给一家财务及信用状况良好的企业（该企业租用该公寓是给其单身职工居住），乙企业的客房则都是单个租户。相比较而言，甲企业取得租金的风险较小，乙企业由于租给散户，租金的取得依赖于各单个租户的财务和信用状况。因此，两者现金流量流入的风险或不确定性程度存在明显差异，则两幢公寓楼的未来现金流量显著不同，进而可判断该两项资产的交换具有商业实质。

③ 未来现金流量的风险、时间相同，金额不同。这种情况是指换入资产和换出资产产生的未来现金流量总额相同，预计为企业带来现金流量的时间跨度相同、风险也相同，但各年产生的现金流量金额存在明显差异。例如，某企业以一项商标权换入另一企业的一项专利技术，预计两项无形资产的使用寿命相同，在使用寿命内预计为企业带来的现金流量总额相同，但是换入的专利技术是新开发的，预计开始阶段产生的未来现金流量明显少于后期，而该企业拥有的商标每年产生的现金流量比较均衡，两者产生的现金流量金额差异明显，则上述商标权与专利技术的未来现金流量显著不同，因而该两项资产的交换具有商业实质。

（2）换入资产与换出资产的预计未来现金流量现值不同，且其差额与换入资产和换出资产的公允价值相比是重大的

这种情况是指换入资产对换入企业的特定价值（即预计未来现金流量现值）与换出资产存在明显差异。其中，资产预计未来现金流量现值，应当按照资产在持续使用过程和最终处置时预计产生的税后未来现金流量，根据企业自身而不是市场参与者对资产特定风险的评价，选择恰当的折现率对预计未来现金流量折现后的金额加以确定。例如，某企业以一项专利权换入另一企业拥有的长期股权投资。假定从市场参与者来看该项专利权与该项长期股权投资的公允价值相同，两项资产未来现金流量的风险、时间和金额也相同。但是，对换入企业来讲，换入该项长期股权投资使该企业对被投资方由重大影响变为控制关系，从而对换入企业产生的预计未来现金流量现值与换出的专利权有较大差异；另一企业换入的专利权能够解决生产中的技术难题，从而对换入企业产生的预计未来现金流量现值与换出的长期股权投资有明显差异。因此，该两项资产的交换具有商业实质。

实例 18-2　甲、乙两企业各有一栋大楼，分别位于市区和近郊，建造时间和建造成本均相同，两者的等额交换会符合商业实质吗？

一般情况下，位于市区的大楼（地理位置较优越）预计将来能产生的现金流量大于位于郊

区的大楼，如果二者交换，一般乙企业要支付部分补价给甲企业，甲企业才愿意交换。因此，如果不涉及补价的该两栋大楼等额交换，是不符合商业实质的。

在确定非货币性资产交换是否具有商业实质时，还应当关注交易各方之间是否存在关联方关系。关联方关系的存在可能导致发生的非货币性资产交换不具有商业实质。如上例，甲企业与乙企业两栋大楼等额交换，很可能甲企业与乙企业之间为关联方关系，其交换是不具有商业实质的。

2. 公允价值能够可靠地计量

公允价值是指在公平交易中，熟悉情况的交易双方自愿进行资产交换或债务清偿的金额。符合下列情形之一的，表明换入资产或换出资产的公允价值能够可靠地计量。

① 换入资产或换出资产存在活跃市场。对于存在活跃市场的存货、长期股权投资、固定资产、无形资产等非货币性资产，应当以该资产的市场价格为基础确定其公允价值。

② 换入资产或换出资产不存在活跃市场，但同类或类似资产存在活跃市场。对于同类或类似资产存在活跃市场的存货、长期股权投资、固定资产、无形资产等非货币性资产，应当以同类或类似资产市场价格为基础确定其公允价值。

③ 换入资产或换出资产不存在同类或类似资产可比市场交易，应当采用估值技术确定其公允价值。该公允价值估计数的变动区间很小，或者在公允价值估计数变动区间内，各种用于确定公允价值估计数的概率能够合理确定的，视为公允价值能够可靠计量。

（二）账面价值

不具有商业实质或交换涉及资产的公允价值均不能可靠计量的非货币性资产交换，应当按照换出资产的账面价值和应支付的相关税费，作为换入资产的入账基础，无论是否支付补价，均不确认损益。收到或支付的补价作为确定换入资产成本的调整因素。其中，收到补价方应当以换出资产的账面价值减去补价加上应支付的相关税费作为换入资产的入账价值，支付补价方应当以换出资产的账面价值加上补价和应支付的相关税费作为换入资产的入账价值。

核算任务

一、以公允价值计量的会计处理

在以公允价值计量的情况下，不论是否涉及补价，只要换出资产的公允价值与其账面价值不相同，就一定会涉及损益的确认。

非货币性资产交换的会计处理，视换出资产的类别不同而有所区别。

换出资产为存货的，应当视同销售处理，按照公允价值确认销售收入，同时结转销售成本。销售收入和销售成本之间的差额，即换出资产公允价值和换出资产账面价值的差额，在利润表中作为营业利润的构成部分予以列示。

换出资产为固定资产、无形资产的，应当视同固定资产、无形资产的处置，换出资产公允价值和换出资产账面价值的差额，计入营业外收入或营业外支出。

换出资产为长期股权投资的，应当视同长期股权投资的处置，换出资产公允价值和换出资产账面价值的差额，计入投资收益。

换入资产与换出资产涉及相关税费的，如换出存货视同销售计算的销项税额，换入资产作为存货、固定资产应当确认的增值税进项税额，以及换出固定资产、无形资产视同转让应缴纳的增值税等，按照相关税收规定计算确定。

（一）不涉及补价的会计处理

具有商业实质且其换入或换出资产的公允价值能够可靠计量的非货币性资产交换，不涉及补价的，应当按照换出资产的公允价值作为确定换入资产成本的基础，但有确凿证据表明换入资产的公允价值更加可靠的，则以换入资产的公允价值作为确定换入资产成本的基础。换出资产的账面价值与其公允价值之间的差额，计入当期损益。换入资产入账价值的计算公式如下。

换入资产入账价值 = 换出资产公允价值 + 应支付的相关税费 − 可抵扣的增值税进项税额

实例 18-3　2015 年 5 月 1 日，天津滨海股份有限公司以 2009 年购入的生产经营用设备交换乙公司生产的一批钢材。天津滨海股份有限公司换入的钢材作为原材料用于生产，乙公司换入的设备继续用于生产钢材。天津滨海股份有限公司设备的账面原值为 1 500 000 元，在交换日的累计折旧为 525 000 元，公允价值为 1 404 000 元。天津滨海股份有限公司此前没有为该设备计提资产减值准备。

此外，天津滨海股份有限公司用银行存款支付清理费 1 500 元。乙公司钢材的账面价值为 1 200 000 元，在交换日的市场价格为 1 404 000 元，计税价格等于市场价格。乙公司此前也没有为该批钢材计提存货跌价准备。天津滨海股份有限公司、乙公司均为增值税一般纳税人，适用的增值税税率为 17%。假设天津滨海股份有限公司和乙公司在整个交易过程中没有发生除增值税以外的其他税费，天津滨海股份有限公司和乙公司均开具了增值税专用发票。

本例中，资产交换没有涉及收付货币性资产，因此该交易属于非货币性资产交换。天津滨海股份有限公司换入钢材作为生产用原材料，乙公司换入设备作为生产用设备，两项资产交换后对换入企业的特定价值显著不同，该交换具有商业实质。同时，两项资产的公允价值能够可靠计量。因此，两个公司均应以换出资产的公允价值为基础确定换入资产的成本，并确认产生的相关损益。

天津滨海股份有限公司编制会计分录如下。

借：固定资产清理	975 000	
累计折旧	525 000	
贷：固定资产——×× 设备		1 500 000
借：固定资产清理	1 500	
贷：银行存款		1 500
借：原材料——钢材	1 404 000	
应交税费——应交增值税（进项税额）	238 680	
贷：固定资产清理		976 500
营业外收入		427 500
应交税费——应交增值税（销项税额）		238 680

乙公司编制会计分录如下。

借：固定资产——×× 设备	1 404 000	
应交税费——应交增值税（进项税额）	238 680	
贷：主营业务收入		1 404 000
应交税费——应交增值税（销项税额）		238 680
借：主营业务成本	1 200 000	
贷：库存商品		1 200 000

（二）涉及补价的会计处理

在以公允价值确定换入资产成本的情况下，发生补价的，支付补价方和收到补价方应当分别情况处理。

① 支付补价方，应当以换出资产的公允价值加上支付的补价（或换入资产的公允价值）和应支付的相关税费，作为换入资产的成本。换入资产成本与换出资产账面价值加支付的补价、应支付的相关税费之和的差额应当计入当期损益。其计算公式如下。

换入资产成本＝换出资产公允价值＋支付的补价＋应支付的相关税费

计入当期损益的金额＝换入资产成本－（换出资产账面价值＋支付的补价＋应支付的相关税费）

＝换出资产公允价值－换出资产账面价值

② 收到补价方，应当以换出资产的公允价值减去补价（或换入资产的公允价值）加上应支付的相关税费，作为换入资产的成本。换入资产成本加收到的补价之和与换出资产账面价值加应支付的相关税费之和的差额应当计入当期损益。其计算公式如下。

换入资产成本＝换出资产的公允价值－收到的补价＋应支付的相关税费

计入当期损益的金额＝（换入资产成本＋收到的补价）－（换出资产账面价值＋应支付的相关税费）

＝换出资产公允价值－换出资产账面价值

实例 18-4 天津滨海股份有限公司经协商以其拥有的一幢自用写字楼与乙公司持有的以对丙公司长期股权投资交换。在交换日，该幢写字楼的账面原值为 6 000 000 元，已提折旧 1 200 000 元，未计提减值准备，在交换日的公充价值为 6 750 000 元（不含税），增值税税率 11%。

乙公司持有的对丙公司长期股权投资账面价值为 4 500 000 元，没有计提减值准备，在交换日的公允价值为 6 000 000 元。乙公司支付 750 000 元给天津滨海股份有限公司。乙公司换入写字楼后用于经营出租目的，并拟采用成本计量模式。天津滨海股份有限公司换入对丙公司投资仍然作为长期股权投资，并采用成本法核算。长期股权投资交易不考虑相关税费。

判断该项交易是否为非货币性交易。

天津滨海股份有限公司：收到的补价 ÷ 换出资产的公允价值 ×100%=750 000÷6 750 000×100%=11.11%＜25%，属于非货币性资产交换。

乙公司：支付的补价 ÷（换出长期股权投资公允价值＋支付的补价 ×100%=750 000÷（6 000 000+750 000）×100%=11.11%＜25%，属于非货币性资产交换。

该资产交换具有商业实质，且长期股权投资和固定资产的公允价值均能够可靠地计量因此，天津滨海股份有限公司、乙公司均应当以公允价值为基础确定换入资产的成本，并确认产生的损益。

天津滨海股份有限公司编制会计分录如下。

借：固定资产清理	4 800 000	
累计折旧	1 200 000	
贷：固定资产——办公楼		6 000 000
借：固定资产清理	742 500	
贷：应交税费——应交增值税（销项税额）		742 500
借：长期股权投资——丙公司	6 000 000	
银行存款	750 000	

贷：固定资产清理　　6 750 000

借：固定资产清理　　1 207 500

贷：营业外收入　　1 207 500

乙公司编制会计分录如下。

借：投资性房地产　　6 750 000

贷：长期股权投资——丙公司　　4 500 000

银行存款　　750 000

投资收益　　1 500 000

二、以换出资产账面价值计量的会计处理

非货币性资产交换不具有商业实质，或换入资产或换出资产的公允价值不能可靠计量的，应当以换出资产的账面价值和应支付的相关税费作为换入资产的成本，无论是否支付补价，均不确认损益。

（一）不涉及补价的会计处理

在不涉及补价的情况下，企业换入资产应当以换出资产的账面价值和应支付的相关税费作为换入资产的入账价值。

实例 18-5 天津滨海股份有限公司以其持有的对丙公司的长期股权投资交换乙公司拥有的商标权。在交换日，长期股权投资账面余额为 5 000 000 元，已计提长期股权投资减值准备金额为 1 400 000 元，该长期股权投资在市场上没有公开报价，公允价值也不能可靠计量。乙公司商标权的账面原价为 4 200 000 元，累计已摊销金额为 600 000 元，其公允价值也不能可靠计量，乙公司没有为该项商标权计提减值准备。

根据《关于在全国开展交通运输业和部分现代服务业营业税改征增值税试点税收政策的通知》（财税〔2013〕37 号）的规定，乙公司为交换该商标权需要缴纳增值税 216 000 元（适用的增值税税率为 6%）。乙公司将换入的对丙公司的投资仍作为长期股权投资，并采用成本法核算。乙公司尚未缴纳增值税，假设除增值税以外，整个交易过程中没有发生其他相关税费。

天津滨海股份有限公司编制会计分录如下。

借：无形资产——商标权　　3 384 000

应交税费——应交增值税（进项税额）　　216 000

长期股权投资减值准备——丙公司股权投资　　1 400 000

贷：长期股权投资——丙公司　　5 000 000

乙公司编制会计分录如下。

借：长期股权投资——丙公司　　3 816 000

累计摊销　　600 000

贷：无形资产——商标权　　4 200 000

应交税费——应交增值税（销项税额）　　216 000

（二）涉及补价的会计处理

企业在按照换出资产的账面价值和应支付的相关税费作为换入资产成本的情况下，发生补价的，应当分别下列情况处理。

① 支付补价的，应当以换出资产的账面价值，加上支付的补价和应支付的相关税费，作

为换入资产的成本，不确认损益。其计算公式如下。

换入资产成本 = 换出资产账面价值 + 支付的补价 + 应支付的相关税费

② 收到补价的，应当以换出资产的账面价值，减去收到的补价并加上应支付的相关税费，作为换入资产的入账价值，不确认损益。其计算公式如下。

换入资产成本 = 换出资产账面价值 − 收到的补价 + 应支付的相关税费

实例 18-6 天津滨海股份有限公司拥有一个离生产基地较远的仓库，该仓库账面原值为 3 500 000 元，已计提折旧 2 350 000 元。乙公司拥有一项长期股权投资，账面价值为 1 050 000 元，两项资产均未计提减值准备。由于仓库离市区较远，公允价值不能可靠计量。乙公司拥有的长期股权投资在活跃市场中没有报价，其公允价值也不能可靠计量。

双方商定，乙公司以两项资产账面价值的差额为基础，支付天津滨海股份有限公司 100 000 元补价，以换取仓库。税务机关核定天津滨海股份有限公司需要为交换仓库支付增值税 126 500 元，长期股权投资交易不考虑相关税费。

天津滨海股份有限公司编制会计分录如下。

借：固定资产清理	1 150 000	
累计折旧	2 350 000	
贷：固定资产——仓库		3 500 000
借：固定资产清理	126 500	
贷：应交税费——应交增值税（销项税额）		126 500
借：长期股权投资——×× 公司	1 050 000	
银行存款	100 000	
贷：固定资产清理		1 150 000
借：营业外支出	126 500	
贷：固定资产清理		126 500

乙公司编制会计分录如下。

借：固定资产——仓库	1 150 000	
贷：长期股权投资——×× 公司		1 050 000
银行存款		100 000

综合实例

天津滨海股份有限公司用一批库存商品交换乙公司的生产设备，库存商品的成本为 80 万元，已提存货跌价准备 2 万元，公允价值为 100 万元，增值税税率为 17%。设备的原值为 300 万元，已提折旧 180 万元，已提减值准备 60 万元，公允价值为 90 万元，增值税税率为 17%。经双方协议，由乙公司支付补价 11.7 万元（其中，价款补价为 10 万元，增值税差价为 1.7 万元）。交换后双方均保持资产的原始使用状态。假定该交易具有商业实质。

要求：

1. 判断该资产交换是否属于非货币性资产交换。
2. 编制天津滨海股份有限公司与该资产交换相关的会计分录。
3. 编制乙公司与该资产置换相关的会计分录。

解答：

1. 由于$\frac{10}{100}\times100\%=10\%<25\%$，因此该资产交换属于非货币性资产交换。

2. 天津滨海股份有限公司编制会计分录如下。

换入设备的入账成本 =100+100×17%−11.7−90×17%=90（万元）

借：固定资产	900 000	
应交税费——应交增值税（进项税额）	153 000	
银行存款	117 000	
贷：主营业务收入		1 000 000
应交税费——应交增值税（销项税额）		170 000
借：主营业务成本	780 000	
存货跌价准备	20 000	
贷：库存商品		800 000

3. 乙公司编制会计分录如下。

换入商品的入账成本 =90+90×17%+11.7−100×17%=100（万元）

借：固定资产清理	600 000	
累计折旧	1 800 000	
固定资产减值准备	600 000	
贷：固定资产		3 000 000
借：库存商品	1 000 000	
应交税费——应交增值税（进项税额）	170 000	
贷：固定资产清理		900 000
应交税费——应交增值税（销项税额）		153 000
银行存款		117 000
借：固定资产清理	300 000	
贷：营业外收入		300 000

项目十九
借款费用

学习目标

- ◆ 了解借款费用的概念和确认原则。
- ◆ 理解符合资本化条件的资产的界定，资本化的借款范围。
- ◆ 掌握借款费用开始资本化、暂停资本化、停止资本化的条件。
- ◆ 掌握借款费用资本化金额的计算。
- ◆ 掌握借款费用的账务处理。

借款费用是企业因借入资金所付出的代价，包括借款利息、折价或溢价的摊销、辅助费用，以及因外币借款而发生的汇兑差额等。承租人确认的融资租赁发生的融资费用属于借款费用。

因借款而发生的利息包括企业从银行或其他金融机构等借入资金发生的利息、发行公司债券或企业债券发生的利息，以及为购建或生产符合资本化条件的资产而发生的带息债务所承担的利息等。

因借款而发生的折价或溢价的摊销，主要是指发行债券等所发生的折价或溢价摊销。发行债券中的折价或溢价摊销，实质是对债券票面利息的调整（即将债券票面利率调整为实际利率），属于借款费用的范畴。

因借款而发生的辅助费用，是指企业在借款过程中发生的诸如手续费、佣金等费用。由于这些费用是因安排借款而发生的，也属于借入资金所付出的代价，是借款费用的构成部分。

因外币借款而发生的汇兑差额，是指由于汇率变动导致市场汇率与账面汇率出现差异，从而对外币借款本金及其利息的记账本位币金额所产生的影响金额。

对于企业发生的权益性融资费用，不应包括在借款费用中。

实例 19–1 天津滨海股份有限公司发生了借款手续费 100 000 元，发行公司债券佣金 10 000 000 元，发行公司股票佣金 20 000 000 元，借款利息 2 000 000 元。

其中，借款手续费 100 000 元、发行公司债券佣金 10 000 000 元和借款利息 2 000 000 元均属于借款费用。发行公司股票属于公司权益性融资，所发生的佣金应当冲减溢价，不属于借款费用范畴。

知识储备

一、借款费用的确认原则及资本化范围

（一）借款费用的确认原则

借款费用的确认主要解决的是将每期发生的借款费用资本化计入相关资产的成本，还是将有关借款费用费用化计入当期损益的问题。借款费用的确认的基本原则是：企业发生的借款费用，可直接归属于符合资本化条件的资产的购建或生产的，应当予以资本化，计入相关资产成本；其他借款费用，应当在发生时根据其发生额确认为费用，计入当期损益。

符合资本化条件的资产是指需要经过相当长时间的购建或生产活动才能达到预定可使用或可销售状态的固定资产、投资性房地产和存货等资产。建造合同成本、无形资产的开发支出等在符合条件的情况下，也可以认定为符合资本化条件的资产。这里的“相当长时间”应当是指为资产的购建或生产所必要的时间，通常为一年以上（含一年）。

实例 19-2　天津滨海股份有限公司从银行借入资金分别用于生产 A 产品和 B 产品。其中，A 产品的生产时间较短，为一个月；B 产品属于大型发电设备，生产周期较长，为 1 年零 3 个月。

为存货生产而借入的借款费用在符合资本化条件的情况下应当予以资本化。由于 A 产品的生产时间较短，不属于需要经过相当长时间的生产才能达到预定可销售状态的资产，因此，为 A 产品的生产而借入的资金所发生的借款费用不应计入 A 产品的生产成本，而应当计入当期财务费用。B 产品的生产时间比较长，属于需要经过相当长时间的生产才能达到预定可销售状态的资产，因此，为 B 产品的生产而借入的资金所发生的借款费用符合资本化的条件，应计入 B 产品的成本中。

（二）借款费用资本化的范围

应予资本化的借款费用既包括专门借款，也可包括一般借款。

专门借款是指为购建或生产符合资本化条件的资产而专门借入的款项。专门借款在借款合同中明确标明专门用途，即为购建或生产某项符合资本化条件的资产而专门借入的，其使用目的明确，资金使用受与银行相关合同限制。例如，某企业为生产一条生产线专门向银行贷款 30 000 000 元，某房地产开发商为开发住宅楼向银行专门贷款 2 亿元，这些都属于专门借款。

一般借款是指除专门借款之外的借款。相对于专门借款而言，一般借款在借入时，其用途通常没有特指用于符合资本化条件的资产的购建或生产。对于一般借款，只有在购建或生产符合资本化条件的资产占用了一般借款时，才应将与该部分一般借款相关的借款费用资本化；否则，所发生的借款费用应当计入当期损益。

二、借款费用资本化期间的确定

借款费用资本化期间是指从借款费用开始资本化时点到停止资本化时点，但不包括借款费用暂停资本化的期间。因此，借款费用资本化期间的确定包括 3 个时间的确定，即借款费用开始资本化时点的确定、借款费用暂停资本化时间的确定和借款费用终止资本化时点的确定。

（一）借款费用开始资本化的时点

借款费用允许开始资本化必须同时满足 3 个条件，即资产支出已经发生、借款费用已经发生、为使资产达到预定可使用或可销售状态所必要的购建或生产活动已经开始。

1. 资产支出已经发生

“资产支出”包括支付现金、转移非现金资产和承担带息债务形式所发生的支出。

① 支付现金。支付现金是指用货币资金支付符合资本化条件的资产的购建或生产支出。例如，企业用现金或银行存款购买为建造或生产符合资本化条件的资产所需用材料，支付有关职工薪酬，向工程承包商支付工程进度款等，这些支出均属于资产支出。但如果外购这些材料时，只是通过正常商业信用形成企业的应付款项，并未实际支付现金或银行存款，则此时企业并未发生资产支出。

② 转移非现金资产。转移非现金资产是指企业将自己的非现金资产直接用于符合资本化条件的资产的购建或生产。例如，水泥厂要建造一栋厂房，企业将自己生产的水泥产品，用于符合资本化条件的厂房建造；同时，还将自己生产的水泥产品向其他企业换取钢材，用于此厂房的建造施工。这些产品成本直接或交换形成工程物资，用于符合资本化条件的资产的建造，均属于资产支出。

③ 承担带息债务。承担带息债务是指企业为了购建或生产符合资本化条件的资产所需用物资等而承担的带息应付款项（如带息应付票据）。如果企业以赊购方式购买建造或生产所需物资，则产生相应的债务。如果企业赊购物资承担的是带息债务，则企业要为这笔债务付出代价、支付利息，与企业从银行借入款项用以支付资产支出在性质上是一致的。因此，企业为购建或生产符合资本化条件的资产而承担的带息债务应当作为资产支出，当该带息债务发生时，视同资产支出已经发生。

如果企业赊购这些物资承担的是不带息债务，就不应当将购买价款计入资产支出。因为该债务在偿付前不需要承担利息，也没有占用借款资金。企业只有等到实际偿付债务，发生了资源流出时，才能将其作为资产支出。

实例 19-3 天津滨海股份有限公司因建设生产线工程需要，于 2015 年 6 月 1 日购入一批工程用物资，并开出带息银行承兑汇票，金额为 200 000 元，期限为 6 个月，票面年利率为 8%。

这一事项，天津滨海股份有限公司尽管尚未为生产线工程建设直接支付现金，但自汇票签发开始，就承担了带息债务。因此，应当将 200 000 元购买工程用物资款作为资产支出，自 6 月 1 日开出承兑汇票开始即表明资产支出已经发生。

2. 借款费用已经发生

借款费用已经发生是指企业已经发生了因购建或生产符合资本化条件的资产而专门借入款项的借款费用或所占用的一般借款的借款费用。

实例 19-4 2015 年 1 月 1 日，天津滨海股份有限公司为建造一幢建设期为 2 年的厂房从银行专门借入款项 5 000 万元，当日开始计息。

在 2015 年 1 月 1 日即应当认为借款费用已经发生。

3. 为使资产达到预定可使用或可销售状态所必要的购建或生产活动已经开始

为使资产达到预定可使用或可销售状态所必要的购建或生产活动已经开始，是指符合资本化条件的资产的实体建造或生产工作已经开始，如企业购进精密机床已开始安装、厂房实际已开工建造等。注意，购建活动或生产活动的开始不包括仅仅持有资产，但没有发生为改变资产形态而进行的实质上的建造或生产活动。例如，企业为了建设厂房已购置了建筑用地，但是尚未开工兴建房屋，有关房屋实体建造活动也没有开始。在这种情况下，即使企业为了购置建筑用地已经发生了支出，也不应当将其认定为使资产达到预定可使用状态所必要的购建活动已经开始。

企业只有在上述 3 个条件同时满足的情况下，有关借款费用才可以开始资本化。只要其中有一个条件没有满足，借款费用就不能资本化，而应计入当期损益。

（二）借款费用暂停资本化的时间

企业在购建或生产过程中发生非正常中断且中断时间连续超过 3 个月的，应当暂停借款费用的资本化。

非正常中断通常是由于企业管理决策上的原因或其他不可预见的原因等所导致的中断。例如，企业由于与施工方发生了质量纠纷，或者工程、生产用料没有及时供应，或者资金周转发生了困难，或者施工、生产发生了安全事故，或者发生了与资产购建、生产有关的劳动纠纷等原因，导致资产购建或生产活动发生中断，均属于非正常中断。非正常中断与正常中断显著不同。

正常中断通常仅限于因购建或生产符合资本化条件的资产达到预定可使用或可销售状态所必要的程序，或者事先可预见的不可抗力因素导致的中断。例如，某些工程建造到一定阶段必须暂停下进行质量或安全检查，检查通过后才可继续下一阶段的建造工作。这类中断在施工前可以预见，而且是工程建造必须经过的程序，属于正常中断。又如，在东北某地建造某工程期间，遇上冰冻季节（通常为 6 个月），工程施工因此中断，待冰冻季节过后方能继续施工。由于该地区在施工期间出现较长时间的冰冻为正常情况，由此导致的施工中断是可预见的不可抗力因素导致的中断，因此属于正常中断。在正常中断期间所发生的借款费用可以继续资本化，计入相关资产的成本。

应该注意的是，如果非正常中断的过程时断时续，即使中断时间累计超过 3 个月，但每一次中断时间没有连续超过 3 个月，借款费用也应计入资产成本；企业借款费用暂停资本化的时间，其中断的原因必须是非正常中断，属于正常中断的，相关借款费用仍可资本化。

实例 19-5　天津滨海股份有限公司于 2015 年 1 月 1 日利用专门借款开工兴建一幢办公楼，支出已经发生，因此借款费用从当日起开始资本化。工程预计于 2018 年 12 月完工。2015 年 5 月 15 日，由于工程施工发生了安全事故，导致工程中断，直到 9 月 10 日才复工。

该中断就属于非正常中断。因此，上述专门借款在 5 月 15 日至 9 月 10 日间所发生的借款费用不应资本化，而应作为财务费用计入当期损益。

（三）借款费用停止资本化的时点

购建或生产符合资本化条件的资产达到预定可使用或可销售状态时，借款费用应当停止资本化。此后发生的借款费用，应当在发生时根据其发生额确认为当期费用，计入当期损益。这里所指的达到预定可使用或预定可销售状态是指资产已经达到购买方、建造方或企业自身等预先设计、计划或合同约定的可以使用或可以销售的状态。具体可以从以下几个方面判断。

① 符合资本化条件的资产的实体建造（包括安装）或生产活动已经全部完成或实质上已经完成。

② 所购建或生产的符合资本化条件的资产与设计要求、合同约定或生产要求相符或基本

相符，即使有极个别不相符的地方也不影响正常使用或销售。

③ 继续发生在所购建或生产的符合资本化条件的资产上的支出金额很少或几乎不再发生。

购建或生产符合资本化条件的资产需要试生产或试运行的，在试生产结果表明可以正常生产出合格产品或试运行结果表明资产能够正常运转或营业时，应当认为该资产已经达到预定可使用或可销售状态，这时借款费用应当停止资本化。

实例 19-6 天津滨海股份有限公司借入一笔款项，于 2014 年 2 月 1 日采用出包方式开工兴建一幢办公楼。2015 年 10 月 10 日工程全部完工，达到合同要求。2015 年 10 月 30 日工程验收合格，11 月 15 日办理工程竣工结算，11 月 20 日完成全部资产移交手续，12 月 1 日办公楼正式投入使用。

在本例中，企业应当将 2014 年 10 月 10 日确定为工程达到预定可使用状态，作为借款费用停止资本化的时点。后续的工程验收日、竣工结算日、资产移交日和投入使用日均不应作为借款费用停止资本化的时点，否则会导致资产价值和利润的高估。

如果所购建或生产的资产分别建造、分别完工的，企业应当区别情况界定借款费用停止资本化的时点。

所购建或生产的符合资本化条件的资产的各部分分别完工，且每部分在其他部分继续建造或生产过程中可供使用或可对外销售，且为使该部分资产达到预定可使用或可销售状态所必要的购建或生产活动实质上已经完成的，应当停止与该部分资产相关的借款费用的资本化，因为该部分资产已经达到了预定可使用或可销售状态。例如，企业利用借入资金建造由若干幢厂房组成的生产车间，每幢厂房完工时间不一样，但每幢厂房在其他厂房继续建造期间均可单独使用。在这种情况下，当其中的一幢厂房完工并达到预定可使用状态时，企业应当停止该幢厂房相关借款费用的资本化。

如果企业购建或生产的资产的各部分分别完工，但必须等到整体完工后才可使用或对外销售的，应当在该资产整体完工时停止借款费用的资本化。在这种情况下，即使各部分资产已经完工，也不能够认为该部分资产已经达到了预定可使用或可销售状态，企业只能在所购建固定资产整体完工时，才能认为资产已经达到了预定可使用或可销售状态，借款费用方可停止资本化。例如，企业在建设某一涉及数项工程的钢铁冶炼项目时，每个单项工程都是根据各道冶炼工序设计建造的，只有在每项工程都建造完毕后，整个冶炼项目才能正式运转，达到生产和设计要求。因此每一个单项工程完工后不应认为资产已经达到了预定可使用状态，企业只有等到整个冶炼项目全部完工、达到预定可使用状态时，才停止借款费用的资本化。

核算任务

一、借款利息资本化金额的确定

（一）专门借款的借款费用资本化金额及账务处理

为购建或生产符合资本化条件的资产而借入专门借款的，应当以专门借款当期实际发生的利息费用，减去将尚未动用的借款资金存入银行取得的利息收入或进行暂时性投资取得的投资收益后的金额确定。

借款费用符合资本化条件，应予资本化的金额，属于长期资产购建而发生的，应当计入相应的资产购建成本，如“在建工程”“研发支出——资本化支出”等科目；属于开发、生产存货的，应当计入存货生产成本，如“生产成本”“开发成本”等科目。

实例 19-7　天津滨海股份有限公司于 2015 年 1 月 1 日正式动工兴建一幢厂房，工期预计为 1 年零 6 个月，工程采用出包方式，分别于 2015 年 1 月 1 日、2015 年 7 月 1 日和 2016 年 1 月 1 日支付工程进度款。

公司为建造厂房于 2015 年 1 月 1 日专门借款 2 000 万元，借款期限为 3 年，年利率为 6%。另外，在 2015 年 7 月 1 日又借入专门借款 4 000 万元，借款期限为 5 年，年利率为 7%，借款利息按年支付。为了提高资金使用效益，企业将闲置借款资金用于固定收益债券短期投资，月收益率为 0.5%。厂房于 2016 年 6 月 30 日完工，达到预定可使用状态。

公司建造该厂房的支出金额如表 19.1 所示。

表 19.1　天津滨海股份有限公司建造厂房支出金额

万元

日　期	每期资产支出金额	累计资产支出金额	闲置资金用于短期债券投资金额
2015 年 1 月 1 日	1 500	1 500	500
2015 年 7 月 1 日	2 500	4 000	2 000
2016 年 1 月 1 日	1 500	5 500	500
总　计	5 500	—	3 000

由于公司全部是用专门借款建造厂房，且厂房建造支出没有超过专门借款金额。因此，公司为建造该厂房借入专门借款发生的借款费用应予资本化的利息金额计算如下。

1）借款费用开始资本化的时点。根据 3 个条件对比分析，企业于 2015 年 1 月 1 日已经将工程进度款支付给建筑方，于 2015 年 1 月 1 日借入的专门借款 2000 万元，当日已经开始计息、同日厂房已正式动工。因此，借款费用资本化开始时间为 2015 年 1 月 1 日。

2）借款费用停止资本化时点。厂房于 2016 年 6 月 30 日完工，达到预定可使用状态。因此，2016 年 6 月 30 日为停止资本化时点。借款费用资本化期间为 2015 年 1 月 1 日至 2016 年 6 月 30 日。期间未发生非正常中断等应暂停借款费用资本化事项。

3）计算资本化期间专门借款实际发生的利息金额。

计算 2015 年专门借款发生的利息金额。

2 000×6%+4 000×7%×6÷12=260（万元）

计算 2016 年 1 月 1 日至 6 月 30 日专门借款发生的利息金额。

2 000×6%×6÷12+4 000×7%×6÷12=200（万元）

4）计算在资本化期间内利用闲置的专门借款资金进行短期投资的收益。

2015 年 1 月 1 日借入专门借款 2 000 万元，当日支付工程款 1 500 万元，资金余额 500 万元用于短期投资；2015 年 7 月 1 日，累计借入专门借款 6 000 万元，累计支付工程款 4 000 万元。因此，2015 年 7 月 1 日至 2015 年 12 月 31 日之间，资金余额 2 000 万元用于短期投资，投资收益计算如下。

2015 年短期投资收益＝500×0.5%×6＋2 000×0.5%×6＝75（万元）

2016 年 1 月 1 日至 2016 年 6 月 30 日，累计借入专门借款 6 000 万元，累计支付工程款 5 500 万元，闲置借款资金为 500 万元用于短期投资，投资收益计算如下。

2016 年 1 月 1 日至 2016 年 6 月 30 日短期投资收益＝500×0.5%×6＝15（万元）

5）借款费用应予以资本化的利息金额。

在资本化期间，专门借款利息费用的资本化金额应当以其实际发生的利息费用减去将闲置的借款资金进行短期投资取得的投资收益后的金额确定，利息资本化金额计算如下。

公司 2015 年的利息资本化金额 = 260−75=185（万元）

公司 2016 年的利息资本化金额 = 200−15=185（万元）

6）账务处理如下。

2015 年 12 月 31 日，编制会计分录如下。

借：在建工程	1 850 000	
应收利息（或银行存款）	750 000	
贷：应付利息		2 600 000

2016 年 6 月 30 日，计提利息时，编制会计分录如下。

借：在建工程	1 850 000	
应收利息（或银行存款）	150 000	
贷：应付利息		2 000 000

（二）一般借款的借款费用资本化金额及账务处理

为购建或生产符合资本化条件的资产而占用了一般借款的，企业应当根据累计资产支出超过专门借款部分的资产支出加权平均数乘以所占用一般借款的资本化率，计算确定一般借款应予资本化的利息金额。资本化率应当根据一般借款加权平均利率计算确定。一般借款利息费用资本化金额计算公式如下。

$$\begin{matrix}\text{一般借款利息}\\\text{费用资本化金额}\end{matrix}=\begin{matrix}\text{累计资产支出超过专门借款}\\\text{部分的资产支出加权平均数}\end{matrix}\times\text{所占用一般借款的资本化率}$$

1. 一般借款的资本化率

在借款费用资本化期间，为购建或生产符合资本化条件的资产占用了一般借款时，由于企业发生的一般借款可能同时来源于多种渠道，各种方式利率水平并不相同。因此，对于占用一般借款应予资本化的利率水平，应当根据企业实际的一般借款项目利率水平，以各项一般借款金额为权重，计算一般借款加权平均利率，即为一般借款的资本化率。所占用一般借款的资本化率。计算公式如下。

$$\begin{matrix}\text{所占用一般借}\\\text{款的资本化率}\end{matrix}=\begin{matrix}\text{所占用一般借款当期}\\\text{实际发生的利息之和}\end{matrix}\div\text{所占用一般借款本金加权平均数}$$

实例 19-8 天津滨海股份有限公司自 2015 年以来，为生产经营筹集的一般借款的具体资料如下（假定全年按 360 天计算）。

1）从工商银行借入 3 年期借款 2 000 万元，期限为 2015 年 1 月 1 日至 2017 年 12 月 31 日，年利率为 6%，按年支付利息。

2）面向社会发行公司债券 1 亿元，于 2015 年 1 月 1 日发行，期限为 5 年，年利率为 8%，按年支付利息。

企业在厂房建造过程中部分占用了企业一般借款，借款费用资本化期间占用一般借款的资本化率计算如下。

一般借款利息资本化率（年）=（20 000 000×6%+100 000 000×8%）÷（20 000 000 +100 000 000）

=7.67%

2. 累计资产支出超过专门借款部分的资产支出加权平均数

企业在购建或生产符合资本化条件的资产时，如果专门借款资金不足，占用了一般借款资金的，或者企业为购建或生产符合资本化条件的资产并没有借入专门借款，而占用的都是一般借款资金，则企业应当根据为购建或生产符合资本化条件的资产而发生的累计资产支出和专门借款金额，确定累计资产支出超过专门借款部分的资产支出加权平均数，即一般借款的借款费用的资本化金额的确定应当与资产支出相挂钩，计算公式如下。

$$\frac{\text{累计资产支出超过专门借款}}{\text{部分的资产支出加权平均数}}=\sum\left(\frac{\text{每笔资产}}{\text{支出金额}}\times\frac{\text{每笔资产支出占用的天数}}{\text{会计期间涵盖的天数}}\right)$$

实例 19-9　承实例 19-7，假设为建造厂房仅于 2015 年 1 月 1 日专门借款 2 000 万元，借款期限为 3 年，年利率为 6%，借款利息按年支付。除此之外，没有其他专门借款。在厂房建造过程中，因专门借款资金不足，占用了企业的一般借款。一般借款具体资料参见实例 19-8，其他资料与实例 19-7 相同。请确定并计算应予资本化的借款费用金额。

1）计算专门借款利息的资本化金额。

2015 年 1 月 1 日至 2015 年 6 月 30 日，借入专门借款中的 500 万元闲置资金用于短期投资，2015 年 7 月 1 日累计支付工程款 4 000 万元，则全部专门借款都已支出。利息资本化金额计算如下。

2015 年专门借款利息资本化金额 =2 000×6%−500×0.5%×6=105（万元）

2016 年 1 月 1 日至 2016 年 6 月 30 日专门借款利息应予资本化金额计算如下。

2016 年专门借款利息资本化金额 =2 000×6%×180÷360=60（万元）

2）计算一般借款资本化金额。

自 2015 年 7 月 1 日起，已经有 2 000 万元占用了一般借款，另外，2016 年 1 月 1 日支出的 1 500 万元也占用了一般借款。计算这两笔资产支出的加权平均数如下。

自 2015 年 7 月 1 日起起建造厂房占用了 2 000 万元的一般借款，至 2015 年 12 月 31 日止占用时间为 180 天（6 个月），则其加权平均数计算如下。

2015 年占用了一般借款的资产支出加权平均数 =2 000×180÷360=1000（万元）

2016 年 1 月 1 日支出 1 500 万元也占用了一般借款。至 6 月 30 日，累计资产支出 5 500 万元，专门借款为 2 000 万元，超过了 3 500 万元，占用时间为 180 天（6 个月）。资产支出加权平均数计算如下。

2016 年占用了一般借款的资产支出加权平均数 =（2 000+1 500）×180÷360=1 750（万元）

一般借款资本化金额计算如下。

根据实例 19-8 计算结果，一般借款的资本化率为 7.67%，利息金额计算如下。

2015 年应予资本化的一般借款利息金额 =1 000×7.67%=76.70（万元）

2016 年应予资本化的一般借款利息金额 =1 750×7.67%=134.23（万元）

3）计算企业建造厂房各年度应予资本化的利息金额。

2015 年利息资本化金额 =105+76.70=181.70（万元）

2016 年利息资本化金额 =60+134.23=194.23（万元）

4）借款费用资本化的账务处理。

2015 年实际借款利息 =2 000×6%+2 000×6%+10 000×8%=1 040（万元）

其中，可予以资本化计入厂房在建工程成本的只有 181.70 万元。2015 年 12 月 31 日，编制会计分录如下。

借：在建工程	1 817 000
财务费用	8 433 000

应收利息（或银行存款）　　150 000
贷：应付利息　　10 400 000

2016 年 1 月 1 日至 6 月 31 日的实际借款利息 =1040÷2=520（万元）。企业会计准则规定，每一会计期间的利息资本化金额，不应当超过当期相关借款实际发生的利息金额。2016 年 6 月 30 日，编制会计分录如下。

借：在建工程　　1 942 300
　　财务费用　　3 257 700
　　贷：应付利息　　5 200 000

二、借款辅助费用资本化金额的确定

企业为了安排借款通常还会发生其他一些必要的费用，即筹资辅助费用，包括借款手续费（如发行债券手续费）、佣金等。这些费用也是企业借入款项所必须付出的一种代价，是借款费用的有机组成部分。如果企业不发生这些费用，就无法取得借款。

对于企业发生的专门借款辅助费用，以所购建或生产的符合资本化条件的资产达到预定可使用或可销售状态为时间标准予以分别处理。

在所购建或生产的符合资本化条件的资产达到预定可使用或可销售状态之前发生的，应当在发生时根据其发生额予以资本化。

在所购建或生产的符合资本化条件的资产达到预定可使用或可销售状态之后所发生的，应当在发生时根据其发生额确认为费用，计入当期损益。

资本化或计入当期损益的辅助费用的发生额，是指根据《企业会计准则第 22 号——金融工具确认和计量》，按照实际利率法所确定的金融负债交易费用对每期利息费用的调整额。借款实际利率与合同利率差异较小的，也可以采用合同利率计算确定利息费用。一般借款发生的辅助费用，也应当按照上述原则确定其发生额。

考虑到借款辅助费用与金融负债交易费用是一致的，其会计处理也应当保持一致。根据《企业会计准则第 22 号——金融工具确认和计量》的规定，除以公允价值计量且其变动计入当期损益的金融负债之外，其他金融负债相关的交易费用应当计入金融负债的初始确认金额。为购建或生产符合资本化条件的资产的专门借款或一般借款，通常都属于除以公允价值计量且其变动计入当期损益的金融负债之外的其他金融负债。对于这些金融负债所发生的辅助费用需要计入借款的初始确认金额，即抵减相关借款的初始金额，从而影响以后各期实际利息的计算。换句话说，由于辅助费用的发生将导致相关借款实际利率的上升，从而需要对各期利息费用作相应调整，在确定借款辅助费用资本化金额时可以结合借款利息资本化金额一起计算。

三、外币专门借款汇兑差额资本化金额的确定

在资本化期间，外币专门借款本金及其利息的汇兑差额，应当予以资本化，计入符合资本化条件的资产的成本。而除外币专门借款之外的其他外币借款本金及其利息所产生的汇兑差额应当作为财务费用，计入当期损益。

综合实例

天津滨海股份有限公司为扩大生产规模，经研究决定采用出包方式建造生产厂房一栋。2015 年 7 月至 12 月发生的有关借款及工程支出业务资料如下。

1）7 月 1 日，为建造生产厂房从银行借入 3 年期的专门借款 3 000 万元，年利率为 7.2%，于每季度末支付借款利息。当日，该工程已经开工。

2）7 月 1 日，用银行存款支付工程款 1 900 万元。暂时闲置的专门借款在银行的存款年利率为 1.2%，于每季度末收取存款利息。

3）10 月 1 日，借入半年期的一般借款 300 万元，年利率为 4.8%，利息于每季度末支付。

4）10 月 1 日，天津滨海股份有限公司与施工单位发生纠纷，工程暂时停工。

5）11 月 1 日，天津滨海股份有限公司与施工单位达成谅解协议，工程恢复施工，用银行存款支付工程款 1 250 万元。

6）12 月 1 日，借入 1 年期的一般借款 600 万元，年利率为 6%，利息于每季度末支付。

7）12 月 1 日，用银行存款支付工程款 1 100 万元。

假定工程支出超过专门借款时占用一般借款；仍不足的，占用自有资金。

要求：（本题中的金额单位用万元表示，计算结果在百分号前保留两位小数）

1. 计算天津滨海股份有限公司 2015 年第三季度专门借款利息支出、暂时闲置专门借款的存款利息收入和专门借款利息支出资本化金额。

2. 计算天津滨海股份有限公司 2015 年第四季度专门借款利息支出、暂时闲置专门借款的存款利息收入和专门借款利息支出资本化金额。

3. 计算天津滨海股份有限公司 2015 年第四季度一般借款利息支出，占用一般借款工程支出的累计支出加权平均数、一般借款平均资本化率和一般借款利息支出资本化金额。

解答：

1.专门借款利息支出 =3 000×7.2%×3÷12=54（万元）

暂时闲置专门借款的存款利息收入 =1 100×1.2%×3÷12=3.3（万元）

专门借款利息支出资本化金额 =54−3.3=50.7（万元）

2.专门借款利息支出 =3 000×7.2%×3÷12=54（万元）

暂时闲置专门借款的存款利息收入 =1 100×1.2%×1÷12=1.1（万元）

专门借款利息支出资本化金额 =54−1.1=52.9（万元）

3.第四季度一般借款利息支出 =300×4.8%×3÷12+600×6%×1÷12=6.6（万元）

占用一般借款工程支出的累计支出加权平均数 =150×2÷3+750×1÷3=350（万元）

一般借款平均资本化率 =（300×4.8%×3÷12+600×6%×1÷12）÷（300×3÷3+600×1÷3）
=1.32%

一般借款利息支出资本化金额 =350×1.32%=4.62（万元）

项目二十
债务重组

学习目标

- ◆ 了解债务重组的概念。
- ◆ 掌握债务重组的方式。
- ◆ 掌握各种债务重组方式下债务人和债权人的会计处理。

债务重组是指在债务人发生财务困难的情况下，债权人按照其与债务人达成的协议或法院的裁定作出让步的事项。

债务人发生财务困难是指因债务人出现资金周转困难、经营陷入困境或者其他方面的原因等，导致其无法或没有能力按原定条件偿还债务。

债权人作出让步，是指债权人同意发生财务困难的债务人现在或将来以低于重组债务账面价值的金额或价值偿还债务。债权人作出让步的情形主要包括：债权人减免债务人部分债务本金或者利息，降低债务人应付债务的利率等。

债务重组分为持续经营条件下的债务重组和非持续经营条件下的债务重组。持续经营条件下的债务重组是指债务重组双方在可预见的将来仍然会继续经营下去的情况下所进行的债务重组。它是在市场经济条件下，企业根据往来双方的实际状况而采取的一种具体财务管理措施。非持续经营条件下的债务重组不属于债务重组准则涉及的范围，其会计处理由相关的会计规范予以规定。本项目主要讲解持续经营条件下的债务重组。

知识储备

一、以资产清偿债务

以资产清偿债务是指债务人转让其资产给债权人以清偿债务的债务重组方式。债务人通常用于偿债的资产包括现金资产和非现金资产，主要有现金、存货、金融资产、固定资产和无形资产等。这里的现金，包括库存现金、银行存款和其他货币资金。

二、将债务转为资本

将债务转为资本是指债务人将债务转为资本，同时债权人将债权转为股权的债务重组方式。其结果是，债务人因此而增加股本（或实收资本），债权人因此而增加长期股权投资等。债务人根据转换协议，将应付可转换公司债券转为资本的，不能作为本项目所指的债务重组。

三、修改其他债务条件

修改其他债务条件是指修改不包括上述第一、第二种方式在内的其他债务条件进行债务重组的方式，如减少债务本金、降低利率、减少或免去债务利息和延长偿还期限等。

实例 20-1　天津滨海股份有限公司从乙企业购入一批原材料，向乙企业开出一张面值为 100 万元、利率为 3%、3 个月期、到期日为 2015 年 5 月 31 日的票据。由于资金周转暂时困难，无法在 5 月 31 日偿清到期的应付票据。经与乙企业协商，达成协议：将票据的期限延长到 7 月 31 日，并将已欠利息 0.75 万元免除，延期内票据不计利息。

这属于修改其他债务条件进行债务重组。

四、以上3种方式的组合

以上 3 种方式的组合是指采用以上 3 种方式共同清偿债务的债务重组方式。

例如，以转让资产、债务转为资本等方式的组合清偿某项债务。再如，以转让资产清偿某项债务的一部分，并对该项债务的另一部分以修改其他债务条件进行债务重组。

核算任务

一、以资产清偿债务

（一）以现金资产清偿债务

1. 债务人的会计处理

以现金清偿债务的，债务人应当在满足金融负债终止确认条件时，终止确认重组债务，并将重组债务账面价值与支付的现金之间的差额，确认为债务重组利得，记入“营业外收入”科目。

2. 债权人的会计处理

债权人应将重组债权的账面余额与收到的现金之间的差额，确认为债务重组损失，记入“营业外支出”科目。债权人对已计提减值准备的，应当先将该差额冲减减值准备，冲减后尚有余额的，计入营业外支出；冲减后减值准备仍有余额，应予转回并抵减当期资产减值损失。

实例 20-2　2015 年 2 月 10 日，天津滨海股份有限公司销售一批材料给乙公司，不含税价格为 100 000 元，增值税税率为 17%。2015 年 3 月 20 日，乙公司财务发生困难，无法按合同约定偿还债务，经双方协议，天津滨海股份有限公司同意减免乙公司 20 000 元债务，余额要求其用现金立即偿清。天津滨海股份有限公司对债权已计提坏账准备 10 000 元。

乙公司（债务人）应作如下会计处理。

1）计算债务重组利得。

应付账款账面余额　117 000
减：支付的现金　97 000
债务重组利得　20 000

2）编制会计分录如下。

借：应付账款——天津滨海股份有限公司　117 000
　贷：银行存款　97 000
　　营业外收入——债务重组利得　20 000

天津滨海股份有限公司（债权人）应作如下会计处理。

1）计算债务重组损失。

应付账款账面余额　117 000
减：收到的现金　97 000
已计提的坏账准备　10 000
重组债务损失　10 000

2）编制会计分录如下。

借：银行存款　97 000
　坏账准备　10 000
　营业外支出——债务重组损失　10 000
　贷：应收账款——乙公司　117 000

（二）以非现金资产清偿债务

1. 债务人的会计处理

以非现金资产清偿某项债务的，债务人应当在符合金融负债终止确认条件时，终止确认重组债务，并将重组债务的账面价值与转让的非现金资产公允价值之间的差额确认为债务重组利得，计入营业外收入。非现金资产的账面价值一般为非现金资产的账面原价扣除累计折旧或累计摊销，以及资产减值准备后的金额。

以非现金资产清偿债务的，债务人应分清债务重组利得与资产转让损益的界限，并于债务重组当期予以确认。资产转让损益是指抵债的非现金资产的公允价值与账面价值之间的差额。债务人在转让非现金资产过程中发生的一些税费，如资产评估费、运杂费等，直接计入资产转让损益。

非现金资产公允价值与账面价值的差额，应当分别按下列情况进行处理。

① 非现金资产为存货的，应当视同销售处理，按存货的公允价值确认商品销售收入，同时结转商品的销售成本，认定相关的税费。

② 非现金资产为固定资产、无形资产的，应视同固定资产、无形资产的处置，其公允价值和账面价值的差额，计入营业外收入或营业外支出。

③ 非现金资产为长期股权投资的，其公允价值和账面价值的差额，计入投资收益。

2. 债权人的会计处理

以非现金资产清偿债务的，债权人应当对受让的非现金资产按其公允价值入账，重组债权的账面余额与受让的非现金资产的公允价值之间的差额，在满足金融资产终止确认条件时，计入当期损益（营业外支出——债务重组损失）。债权人已对债权计提减值准备的，应当先将该差额冲减减值准备，冲减后尚有余额的，计入营业外支出（债务重组损失）。冲减后减值准备仍有余额的，应予转回并抵减当期资产减值损失。

实例 20-3　2015 年 1 月 1 日，天津滨海股份有限公司销售一批材料给乙公司，含税价为 105 000 元。2015 年 7 月 1 日，乙公司发生财务困难，无法按合同约定偿还债务，经双方协议，滨海股份有限公司同意乙公司用产品抵偿该应收账款。该产品市价为 80 000 元，增值税税率为 17%，产品成本为 70 000 元。滨海股份有限公司为债权计提了坏账准备 500 元，假定不考虑其他税费。

乙公司（债务人）应作如下会计处理。

1）计算债务重组利得。

应付账款的账面价值	105 000
减：所转让产品的公允价值	80 000
增值税销项税额（80 000×17%）	13 600
债务重组利得	11 400

2）编制会计分录如下。

借：应付账款——天津滨海股份有限公司	105 000	
贷：主营业务收入		80 000
应交税费——应交增值税（销项税额）		13 600
营业外收入——债务重组利得		11 400
借：主营业务成本	70 000	
贷：库存商品		70 000

天津滨海股份有限公司（债权人）应作如下会计处理。

1）计算债务重组损失。

应收账款的账面余额	105 000
减：受让资产的公允价值	80 000
增值税的进项税额	13 600
已计提的坏账准备	500
债务重组损失	10 900

2）编制会计分录如下。

借：库存商品	80 000	
应交税费——应交增值税（进项税额）	13 600	
坏账准备	500	
营业外支出——债务重组损失	10 900	
贷：应收账款——乙公司		105 000

实例 20-4　2015 年 2 月 10 日，天津滨海股份有限公司销售一批材料给乙公司，同时收到乙公司签发并承兑的一张面值为 120 000 元、6 个月无息商业承兑汇票。当年 8 月 10 日，乙公司发生财务困难，无法兑现票据，经双方协议，天津滨海股份有限公司同意乙公司用一台设备抵偿该应收票据。这台设备的历史成本为 120 000 元，累计折旧为 30 000 元，公允价值为 100 000 元，清理费用 1 000 元，计提的减值准备为 9 000 元。天津滨海股份有限公司未对债权计提坏账准备。假定不考虑其他相关税费。

乙公司（债务人）应作如下会计处理。

1）计算固定资产清理损益。

固定资产公允价值 100 000
减：固定资产净值（120 000−30 000−9 000） 81 000
固定资产清理费用 1 000
处理固定资产净收益 18 000

2）计算债务重组利得。

应付票据账面余额 120 000
减：固定资产公允价值 100 000
销项税额 17 000
债务重组利得 3 000

3）编制会计分录如下。

首先，将固定资产净值及清理费用转入固定资产清理。

借：固定资产清理	81 000	
累计折旧	30 000	
固定资产减值准备	9 000	
贷：固定资产		120 000
借：固定资产清理	1 000	
贷：银行存款		1 000

其次，结转债务重组利得。

借：应付票据	120 000	
贷：固定资产清理		100 000
应交税费——应交增值税（销项税额）		17 000
营业外收入——债务重组利得		3 000

最后，结转转让固定资产的利得。

借：固定资产清理	18 000	
贷：营业外收入——非流动资产处置利得		18 000

天津滨海股份有限公司（债权人）的会计处理如下。

1）计算债务重组损失。

应收票据账面余额 120 000
减：受让资产的公允价值 100 000
进项税额 17 000
债务重组损失 3 000

2）编制会计分录如下。

借：固定资产	100 000	
应交税费——应交增值税（进项税额）	17 000	
营业外支出——债务重组损失	3 000	
贷：应收票据		120 000

实例 20-5 2015 年 3 月 31 日，天津滨海股份有限公司销售一批材料给乙公司，含税价为 468 000 元。2015 年 6 月 1 日，乙公司资金周转暂时发生困难，经双方协议，天津滨海股份有限公司同意乙公司将其拥有的一项长期股权投资用于抵偿债务。该项长期股权投资的账面余额为 470 000 元，公允价值为 460 000 元，计提的相关减值准备为 51 700 元。乙公司转让

该项长期股权投资时发生相关费用 2 000 元，天津滨海股份有限公司将该投资作为交易性金融资产，同时对相关债权提取了 2 000 元坏账准备。假定不考虑其他相关税费。

乙公司（债务人）应作如下会计处理。

1）计算重组利得。

重组债务的账面余额	468 000
减：所转让投资的公允价值	460 000
债务重组利得	8 000

2）计算转让投资收益。

投资的公允价值	460 000
减：投资的账面价值（470 000−51 700）	418 300
支付的相关税费	2 000
转让投资损益	39 700

3）编制会计分录如下。

借：应付账款	468 000	
长期投资减值准备	51 700	
贷：长期股权投资		470 000
银行存款		2 000
营业外收入——债务重组利得		8 000
投资收益		39 700

天津滨海股份有限公司（债权人）应作如下会计处理。

1）计算债务重组损失。

应收账款账面余额	468 000
减：受让资产的公允价值	460 000
坏账准备	8 000
债务重组损失	6 000

2）编制会计分录如下。

借：交易性金融资产	460 000	
坏账准备	2 000	
营业外支出——债务重组损失	6 000	
贷：应收账款		468 000

二、将债务转为资本

（一）债务人的会计处理

将债务转为资本的，债务人应当将债权人放弃债权而享有股份的面值总额确认为股本（或者实收资本），股份的公允价值总额与股本（或者实收资本）之间的差额确认为资本公积。重组债务的账面价值与股份的公允价值总额之间的差额，计入当期损益（营业外收入）。

（二）债权人的会计处理

将债务转为资本的，债权人应当将享有股份的公允价值确认为对债务人的投资，重组债权的账面余额与股份的公允价值之间的差额，比照以非现金资产清偿债务的债务重组会计处理规定进行处理。债权人已对债权计提减值准备的，应当先将该差额冲减减值准备，冲减后尚有余额的，计入营业外支出（债务重组损失），冲减后减值准备仍有余额的，应予转回并抵减当期资产减值损失。

实例 20-6 2015 年 7 月 1 日，天津滨海股份有限公司应收乙公司账款的账面余额为 60 000 元，由于乙公司发生财务困难，无法偿付该应付账款。经双方协商同意乙公司以其普通股偿还债务。假定普通股的面值为 1 元，乙公司以 20 000 股抵偿该项债务，股票每股市价为 2.5 元。天津滨海股份有限公司对该项应收账款计提坏账准备 2 000 元。股票登记手续已于 2015 年 8 月 9 日办理完毕，天津滨海股份有限公司将其作为长期股权投资核算。

乙公司（债务方）应作如下会计处理。

1）计算应计入资本公积的金额。

股票的公允价值	50 000
减：股票的面值总额	20 000
应计入资本公积	30 000

2）计算债务重组利得。

债务账面价值	60 000
减：股票的公允价值	50 000
债务重组利得	10 000

3）编制会计分录如下。

借：应付账款	60 000	
贷：股本		20 000
资本公积——股本溢价		30 000
营业外收入——债务重组利得		10 000

天津滨海股份有限公司（债权方）应作如下会计处理。

1）计算债务重组损失。

应收账款账面余额	60 000
减：所转股权的公允价值	50 000
已计提坏账准备	2 000
债务重组损失	8 000

2）编制会计分录如下。

借：长期股权投资	50 000	
营业外支出——债务重组损失	8 000	
坏账准备	2 000	
贷：应收账款		60 000

三、以修改其他债务条件清偿债务

（一）不涉及或有应付（或应收）金额的债务重组

1. 债务人的会计处理

修改其他债务条件的，如果修改后的债务条款中不涉及或有应付金额，则债务人应当将重组债务的账面价值大于重组后债务的入账价值的差额作为债务重组利得，计入营业外收入。

2. 债权人的会计处理

修改其他债务条件的，如果修改后的债务条款中不涉及或有应收金额，债权人应当将修改其他债务条件后的债权的公允价值作为重组后债权的账面价值，重组债权的账面余额与重组后债权的账面价值之间的差额作为债务重组损失，计入营业外支出。债权人已对债权计提减值准备的，应当先将该差额冲减减值准备，减值准备不足以冲减的部分作为债务重组损失计入营业外支出。

实例 20-7 天津滨海股份有限公司欠乙企业 100 万元，由于发生财务困难，无法偿还。经协商，乙企业同意免除利息 20 万元，只需归还 80 万元本金，两年后归还，每年按 5% 支付利息，两年后需支付本息 88 万元。

滨海股份有限公司（债务人）应作如下会计处理。

1）计算债务重组利得。

应付债务的账面余额	1 000 000
减：重组后债务的公允价值	800 000
债务重组利得	200 000

2）编制会计分录如下。

首先，债务重组时，编制会计分录如下。

借：应付账款	1 000 000	
贷：应付账款——债务重组		800 000
营业外收入——债务重组利得		200 000

其次，第一年支付利息时，编制会计分录如下。

借：财务费用	40 000	
贷：银行存款		40 000

最后，两年后偿还本金和第二年利息时，编制会计分录如下。

借：应付账款	800 000	
财务费用	40 000	
贷：银行存款		840 000

乙企业（债权人）应作如下会计处理。

1）计算债务重组损失。

应收账款账面余额	1 000 000
减：重组后债权的公允价值	800 000
债务重组损失	200 000

2）编制会计分录如下。

借：应收账款——债务重组	800 000	
营业外支出——债务重组损失	200 000	
贷：应收账款		1 000 000

（二）涉及或有应付（或应收）金额的债务重组

1. 债务人的会计处理

修改后的债务条款如涉及或有应付金额，且该或有应付金额符合预计负债确认条件的，债务人应当将该或有应付金额确认为预计负债。例如，债务重组协议规定，债务人在债务重组后一定期间内，其业绩改善到一定程度或者符合一定要求（如扭亏为盈、摆脱财务困境等），应向债权人额外支付一定款项，当债务人承担的或有应付金额符合预计负债确认条件时，应当将该或有应付金额确认为预计负债。重组债务的账面价值，与重组后债务的入账价值和预计负债金额之和的差额，作为债务重组利得，计入营业外收入。或有应付金额在随后的会计期间没有发生的，企业应当冲销已确认的预计负债，同时确认营业外收入。

2. 债权人的会计处理

修改后的债务条款如涉及或有应收金额的，债权人不应当确认或有应收金额，不得将其计入重组后债权的账面价值。根据谨慎性要求，或有应收金额属于或有资产，或有资产不予确认。只有在或有应收金额实际发生时，才计入当期损益。

四、以组合方式清偿债务

（一）债务人的会计处理

债务重组以现金清偿债务、非现金资产清偿债务、债务转为资本、修改其他债务条件等方式的组合进行的，债务人应当依次以支付的现金、转让的非现金资产公允价值、债权人享有股份的公允价值冲减重组债务的账面价值，再按照债务人修改其他债务条件的规定进行会计处理。

（二）债权人的会计处理

债务重组采用以现金清偿债务、非现金资产清偿债务、债务转为资本、修改其他债务条件等方式的组合进行的，债权人应当依次以收到的现金、接受的非现金资产公允价值、债权人享有股份的公允价值冲减重组债权的账面余额，再按债权人修改其他债务条件的规定进行会计处理。

实例 20-8 天津滨海股份有限公司和乙企业均为增值税一般纳税人。天津滨海股份有限公司于 2015 年 6 月 30 日向乙企业出售产品一批，产品销售价款为 1 000 000 元，应收增值税税额为 170 000 元。乙企业于同年 6 月 30 日开出期限为 6 个月、票面年利率为 4% 的商业承兑汇票，抵充购买该产品价款。在该票据到期日，乙企业未按期兑付，天津滨海股份有限公司将该应收票据按其到期价值转入应收账款，不再计算利息。至 2015 年 12 月 31 日，天津滨海股份有限公司对该应收账款提取的坏账准备为 5 000 元。乙企业由于发生财务困难，短期内资金紧张，于 2015 年 12 月 31 日经与天津滨海股份有限公司协商，达成债务重组协议如下。

乙企业以一批产品偿还部分债务。该批产品的账面价值为 20 000 元，公允价值为 30 000 元，应交增值税税额为 5 100 元。乙企业开出增值税专用发票。天津滨海股份有限公司将该产品作为商品验收入库。

天津滨海股份有限公司同意减免乙企业所负全部债务扣除实物抵债后剩余债务的 40%，其余债务的偿还期延至 2016 年 12 月 31 日。

乙企业（债务人）应作如下会计处理。

1）计算债务重组时应付账款的账面余额。

应付账款的账面余额 =（1 000 000+170 000）×（1+4%÷2）=1 193 400（元）

2）计算债务重组后债务的公允价值。

债务的公允价值 =［1 193 400−30 000×（1+17%）］×60%=694 980（元）

3）计算债务重组利得。

应付账款账面余额　1 193 400
减：所转让资产的公允价值　35 100
重组后债务公允价值　694 980
债务重组利得[1 193 400−30 000×（1+17%）]×40%　463 320

4）编制会计分录如下。

借：应付账款　1 193 400
　贷：主营业务收入　30 000
　　应交税费——应交增值税（销项税额）　5 100
　　应付账款——债务重组　694 980
　　营业外收入——债务重组利得　463 320
借：主营业务成本　20 000
　贷：库存商品　20 000

天津滨海股份有限公司（债权人）应作如下会计处理。

1）计算债务重组损失。

应收账款账面余额　1 193 400
减：受让资产的公允价值 30 000×（1+17%）　35 100
重组后债权公允价值（1 193 400−35 100）×60%　694 980
坏账准备　5 000
债务重组损失　458 320

2）编制会计分录如下。

借：库存商品　30 000
　应收账款——债务重组　694 980
　应交税费——应交增值税（进项税额）　5 100
　坏账准备　5 000
　营业外支出——债务重组损失　458 320
　贷：应收账款　1 193 400

综合实例

2014 年 4 月 1 日，天津滨海股份有限公司销售一批商品给乙企业，销售货款总额为 300 万元（含增值税）。天津滨海股份有限公司于同日收到一张票面金额为 300 万元、期限为 6 个月、票面年利率为 8% 的商业汇票。天津滨海股份有限公司按月计提该商业汇票的利息。

1. 2014 年 10 月 1 日，乙企业未能兑付到期票据，天津滨海股份有限公司将应收票据本息余额转入应收账款，但不再计算利息。2014 年 12 月 5 日，天津滨海股份有限公司、乙企业双方经协商进行债务重组，签订的债务重组协议内容如下。

① 乙企业以其持有的一项拥有完全产权的房产抵偿 60 万元的债务。该房产在乙企业的账面原值为 100 万元，已计提折旧 30 万元，已计提减值准备 5 万元。

② 天津滨海股份有限公司同意豁免乙企业债务本金（扣除房产抵债后）40 万元及 2014 年 4 月 1 日至 2014 年 9 月 30 日计提的全部利息。

③ 将剩余债务的偿还期限延长至 2015 年 12 月 31 日。在债务延长期间，剩余债务余额按年利率 5% 收取利息，假定实际利率为 5%。本息到期一次偿付。

④ 该协议自 2014 年 12 月 31 日起执行。

2. 债务重组日之前，天津滨海股份有限公司对上述债权未计提坏账准备。

3. 上述房产的所有权变更、部分债务解除手续及其他有关法律手续已于2014年12月31日完成。天津滨海股份有限公司将取得的房产作为固定资产进行管理和核算。

4. 乙企业于2015年12月31日按上述协议规定偿付了所欠债务。

要求：

1. 计算天津滨海股份有限公司2014年12月31日该重组债权的账面余额。

2. 编制天津滨海股份有限公司和乙企业2014年12月31日与该债务重组相关的会计分录（不考虑相关税费）。

3. 编制天津滨海股份有限公司和乙企业2015年12月31日债权、债务实际清偿时的会计分录。

解答：

1. 天津滨海股份有限公司2014年12月31日该重组债权的账面余额 $=300\times(1+8\%\times6\div12)=312$（万元）

2. 天津滨海股份有限公司债务重组，编制的会计分录如下。

借：固定资产	600 000	
应收账款——债务重组	2 000 000	
营业外支出	520 000	
贷：应收账款		3 120 000

乙企业债务重组，编制的会计分录如下。

借：固定资产清理	650 000	
累计折旧	300 000	
固定资产减值准备	50 000	
贷：固定资产		1 000 000
借：应付账款	3 120 000	
贷：应付账款——债务重组		2 000 000
固定资产清理		600 000
营业外收入		520 000
借：营业外支出	50 000	
贷：固定资产清理		50 000

3. 天津滨海股份有限公司2015年12月31日编制的会计分录如下。

借：银行存款	2 100 000	
贷：应收账款——债务重组		2 000 000
财务费用		100 000

乙企业2015年12月31日编制的会计分录如下。

借：应付账款——债务重组	2 000 000	
财务费用	100 000	
贷：银行存款		2 100 000

尊敬的老师：

您好。

请您认真、完全地填写以下表格的内容(务必填写每一项)，索取相关图书的教学资源。

教学资源索取表

书 名				作 者 名	
姓 名		所在学校			
职 称		职 务		讲授课程	
联系方式	电话：		E-mail：		
地址(含邮编)					
贵校已购本教材的数量(本)					
所需教学资源					
系／院主任姓名					

系／院主任：＿＿＿＿＿＿＿＿＿(签字)

(系／院办公室公章)

20＿＿年＿＿月＿＿日

注意：

① 本配套教学资源仅向购买了相关教材的学校老师免费提供。

② 请任课老师认真填写以上信息，并**请系／院加盖公章**，然后传真到(010)80115555转718438上索取配套教学资源。也可将加盖公章的文件扫描后，发送到fservice@126.com上索取教学资源。欢迎各位老师扫码关注我们的微信号和公众号，随时与我们进行沟通和互动。

微信号　　公众号

電子工業出版社

PUBLISHING HOUSE OF ELECTRONICS INDUSTRY

反侵权盗版声明

举报电话：(010)88254396;(010)88258888
传　　真：(010)88254397
E－mail：dbqq@phei.com.cn
通信地址：北京市万寿路173信箱
　　　　　电子工业出版社总编办公室
邮　　编：100036